REGIMENT
FOLLOW ME

Mein Vater, der Tango-König von New York

Agnesa Kadur

Mein Vater, der Tango-König von New York

Die Geschichte einer ungewöhnlichen Suche

Eichborn.

Für meine Söhne und für meinen
Bruder Philip Nicolas Percoco

Ich bedanke mich bei allen, die mich ermutigt haben,
meine Geschichte aufzuschreiben.

Die Deutsche Bibliothek – CIP-Einheitsaufnahme

Kadur, Agnesa
Mein Vater, der Tango-König von New York : die Geschichte einer ungewöhnlichen
Suche / Agnesa Kadur. – Frankfurt : Eichborn, 2001
ISBN 3-8218-3900-7

Umschlaggestaltung: Christina Hucke
unter Verwendung einer Fotographie von © Corbis
Lektorat: Palma Müller-Scherf
Satz: Fuldaer Verlagsagentur, Fulda
Druck und Bindung: GGP Media, Pößneck
ISBN 3-8218-3900-7

Verlagsverzeichnis schickt gern:
Eichborn AG, Kaiserstraße 66, D-60329 Frankfurt am Main
www.eichborn.de

Hinter dem Vorhang
geht die Sonne auf

Die Frühlingssonne scheint in diesen Apriltagen auf das verträumte Städtchen in Oberfranken. Die Menschen atmen den Duft des Friedens, den sie so lange entbehren mußten. So wie die Natur neu zu erwachen beginnt, scheinen auch die Menschen wieder zu Leben zu erwachen. So wie sich das Gras in diesem ersten Jahr nach Kriegsende aus der Erde hervorwagt, trauen sich die Menschen ins Leben zurück. So wie sich die ersten Frühlingsblumen ans Licht drängen, freuen sich die Menschen, wieder aufrecht und ohne Angst zum Himmel zu schauen.

Die üppige Natur wagt einen Neuanfang, während ein junger amerikanischer Soldat seine hochschwangere deutsche Geliebte im Arm hält.

Sie sitzen auf der Wiese des Campus, umgeben von den schönen, schlanken, blonden, allerdings etwas müden Tänzerinnen und den ebenfalls erschöpften Musikern der Band. Alle sind zufrieden über ihre Premiere am gestrigen Abend. Ihr Revueensemble, die »Battle Stars«, das nach Europa geschickt wurde, um die Soldaten an das Leben in ihrer fernen Heimat zu erinnern, bekam stürmischen Applaus. Blumen, Schokolade und Zigaretten wurden ihnen auf die Bühne geworfen. Nicht nur von den eigenen Leuten, die immer noch den Sieg über Hitler feierten, sondern auch von Deutschen. Ein lustiger Sprachmix aus Sächsisch, Fränkisch und Amerikanisch ist zu hören. Aber alle verstehen sich wunderbar. Sie haben sich aneinander gewöhnt und an die Vermischung ihrer unterschiedlichen Sprachen, sind sie doch schon »eine Ewigkeit« zusammen.

Genau genommen seit Mai 1945, dem Kriegsende. Seit die amerikanischen Revueleute, nach ihren vielen Gastspielen in Frankreich, Belgien und Holland, wo sie für ihre Soldaten spielten, im Süden des besiegten Deutschland eingetroffen und in das Stadttheater vor Ort, einem wunderschönen Renaissancebau, eingezogen waren. Ein Theater, in dem schon lange nicht mehr gespielt wurde. Voller Freude erinnern sie sich, daß der »director of art«, ein Major, alle Angestellten und Tänzerinnen, die schon lange ohne einen Auftritt waren, zu sich bestellte, um sie für die amerikanische Revue zu gewinnen.

Sie erinnern sich auch an die boshaften Bemerkungen mancher Nachbarn, ob sie wirklich für die »Besatzer« arbeiten wollten. Sie erinnern sich, wie dadurch viele der Mut verließ, dem Frieden und den Friedensüberbringern zu trauen. Nur die Mutigen unter ihnen wagten den Schritt. Dazu gehörte Erika, die junge Kontoristin des Theaters, eine schöne Brünette mit einem umwerfenden Lächeln. Allerdings freute sie sich besonders auf das Geldverdienen, denn so konnte sie zumindest ihre Eltern unterstützen. Der Vater war dazu noch nicht im Stande, er war mit einer schweren Kriegsverletzung nach Hause zurückgekehrt.

Aber auch die Blicke des schwarzhaarigen Solotänzers bei ihrer ersten Begegnung waren ihr nicht entgangen. Seine dunklen Augen, in die sie sich auf den ersten Blick verliebt hatte.

Es war schön, mit der Revue den Menschen zu helfen, sie an die angenehmen Seiten des Lebens zu erinnern. Sie genoß das Glück, das sie nun schon fast ein Jahr mit Philip, dem Solotänzer, Ballettmeister und Choreographen aus dem fernen New York teilte, und von dem sie ein Kind unter ihrem Herzen trug.

Das Paar freut sich mit den anderen, daß das Programm allen gefallen hat und sie bis zu ihrer Rückkehr in die Staaten jeden Abend ein volles Haus haben würden. So kann sich Philip auch der Aufregung seines Vaterwerdens hingeben. In dieser freudigen Stimmung verkündet er, wie sein kleines Friedenskind heißen soll: Es soll die Namen seiner sizilianischen Eltern, die als Kinder nach Amerika gekommen waren, erhalten: Nicolas der Junge und Agnesa das Mädchen.

Schnell werden Wetten abgeschlossen und über Siegesprämien in Form von Zigaretten verhandelt. Mary, eine Tänzerin, behauptet, daß sich das stärkere Temperament immer im gegengeschlechtlichen Kind durchsetzt. Sie wettet eine ganze Flasche Whisky auf das zu erwartende Mädchen, alle lachen, und die Wett-Quoten verschieben sich. Erika ist ebenfalls froh und hofft, daß auch eine kleine Tochter die tiefbraunen Augen des Vaters erben wird.

*

»Was für ein wunderschönes Baby«, rufen am 24. April 1946 die Klosterschwestern in dem Bamberger Hospital, angesichts des gerade geborenen Mädchens mit dem rabenschwarzen Haar. Vorsichtshalber begleiten sie den Ausruf mit einem Stoßseufzer und einem Gebet gen Himmel. Sie kennen sich aus, scheint es. Aber das Wort von der sich selbst erfüllenden Prophezeiung kennen die katholischen Schwestern damals wohl noch nicht.

Das alles stört die blasse, erschöpfte und überglückliche Mutter keineswegs. Sie freut sich nur darauf, dem jungen Papa das kleine Bündel in den Arm zu legen. Zufrieden, stolz und glücklich schaut er abwechselnd auf seine Geliebte und auf sein Baby. Er weiß, daß das Neugeborene seiner Familie gefallen wird, denn es sieht aus wie alle italienischen Babys. Nur, daß Säuglinge schon eine große Nase haben können, verwundert ihn. Aber das ist sicher ein gutes Zeichen. Die Familie wird es akzeptieren, denn sie alle haben ein solches Prachtstück von Nase geerbt.

Später, bei der Taufe in der katholischen Klosterkirche, die auf Wunsch des Vaters und gegen eine große Menge amerikanischer Schokolade und Zigaretten, der damals stabilsten deutschen Währung, zustande kommt, wohnt eine illustre Gruppe schöner Frauen und kräftiger Musiker der Zeremonie bei. Weit und breit kein Verwandter der Eltern, aber dafür viele Wahlverwandte. Alle sind glücklich und die Welt ist in Ordnung.

Dieser Moment gibt meiner Mutter die Kraft, sich beim Leben zu bedanken, daß sie meinem Vater, einem ungewöhnlichen Mann, auf so ungewöhnliche Weise begegnet ist …

Das Zusammensein der kleinen Familie währt leider nicht lange, denn die Soldaten bereiten sich auf die Rückkehr in ihre Heimat vor. Einige der Tänzerinnen haben sich entschieden, ihre Freunde aus der Band zu begleiten, um sie später in Amerika zu heiraten. Meine Mutter jedoch will nicht mit in das ferne unbekannte Land. Dazu reicht ihr Mut nicht. Obwohl mein Vater sie mehrmals bittet, lehnt sie ab. In ihrer kleinen Tochter hat sie alles, was sie wollte, glaubt sie. Ihr Drang nach Sicherheit und Überschaubarkeit, was beides für den Beruf einer Buchhalterin und Kontoristin wichtig ist, siegt über die Aussicht, ins Ungewisse zu starten und sich in Amerika ein neues Leben aufzubauen. Die Vorstellung, nach New York oder Hollywood aufzubrechen, macht ihr Angst. Im Stillen auch der Gedanke, mit so einem Temperamentsbündel wie Philip immer zusammen zu sein.

Hier im altehrwürdigen Oberfranken, in Gemeinschaft der Truppe und mit festen Spielregeln lebt es sich leichter. Hier hat Philip seine Tänzerinnen, die er den ganzen Tag antreiben, fordern, ausbilden und in ihre Schrittfolgen einweisen kann. Sie weiß, wie ungehalten er wird, wenn die Beine in der Girlreihe nicht hoch genug fliegen, oder wenn er der Meinung ist, daß eines der Mädchen zu lustlos tanzt. Sie erinnert sich an die Szene, als er Mary, die Solotänzerin, auf seinen starken Armen schwebend über die Bühne trug, um sie hinter dem Vorhang einfach fallen zu lassen, nur weil sie vorher ihren Einsatz verpaßt hatte und ihr Atem nach Alkohol roch. – Was, wenn es in Amerika keine Girls mehr, sondern nur noch sie und die Kleine gab?

Diese Erwägungen erleichtern ihr den Abschied.

Sie fühlt sich stark durch das Baby, stark genug, das Kind auch allein, ohne Vater, aufzuziehen. Sie weiß nicht, daß die

Kleine mit jedem Schluck Muttermilch die Sehnsucht nach ihrem Vater einziehen wird, sie weiß damals auch nicht, wie wichtig Väter für die Entwicklung der Kinder sind, wie viele Mütter ihren Töchtern und Söhnen im guten Glauben an das Richtige das Gleiche antun werden. Sie weiß auch nichts über die Strapazen, denen eine alleinstehende Mutter mit einem unehelichen Kind ausgesetzt ist.

An einem verregneten Tag im Juli 1946 brechen die Amerikaner zur Sammelstelle für ihren Rücktransport auf, um später im französischen Le Havre an Bord eines Schiffes zu gehen, das sie zurück in ihre Heimat bringen wird. Viele der Männer sind erleichtert, den Krieg in Europa unbeschadet überlebt zu haben. Mein Vater ist auch sehr froh, sein Vaterland tanzend statt schießend vertreten zu haben. Er ist einerseits überglücklich darüber, in Deutschland seine Liebe gefunden zu haben, stolz auf seine kleine Tochter und immer noch voller Hoffnung, daß seine beiden »Frauen« aus Germany ihm doch folgen werden, aber andererseits auch traurig darüber, beide nun verlassen zu müssen.

Schweigend geht das Paar auf den grünbraunen Lastwagen zu, der zur Abfahrt bereit steht. Das Baby schläft friedlich, ganz in Rosa gekleidet, in seinem weißen Korbkinderwagen. Es merkt nicht, daß es zum ersten Mal in seinem Leben verlassen wird.

Die Regentropfen vermischen sich mit den salzigen Tränen der Abschiednehmenden. Nur meine Mutter weiß, daß es ein Abschied für immer ist. Ich, das Baby, schlummere ungestört weiter, als mich mein Vater zum Abschied noch einmal zärtlich küßt.

Dann entfernt sich langsam der Konvoi, er fährt durch ein Spalier winkender Frauen und Männer. Kein Mensch wird je erfahren, wie viele Väter, die ihre Kinder nie kennengelernt haben, auf den Armywagen das Land verlassen. Da ist mein Tänzerdaddy besser dran – oder nicht? Bye-bye, »Battle Stars«.

In unserer kleinen Wohnung angekommen, öffnet meine Mutter den Brief, den ihr mein Vater zum Abschied gegeben hat, und liest seine unbeholfenen deutschen Sätze:

»Du und meine sweety Agnesa seid so schön wie Weihnachten«, steht auf einem Blatt grauem Luftpostpapier, »auch wenn wirklich ihr nie in mein wunderfoll New York kommen kommt, ich immer werde mit meine Gedanken bei ihnen sein und never vergessen, daß ich Dich und mein so fein kleines Kind in Deutschland habe.« Diesen Brief werde ich erst 44 Jahre später selbst lesen und dabei fürchterlich weinen.

Noch aber lebe ich glücklich und zufrieden im Camp. Bis zu jenem Tag, an dem meine Mama beschließt, zurück zu ihren Eltern in die inzwischen sowjetisch besetzte Zone zu gehen. Die im Camp verbliebenen, nun ohne Arbeit dastehenden Ballettmädels und die anderen Soldaten, die noch auf ihren Rücktransport warten, können das nicht fassen. Sie ist die Einzige aus der Truppe, die dorthin zurückgehen will, alle anderen bleiben.

Einige Tänzerinnen warten noch auf die Heiratserlaubnis, andere auf ihre Familien aus Sachsen, die sie in den Westen holen wollen. Gemeinsam versuchen sie, meine Mutter zum Bleiben zu überreden. Aber all ihre Versuche scheitern. Auch die Warnungen, daß in Sachsen die Russen sind, können sie von ihrem Entschluß nicht abhalten. Mary bittet sie inständig, doch wenigstens wegen mir, dem erklärten Liebling der gesamten Tanzgruppe zu bleiben oder doch mit zu Philip nach Amerika zu gehen. Sie würden ihr helfen, mich zu betreuen, jetzt wo es keine abendlichen Auftritte mehr gab. Außerdem könne man hier mit den guten Beziehungen zu den Amerikanern und ihren englischen Sprachkenntnissen etwas auf die Beine stellen. Nicht zu vergessen das Kapital, daß die Truppe in Form von Schokolade, Nestlé-Pulver und begehrten Ami-Zigaretten zurückgelassen hat.

Alle Versuche bleiben zwecklos. Und ich verliere die Geborgenheit und liebevolle Zuwendung der »Girls«, der lustigen Tanten, die mich herumtragen, mir Lieder vorsingen und mit mir auf dem Arm herumwirbeln. Ich bin gezwungen, das Gefühl, nicht allein, sondern umringt von lebensfrohen Menschen zu sein, ihrer vertrauten Sprachmelodie zu lauschen, ihrem ausgelassenen Lachen, und die mich umgebende Fröhlichkeit und Beschwingtheit einzutauschen. Aber wogegen nur?

Ich ahne noch nicht, was meine Mutter mir mit diesem Weggang antut. Vielleicht ahnt sie es auch nicht, vielleicht ist es ihr aber auch egal. Mir jedenfalls wird, ohne daß ich es bewußt mitbekomme, ein Stück Identität genommen. Ein sehr großes Stück Identität sogar, das ich für lange Zeit vermissen werde, für sehr lange Zeit.

*

Sie verstaut unseren Anteil an Naturalien im Kinderwagen, unter meiner Matratze, neben all den niedlichen Babysachen, die ich von den Amerikanern und Tanten bekommen habe. Ihre persönlichen Dinge verteilt sie auf einen großen Armeerucksack und einen Koffer. Mit dem gleichen Gepäck hätte sie auch auf den großen, grünen Army-Lastwagen steigen können, um mit zur Sammelstelle für die Überfahrt zu gelangen.

Die Zugfahrt gestaltet sich abenteuerlich, aber Dosenkakao und Zigaretten sind ein lukrativer Anreiz, gefällige Helfer zu finden, die beim Aus-, Ein- und Umsteigen zupacken. Die Fahrt dauert mehrere Tage. Die Züge in Richtung Osten bleiben aus verschiedenen Gründen mehrmals stehen. Manchmal, weil die Kohlen ausgegangen sind, oder weil einem der vielen Militärtransporte das Gleis überlassen werden muß, oder weil schwer beladene Schwarzhändler und Schieber geschnappt werden. Aber auch, weil irgend jemand vor Hunger und Erschöpfung zusammengebrochen ist und der Bahnhofsmission übergeben werden muß, oder weil herumstreunende Kinder zu den Rotkreuzschwestern, entlaufene Flüchtlinge zu ihren Transporten oder Schwarzfahrer und Diebe zur Kommandantur gebracht werden müssen. Besonders, wenn Schieber entdeckt werden, wird es meiner gesetzestreuen Mutter mulmig, da sie dann an die Schätze unter meiner Matratze denken muss. Aber welcher Reichsbahnkontrolleur vermutet schon Arges, wenn er eine schöne, junge Frau sieht, die ihr süßes Baby stillt?

Irgendwann schließlich erreichen wir ihre Heimatstadt in Sachsen. Die Kleinstadt ist, seit die Amerikaner weg sind, von den Russen besetzt. Für mich beginnt der Ernst des Lebens: Das besiegte Deutschland zerfällt auf Wunsch der vier alliierten Siegermächte in zwei Teile; Ostdeutschland, über das die Russen bestimmen, und Westdeutschland, über das die Amerikaner, Briten und Franzosen bestimmen. Berlin, die Hauptstadt Deutschlands, zerfällt sogar in vier Teile, für jede der Besatzungsmächte einen Teil. Im Westen wird die Bundesrepublik Deutschland gegründet, im Osten die Deutsche Demokratische Republik.

Die Großeltern freuen sich über die Ankunft von Tochter und Enkelkind. Zuerst stutzen sie angesichts des so anders als deutsche Kinder aussehenden Babys. Später ist es ihnen egal, schließlich haben sie ihre Tochter, die Ernährerin der Familie, zurück. Sie sind froh, diese nicht nach Amerika verloren zu haben. Und die Kleine bringt immerhin Freude und wöchentlich große Care-Pakete ins Haus. Das Einzige, was mein Vater nach seiner Rückkehr in die USA für mich durch Angabe, ein Kind in Deutschland zu haben, organisieren konnte. Sie beschließen, gemeinsam den kleinen Zigeuner schon groß zu kriegen. Zudem lassen sich viele Dinge aus den amerikanischen Paketen auf dem Schwarzmarkt gut verkaufen. Das Baby wird ja noch gestillt und braucht deshalb weder Fertigbrei noch Dosenkakao. Und soviel Babykleidung braucht es auch nicht, denn anderen Müttern gefallen diese ausgefallenen Kleidchen und Mützchen aus bunter Seide ebenfalls sehr. Es reicht völlig aus, daß ich auf den Fotos, die meine Omi zu meinem Daddy nach Amerika schickt, immer mit etwas Hübschem aus seinen Paketen bekleidet bin. Darüber freut er sich wirklich, wie er ihr, meiner Großmutter, zurückschreibt. Meine Mutter schreibt schon kaum noch. Für sie erledigt sich das Kapitel Kindesvater langsam. Lediglich ich erinnere sie noch daran.

Es wird sehr still um mich. Nur zu den Mahlzeiten werde ich aus meinem Bettchen, das auch mein Laufställchen ist, geholt. Nur, wenn die Frauen der Fürsorge, die nach unehelichen Kinder sehen, kommen, werde ich Mutti auf den Schoß gesetzt und vorgezeigt. Die Frauen sind über mein Aussehen sehr zufrieden und stellen ihre Besuche bald ein.

Kaum einer spricht mit mir, denn alle sitzen entweder in der Küche oder im Wohnzimmer, mein Bettchen aber steht im Schlafzimmer. Dort höre ich ab und zu mal meinen Opa schnarchen. Meine Oma ist mit ihrem Damenkränzchen, auf sächsisch heißt das mit ihren »Kränzelschwestern«, beschäftigt. In deren Gesprächen geht es um Häkelmuster und darum, wer beim Rommee gerade geschummelt hat.

Meine Mutter startet, nachdem ihr Vater wieder eine Arbeit gefunden hat, nun ihre sozialistische Karriere. Deshalb sehe ich sie nur noch selten, höre sie auch nicht mehr oft – nur, wenn sie Anweisungen darüber gibt, was mit mir exakt zu welchem Zeitpunkt zu geschehen hat. Zu sagen hat sie mir ebenfalls kaum mehr etwas, außer: sei brav, und mach dies und das. So etwas will ich aber nicht hören – welches Kind will das schon? Anfangs lausche ich noch erwartungsvoll und warte, daß, so wie früher, jemand mit mir spricht, singt, tanzt und lacht – vergebens. Irgendwann höre ich dann damit auf und beginne, gar nicht mehr zu hören.

Die nächsten Jahre werden alle Leute, die versuchen, mich zu erziehen, der Meinung sein: »Die kann nicht hören, die hört einfach nicht!« Das System, in dem ich aufwachse, lebt allerdings davon, daß die Menschen gehorchen.

Erst einmal spiele ich, wie viele Nachkriegskinder, mit bunten Knöpfen, die in einer Schublade neben meinem Bettchen liegen, und ich beginne bald, mit mir selbst zu reden. Diese Knöpfe sind dann bald meine Freunde – und ich habe viele Freunde, mit denen ich spreche. Dabei sind alle meine Knöpfe Personen und haben Namen, und ich werde wütend, wenn meine Oma die Knöpfe durcheinander bringt. Es müssen immer viele sein, die mich umgeben, und sie tun immer etwas Gemeinsames. Noch heute kann ich mich erinnern, welcher Knopf ich war, nämlich der in der Mitte. Mein Opa wundert sich, daß ich mit den Knöpfen auch englisch spreche. Noch mehr wundert sich meine Mutter, aber ihr gefällt das gar nicht. Schließlich leben wir auf der kommunistischen Seite, und die spricht russisch. Wahrscheinlich fürchtet sie, daß ich ihr die Karriere verderbe oder sie in ihrer sozialistischen Entwicklung behindere. Sie liebt nämlich diese Entwicklung, und sie liebt die Regeln, die Vorschriften, die Pläne, die Verordnungen, die Gesetze, die Bestimmungen und die Festlegungen. Alles läßt sich dann so herrlich kontrollieren. Meine Oma jedoch findet meinen sprachlichen Wirrwarr toll. Das unterscheidet mich von der Nachbarstochter und macht mich zu etwas ganz Besonderem. Und meine Oma liebt das Besondere. Nun beginnt sie endlich auch mich zu lieben. Sie setzt sich in den Kopf, mich nach ihrem Bild zu formen, und Opa macht mit.

Opa macht immer mit, wenn seine Friedel etwas plant. Er liebt seine Frau innig und aufrichtig. Seit der ersten Begegnung, als er als Zimmermann aus dem Ruhrgebiet nach Sachsen kam. Sie war wie die Frauen, von denen er auf seiner langen Reise geträumt hatte. Er hatte gehört, daß in Sachsen die schönen Mädchen auf den Bäumen wachsen, und war losgezogen, sich eine zu pflücken. Und meine Oma war damals gerade überreif. Aus Angst, aus ihr könne Fallobst werden, beschlossen sie, auf der Stelle zu heiraten. (Einmal war sie nämlich schon gefallen und hatte daher bereits ein kleines Früchtchen, meine Mutter.) Auch der unbedeutende Zwischenfall auf dem Standesamt, als er wieder weggeschickt wurde, weil er noch nicht 21, meine Oma aber schon 31 Jahre alt war, konnte die Heiratspläne nicht durchkreuzen. Meiner Oma verhalf dieser Umstand zur grandiosen Lebensthese, daß eine Frau immer so alt ist wie ihr Liebhaber, und sie wartete geduldig noch ein Jahr, bis sie dann beide gleich alt waren. Nach der Hochzeit stellte meine Oma ihre Lebensuhr zehn Jahre zurück, was ihr auch vortrefflich gelang. Opa wiederum tat ihr einen Gefallen und wurde schneller alt. Ihr wahres Alter blieb stets ihr gut gehütetes Geheimnis.

Nun wurde ich geformt: Von meinen Großeltern in Freiheit dressiert, von meiner Mutter in starre Formen gepresst. Beide versuchen wirklich ihr Bestes. Die Freiheit bekommt mir gut – mich in Formen zu pressen, gestaltet sich schwierig. Noch aber gibt meine brave, prinzipientreue Mutter nicht auf, meine Erbanlagen bei jeder sich bietenden Gelegenheit zu maßregeln. Das wäre doch gelacht, wenn sie, die sich von dieser neugegründeten Arbeiter- und Bauern-Partei inzwischen zur sozialistischen Juristin formen läßt, ihre eigene Tochter nicht kontrollieren kann. Auf einer Gehirnwäscheschulung hat sie gerade erst gelernt, daß nur die Umwelt die Menschen formt, Erbanlagen müssen nicht zum Durchbruch gelangen, sie können aberzogen werden. Klingt erfolgversprechend – und zum Glück hat sie mich mit Muttermilch und nicht mit Vaters Dosenkakao großgezogen.

»Unsere neuen deutschen Bürger werden wir zu allseitig entwickelten Persönlichkeiten ausbilden«, verkünden die Leute von der Ostregierung in ihrer Zeitung, die auch wirklich »Neues Deutschland« heißt. Meinen »mich Großziehern« leuchtet das ein, sie verstehen diese Worte und fangen gleich damit an, das, was die Zeitung fordert, umzusetzen und bei mir anzuwenden. Nun geht es los mit der allseitigen Entwicklung.

Während sich meine Oma freut, daß der Kinderarzt mir voraussagt, daß ich mit meinen dunklen Kulleraugen einmal allen Männern den Kopf verdrehen werde, schneidet mir meine Mutter die langen schwarzen Haare ab. Übt meine Oma mit mir Lieder von Zarah Leander, lernt meine Mama mit mir Kopfrechnen. Spielen Oma und Opa mit mir Karten, spielt Mama mit mir Schach. Zimmert mir mein Opa einen Holzroller, mit dem ich die Gartenwege entlang sausen kann, lehrt mich meine Mama, wie man einen Knicks macht und immer die schöne Hand gibt. Opa bringt mir dann bei, wie ich mit der nicht so schönen Hand frische Hühnereier aufmache, um diese auszutrinken. Fordert mich meine Mama auf, laut und deutlich zu sprechen, bringt mir meine Oma bei, wie ich mit dem seit seiner Kriegsverletzung schwerhörigen Opa flüstern kann, weil er ohnehin von den Lippen abliest. Erfahre ich von Mama, daß Kinder immer schön leise zu sein haben, trainiert mich Oma im Lautreden, falls ich von Opa gehört werden will. Läßt mich Oma auch mal mit ungewaschenen Händen an den Tisch, übernimmt Mama freitags persönlich die gründliche Reinigung mit Seife und Bürste in der eisernen Badewanne. Vielleicht läßt sich ja an mir doch noch etwas reinwaschen. Zum Beispiel ihr Gewissen, das ihr inzwischen einzureden beginnt, daß sie sich mit diesem Kind mit dem südländischen Aussehen und dem wilden Temperament doch nicht überall sehen lassen kann. Was sollen denn ihre Kollegen denken? Und überhaupt: Westkontakte darf sie sowieso nicht mehr haben, das mußte sie bereits unterschreiben. Von nun an läßt sie Oma auch nicht mehr an die blonden, schlanken, schönen Westtanten schreiben und sie darf ihnen keine Fotos mehr von mir schicken.

Na, und der kleine lebende Westkontakt auf zwei dünnen Beinen mit den großen fragenden Augen, bei dem die sizilianischen Gene immer mehr durchbrechen, lässt sich einfach nicht mehr so richtig mit Mutters sozialistischer Entwicklung vereinbaren. Ich werde ihr immer wesensfremder, denn sie entdeckt in mir so gar keine Anteile von sich, obwohl ich doch ihr Wunschkind bin. Auch äußerlich gibt es keine Ähnlichkeiten. Schon allein diese etwas große Nase … Wir lieben nun mal nur das, was uns gleicht.

Meine Großeltern verstehen das und lassen ihre Tochter allein in eine 300 km entfernte Großstadt ziehen. Dort kann sie sich frei und ungebunden fühlen und wird von mir nicht bei der Arbeit gestört. So gibt sie mich bei meinen Großeltern ab, und diese versprechen ihr, auf den kleinen Zigeuner aufzupassen. Nachdem sie letzte Anweisungen mich betreffend gegeben hat, steigt sie wieder einmal in einen Zug der Deutschen Reichsbahn, diesmal ohne mich, aber mit genausoviel Reisegepäck. Ich stehe am Bahnhof brav neben meiner Oma, winke ihr nach und komme mir verlassen vor. Ich bin 5 Jahre alt.

Zu Hause leben wir nun zu dritt. Meine Oma ist viel freier, seitdem meine Mutter weg ist. Sie raucht wieder gemeinsam mit Opa, und ihr selbstgemixter Fruchtlikör aus Bergarbeiterschnaps und schwarzen Johannisbeeren aus dem Garten wird nicht mehr im Schrank versteckt. Ich darf auch immer die kleinen Schnapsgläser holen und einmal nippen. Das Zeug schmeckt mir aber nicht. Opa, die einzige männliche Bezugsperson meiner Kindheit, liebt mich abgöttisch und ich ihn. Er ist mein liebster Teddybär, denn er ist klein und rund und hat außerdem das Gemüt eines Schaukelpferds. Meine Oma hat ihn wirklich gut erzogen. Mit ihm verbringe ich viel Zeit in unserem kleinen Schrebergarten. Ich darf die Hasen und Hühner füttern und Beeren ungewaschen vom Strauch naschen. Zu Weihnachten schenkt er mir eine selbstgebaute Schaukel, die er am Laubeneingang befestigt. Nun habe ich etwas, was die anderen Kinder nicht haben und sie kommen zu mir in den Garten zum Schaukeln. So lerne ich andere Kinder kennen.

Jetzt, wo mich meine Großeltern aufziehen, und Mutter nur einmal im Monat zu Besuch kommt, geht es mir gut. Zu Besuch kommen manchmal auch ein oder zwei schicke, lustige, blonde Tanten aus dem Westen. Meistens kommen sie an den Tagen, wenn meine Mutter »wichtig arbeiten« ist, wie ich es nenne. Niemand sagt mir, wer sie sind, woher sie kommen und wo denn der Westen ist. Aber sie gefallen mir und es ist immer lustig mit ihnen. Sie lachen viel, rauchen, trinken von Omas selbstgebrautem Likörchen und singen anschließend fröhliche Lieder. Zu mir sind sie ganz lieb, tanzen mit mir zu Radiomusik und freuen sich über mich. Aber jedes Mal, wenn sie etwas zu meinem Aussehen sagen wollen, unterbricht sie meine Oma mit einer eindeutigen Geste und legt den Finger auf den Mund. Sofort verstummen sie und tuscheln nur noch. Was sie leise besprechen, erfahre ich nicht. Toll ist auch, was sie stets mitbringen aus dem Westen. Zum Beispiel Bananen. Solche Früchte sehe ich nie in unserem Tante-Emma-Laden, wo wir immer einkaufen. Huldvoll schenkt Oma dann meistens am nächsten Tag der Nachbarstochter eine Banane. Manchmal gibt sie aber auch beim Fleischer für seine Enkeltochter eine ab. Dann gibt es bei uns immer besonders leckeres Fleisch zu essen.

Die Zeit vergeht, und kurz vor der Einschulung frage ich zum ersten Mal nach meinem Vater. Die anderen Kinder, die mit mir im Garten schaukeln, erzählen mir nämlich, daß sie einen haben, einen Vati. Beim nächsten Wochenendbesuch erzählt mir meine Mutter eine traurige Geschichte, wie er gleich, nachdem ich auf der Welt war, gestorben sei und nun im Himmel wohne. Diese Geschichte wird sie mir noch sehr oft erzählen. Sie wird mir kaum mehr und vor allem nie etwas Genaueres erzählen.

Daß er tot ist, glaubte ich ihr. Der Vater unserer Nachbarstochter war auch tot. Viele Väter waren tot damals. Ich gab mich damals mit dieser Erklärung zufrieden. Außerdem begann jetzt eine wichtige Zeit.

*

Es ist das Jahr 1952, und ich komme zur Schule. Einen Schulranzen habe ich schon, auch eine Schiefertafel mit Stift. Das hatte mir meine Mutti aus ihrer Stadt mitgebracht. Zur Einschulungsfeier kommen auch wieder die zwei lustigen Tanten aus dem Westen, Tante Inge und Tante Ulla. Sie bringen ungewöhnliche Geschenke: eine große bunte Schachtel mit einzeln eingewickelten Pralinen, ein Paar Ballettschuhe aus rosaroter Seide und als Clou, damit ich auch endlich rauchen kann, eine Packung Kaugummizigaretten.

Die Pralinen esse ich nicht, sammle aber das Papier ein, glätte es und lege es in meinen Knopfkasten. Die wunderschönen Tanzschuhe trage ich nachts im Bett. Die Kaugummizigaretten darf ich nicht so lässig in den Mundwinkel stecken, wie es Tante Inge vormacht. Meine Mama wickelt sie einzeln aus und wirft die Schachtel wortlos in den Abfall. Erst dann darf ich sie kauen, muß sie aber sofort komplett in den Mund schieben. Sehr eigenartig, denken meine Großeltern und die Westtanten, trauen sich aber nicht, etwas zu sagen, nachdem meine Mutter ihren strengen Blick in die Runde geschickt hat.

Die ersten Schuljahre sind geprägt von der sich entwickelnden Gesellschaftsordnung in der DDR. Der Sozialismus sollte aufgebaut werden, und er wurde aufgebaut. Wir Kinder durften auch schon fleißig mitwirken. »Nicht für die Schule, sondern für unser sozialistisches Leben lernen wir«, steht auf einem großen Plakat in der Eingangshalle unserer Grundschule. »Jawohl«, sagt meine Mutter. »Aha«, sagen Oma und Opa. Mir ist das egal. Ich will lernen, viel lernen und gut lernen, das verspreche ich.

Das Schulsystem war jedoch von der proletarischen Revolution noch nicht ganz erfaßt, und so lerne ich mit der gleichen Begeisterung Lesen, Schreiben, Rechnen wie – in der Christenlehre – das Evangelium. Als Erste in der Klasse erhalte ich das blaue Pionierhalstuch, vier Wochen vor den anderen Kindern. Eine Auszeichnung für überdurchschnittliche Lernergebnisse und die Rekorde beim Altflaschen- und Kartoffelkäfersammeln. Gleichzeitig erhalte ich für besondere Gedächtnisleistungen in der Christenlehre eine gebundene Ausgabe der »Biblischen Geschichten« zur Belohnung.

Ich glaube heute, daß ich in diesem Schulalter die Voraussetzung dafür erbrachte, sowohl Parteisekretär als auch Religionslehrerin zu werden. Engagiert habe ich mich jedenfalls auf beiden Gebieten. Über die eine Sache freut sich meine Mutter, über die andere meine Großmutter. Beide Frauen sind voller Zuversicht, mich richtig erzogen zu haben.

Opa ist skeptisch. Eine »Sozialistische«, nämlich seine Tochter, reicht ihm in der Familie. Seine kleine Enkeltochter kann ruhig »normal« bleiben. Dabei freut ihn etwas ganz anderes: Hinter dem Rücken ihrer Tochter haben er und Oma mich beim Kinderballett im Stadttheater angemeldet.

Damit erfüllte sich auch Omas eigener Kindheitswunsch. Ihre Eltern hatten, als sie klein war, kein Geld für solch schöne rosaroten Ballettschuhe. Und schließlich sollte Tante Inge das viele Westgeld auch nicht umsonst ausgegeben haben.

Nun hatte ich kleiner Wirbelwind erst einmal genug zu tun: Schule, Ballettunterricht, und zwischendurch mußte ich immer wieder grübeln, warum mich alle »kleiner schwarzer Zigeuner« nennen.

Zu Weihnachten wird in unserem Stadttheater ein Märchen aufgeführt und die Kindertanzgruppe darf mitspielen. Ich tanze in meinen kleinen Spitzenschuhen eine Puppenfee, die aus einer Pralinenschachtel steigt. »Das müßte ihr Vater sehen«, sagt die Tanzlehrerin zu meiner Mutter. Mutter zischt böse und die Ballettlehrerin verstummt. Ich spitze die Ohren. War er vielleicht der große schwarze Zigeuner, wenn ich der kleine bin?

»Er ist tot«, lautet auch diesmal wieder die Antwort. Aber ich will nun einfach mehr über ihn erfahren und beginne meine Oma zu nerven. Endlich gibt sie nach. Ich muß ihr beim lieben

Gott versprechen, es niemandem zu erzählen, weil es ein großes Geheimnis sei, das niemand erfahren dürfe. Auch ja nicht meine Mutter, denn sie hätte allen verboten, darüber zu sprechen. Sie will nicht, daß es herauskommt, denn sie hat Angst, dadurch ihre Arbeit zu verlieren und sich ihre Karriere zu verbauen.

Nachdem ich beim lieben Gott schwöre, alles zu tun, was sie verlangt, verrät sie mir: »Dein Papa war ein Ami.«

Aha. Was aber ist ein Ami? Darauf gibt sie mir keine Antwort. Jedenfalls muß es etwas ganz Geheimnisvolles sein, wenn mir keiner die Wahrheit sagt. Dann erschaffe ich mir eben selbst in meiner Phantasie einen großen wunderschönen Papa mit schwarzen Haaren, der im Himmel wohnt wie die Engel, und der auf mich aufpaßt und mich beschützt. Dieser Papa, den ich »Ami« taufe, kann alles, weiß alles und hat mich sehr lieb. Der liebe Gott wird das schon erlauben, daß ich jetzt einen eigenen Engel habe, immerhin habe ich ihm ja auch etwas versprochen dafür.

Meinen Schutzengelpapa bitte ich dann, mir in allen schweren Situationen beizustehen, und ich wünsche mir von ihm, daß er immer merken soll, wenn ich Hilfe brauche. An diesem Abend schlafe ich besonders gut ein, denn nun kann mir überhaupt nichts mehr passieren auf der Welt.

*

Das Schulleben, das jetzt Pionierleben heißt, hat seine eigenen Gesetze. Diese müssen befolgt werden, von allen gleich, weil wir alle gleich werden sollen. Jeden Morgen geloben wir, für Frieden und Sozialismus immer bereit zu sein.

Was Frieden ist, erklärt die Lehrerin, und wir verstehen es. Was Sozialismus ist, weiß sie selbst nicht so genau, aber es soll etwas sehr Schönes sein, und wenn er aufgebaut ist, brauchen wir alle kein Geld mehr, weil es nicht mehr nötig ist. Mir gefällt diese Aussicht, weil wir ja jetzt schon kaum Geld haben. Für mich ein Grund, sehr fleißig zu lernen.

Leider gefällt das einigen meiner Mitpioniere gar nicht, und sie werden neidisch, weil ich die besten Zensuren habe. Sie nennen mich »Lehrereinkratzer« und ziehen die Haarschleifen auf, die mir Oma morgens so kunstvoll bindet. Manchmal verstecken sie auch meine Schulhefte oder bekrakeln sie.

Sie können ja nicht wissen, daß ich all das nur tue, weil meine Mutti immer nett zu mir ist, wenn ich gute Zensuren habe. Dann streichelt sie mich sogar. Und mir macht es dann nichts aus, wenn ich ganze Seiten aus meinen Heften zu Hause noch einmal abschreiben muß, weil der Mama die Schrift nicht gefällt, oder weil ein Eselsohr zu sehen ist.

Immer, wenn Mutti an einem Wochenende nach Hause kommt, wird der Schulranzen kontrolliert. Da darf nichts drin sein, was nicht hineingehört.

Eines Tages, ich bin in der vierten Klasse, kommt es zu einem einschneidenden Erlebnis. Bei der sonntäglichen Ranzenkontrolle findet meine Mutter bunte Lackbilder, wie man sie in ein Andenkenbuch klebt. Diese Bilder hat mir ein Mädchen ausgeliehen, weil ich für es die Hausaufgaben gemacht hatte.

Mutti nimmt die Bilder, zerknüllt sie und ich selbst muß sie in den Mülleimer werfen. Gleichzeitig soll ich versprechen, so etwas nie wieder in den Ranzen zu packen. Ich kann das aber nicht versprechen, ich schmeiße mich auf den Boden, tobe und schreie. Mutti packt mich und sperrt mich ins Schlafzimmer.

Wie soll ich nur diese Bilder zurückgeben? Solche Bilder gibt es doch nur im Westen. Was wird das Mädchen, und was werden die anderen Kinder mit mir in der Schule machen? Ich weine. Bitte, bitte, »Ami« hilf mir!

Endlich kommt meine Oma nach Hause, sperrt die Tür auf und verspricht mir, am nächsten Tag mit in die Schule zu kommen. Mit meiner Mutter spricht sie an diesem Abend kein Wort, ich auch nicht.

Am nächsten Tag begleitet mich Oma zur Schule, sie redet mit der Lehrerin und nimmt alle Schuld auf sich. Es hilft leider nicht. Die Lehrerin bekommt ihren Lohn, um die junge Generation zu erziehen, nicht deren Großmütter. In ihren Augen habe ich als junger Pionier versagt.

Alle Kinder sind mit mir böse, nennen mich »Bilderklauer«, und die Lehrerin setzt mich auf die Strafbank in die hinterste Reihe. Dort soll ich 20mal den Satz: »Ein junger Pionier achtet das Eigentum anderer Menschen« schreiben.

Ich schluchze laut vor Scham und Enttäuschung. Nach dem dritten Satz schreie ich in die Klasse: »Dann will ich eben kein junger Pionier mehr sein!« Dafür schickt mich die Lehrerin vor die Klassenzimmertür. Dort bricht für mich die Welt zusammen.

Am Abend bekomme ich sehr hohes Fieber und muß mich übergeben. Mein Körper will keine Nahrung mehr aufnehmen. Der Arzt wird geholt und findet keine Erklärung. So geht das zwei Wochen lang.

Da kommt eine meiner blonden Westtanten zu Besuch und bringt Lebensmittel und Schokolade mit. Ihr erzählt meine Oma, was sich ereignet hat, und sie erklärt meinen Großeltern, daß ich mit meinen Erbanlagen wohl einfach auf der falschen Seite Deutschlands aufwachse. Wir sollten lieber in den Westen ziehen, meint sie, während sie mir über den heißen Kopf streichelt. Das wollen die Großeltern allerdings auch nicht hören. So schlecht lebe es sich im Osten nun auch nicht.

Mir aber gehen diese Worte nicht mehr aus dem Sinn. Der Gedanke, nicht auf der richtigen Seite zu leben, setzt sich in mir fest. Aber wo war die andere Seite? Von der viele schwärmten, die aber kaum einer zu sehen bekam? Eine Antwort erhielt ich nicht. Als sich die Westtante verabschiedet, schlafe ich, zwar glühend vor Fieber, aber ruhig ein.

Meine Oma sitzt ständig an meinem Bett, erzählt mir Geschichten, singt mir Lieder vor, flößt mir löffelweise Tee ein und ist verzweifelt. Sie sieht, daß ich immer schwächer werde, aber weder das Fieber noch der Brechreiz gehen zurück. Opa trägt mich auf seinen starken Armen stundenlang durch die Wohnung. Beide weinen und beten zum lieben Gott. Gemeinsam warten wir auf meine Mutter, sie soll sehen, was sie mir angetan hat – aber sie kommt nicht. Sie ist auf einem Lehrgang. Dann höre ich auf, länger auf sie zu warten und erhole mich sehr langsam. Jede Nacht, vor dem Einschlafen, spreche ich mit Ami, meinem Engel. Das tut gut.

Bald kann ich das Bett verlassen, aber ich bin nicht mehr dieselbe. »Die sollen mich jetzt kennen lernen«, sage ich zu meiner Oma mit blitzenden Augen. »Du brauchst mir auch keine Haarschleife mehr zu binden, ich will ab jetzt ein Junge sein.« Ich will auf die andere Seite!

In der Schule setze ich mich wieder in die hinterste Reihe auf die Strafbank und bleibe auch dort. Diesen Platz will ich mir nun wirklich verdienen. Ich habe beschlossen, nicht länger brav zu sein. Ich schreibe keine ordentlichen Buchstaben mehr, schwatze mit meinem Banknachbarn, einem Sitzenbleiber, spiele mit ihm Karten, während die anderen Kinder lernen. Auch melde ich mich nicht mehr, sondern rufe alles, was ich weiß, in die Klasse. Ich weiß immer noch viel.

Beinahe täglich muß ich nun 20mal irgendeinen Satz aufschreiben, wie sich ein Pionier zu verhalten hat. Das mache ich, denn ich weiß inzwischen: Ich lebe auf der falschen Seite. Das werden schon noch alle merken.

Erst einmal merken es natürlich meine Großeltern, denn sie müssen im Pionierheft unterschreiben, wenn ich wieder etwas Böses gemacht habe. Über eines sind sie sich dabei einig: Dieses Heft darf meine Mutter nie zu Gesicht bekommen, denn sie würde mich sicher bestrafen, und dann würde ich vielleicht wieder krank werden, bloß nicht!

Vor Freude, daß ich wieder esse, bekomme ich zum Geburtstag 100 Gramm gekochten Schinken, den ich ganz allein essen darf. Ein Geschenk, das mir meine Oma von da an jedes Jahr macht. Später kommt noch eine Flasche Tomatensaft dazu.

Auch mein Opa denkt sich etwas Schönes aus: dienstagabends geht er immer in eine Kneipe zum Treffen des Männergesangsvereins. Wenn er nachts heimkommt, hat er eine Bockwurst mit viel Senf und einem Brötchen dabei. Das bringt er mir ans Bett und ich esse es. Oma tut dann, als ob sie schläft. Sie will uns unser heimliches Vergnügen nicht nehmen. Alles scheint gut.

Kurze Zeit später, am Pioniergeburtstag, sitzen alle Kinder zur Feierstunde in der Aula. Der Schulchor singt richtungsweisende Lieder und mein Sitzenbleiberkumpel und ich kauen Bubblegum aus dem Westen. Gelangweilt beginnen wir große rosarote Kaugummiblasen zu formen. Einige Chorkinder können vor Lachen nicht weitersingen, und alle Augen sind auf uns gerichtet. Kurzerhand werden wir aus der Aula entfernt und nach Hause gebracht. Zu allem Unglück an einem Tag, an dem meine Erziehungsberechtigte da ist.

Es gibt ein Riesendonnerwetter, die restlichen Kaugummis werden sofort der Nachbarstochter geschenkt, ich bekomme für die ganze nächste Woche Hausarrest, und Mutter wäscht mir die Haare. Eine Strafe für mich, weil die Seife so in den Augen brennt und die Kopfhaut hinterher so weh tut vom Rubbeln. Dabei weiß ich genau, daß ich nicht frech bin, weil ich schwarze Haare habe, sondern weil ich frech sein will. Lieber soll sie mit mir schimpfen, als mich in den Arm nehmen. Das kann sie sowieso besser, und es macht mir nichts aus.

Freiwillig gehe ich frühzeitig ins Bett, kuschele mich ein, und begegne in meinen Wunschträumen auf der anderen Seite meinem Vater und vielen Menschen, die lieb zu mir sind.

Danach darf ich zu Hause kaum mehr Dinge machen, die mir Spaß bereiten. Die Schule wird für mich zum Ventil. Alles, was ich zu Hause nicht darf, mache ich in der Schule, und ich werde bei den Kindern auch immer beliebter, weil ich mich alles traue.

Viele wollen jetzt meine Freunde werden, vor allem die Jungs. Und sie werden es und ich stifte sie an, die unmöglichsten Dinge zu tun: Bachspringen, Fliegenbeine ausreißen, Luft aus fremden Fahrrädern rauslassen, das Pionierhalstuch absichtlich vergessen, beim Altstoffsammeln aus den anderen Wagen Flaschen in unseren legen, über Gartenzäune klettern und Obst klauen und vieles mehr. Viel Spaß bereitet mir das Zopfhalterklauen bei den Mädchen. Zöpfe mag ich ohnehin nicht, weil ich keine langen Haare haben darf und mir deshalb auch keine flechten kann. »Nur Zigeuner haben lange schwarze Haare«, meint meine Mutter.

Lieb bin ich nur noch zu meinen Großeltern und sie bleiben es auch mir gegenüber. Inzwischen haben sie eine Gartenkantine übernommen und: dort ist immer viel los. Mir gefällt das, meiner Mutter nicht. Aber sie kann nichts dagegen unternehmen, denn ich wohne bei Oma und Opa. In der Schule habe ich zwar immer noch in den Lernfächern die besten Zensuren, aber im Fach Betragen bekomme ich eine »4«. Meine Oma erzählt ihren Freundinnen, dass das eine Verwechslung sei und ich später eine »2« bekommen würde. Später zeigt sie die Zeugnisse nicht mehr, sondern liest sie vor und lügt dabei wie gedruckt.

Diese Zensur bessert sich vorläufig auch nicht, denn ich organisiere einen Streik gegen eine Klassenarbeit, zeige uralte »Micky-Maus«-Hefte herum, was verboten ist, und bin einfach frech zu den Lehrern, weil die alle wie meine Mutter sind. Meine Mutter wird im Gegenzug immer strenger, sie nennt das konsequent. Die Lehrer sind das auch, und ich werde in eine andere Klasse strafversetzt. Das schockt mich.

Nun werde ich wieder »artiger«, denn inzwischen weiß ich sogar, was ein Ami ist: Ein Mensch aus Amerika. Nun weiß ich, daß mein Vater ein Mensch aus Amerika war. Es nutzt mir bloß nichts, mich über Amerikaner zu freuen, denn in meinem Deutschland sind die Russen unsere Freunde. Und ihre Sprache erlernen wir auch in der Schule. Sie haben den Krieg gewonnen und heroisch gekämpft. Die anderen Großmächte haben den heldenhaften Sowjetsoldaten nur geholfen.

Amerika kommt in keinem Fach vor, höchstens in den Indianerfilmen im Sonntagskino. Ein Indianer kann er allerdings nicht gewesen sein, mein Vater. Mutter kann doch keine langen schwarzen Haare, bunte Farben und geschminkte Leute leiden, die auch noch laut durcheinander sprechen.

*

Nun werde ich tatsächlich angepaßter, schließlich will ich von der Polytechnischen Oberschule, die nur bis zur 10. Klasse und mittleren Reife führt, auf die Erweiterte Oberschule wechseln, um dort Abitur zu machen. Mit meiner schlechten Zensur in Betragen wäre das nicht möglich. Auch nicht, wenn ich mich hätte konfirmieren lassen. Das stand außer Frage, entweder Kirche oder Staat. Beides geht bei meinem Jahrgang – und noch viele Jahre darüber hinaus – nicht. Zwar bin ich auf beides vorbereitetet, doch teilnehmen werde ich an der sozialistischen Jugendweihe, was, gesellschaftspolitisch gesehen, das einzig Richtige ist.

Die Kirche steht unserer schulischen Entwicklung nicht im Weg, und wir erhalten eine Bescheinigung, aus der hervorgeht, daß wir alle Bedingungen zur Einsegnung, einschließlich Konfirmandenunterricht, erfüllt haben und so zu einem späteren Zeitpunkt konfirmiert werden können. Das trauen sich die meisten von uns jedoch erst nach Ende des Studiums. Oder, wie ich, gar nicht.

Also freue ich mich auf den großen Tag, wenn wir feierlich in den Kreis der Erwachsenen aufgenommen werden.

Meine Mutti näht mir eigens dafür ein rosarotes Kleid, und

Tante Inge bringt mir Nylonstrümpfe mit Naht aus dem Westen mit. Obwohl die Naht an meinen dünnen Beinen keinen richtigen Platz findet, fühle ich mich wie ein stolzer Spanier. Schließlich gibt es außer mir nur noch ein Mädchen, das solche Strümpfe trägt. Sicher hat sie auch Westverwandtschaft.

Die Feierstunde findet im Saal unseres Großstadtvarietés statt, worüber sich manche ärgern, andere sich amüsieren. Mir ist es gleichgültig. Ich befürchte nur eins, daß ich die Stufen zur Bühne rauf- oder runterfalle, oder zu große und zu schnelle Schritte mache, wenn wir unsere Urkunden erhalten. Tante Inge hat vergeblich versucht, mir beizubringen, wie man den aufregenden Gang aus der Hüfte holt, um dann wiegend zu gehen. Ich kann es einfach nicht, zwecklos.

Die Feier ist wirklich feierlich. Das Varietéorchester spielt klassische Musik, ein Redner redet, ein Schauspieler trägt Gedichte vor, und wir sitzen völlig aufgeregt im Saal. Hinter uns die Erziehungsberechtigten, soweit vorhanden, sowie die nahen, fernen und entfernten Verwandten. Es gibt während der Zeremonie weder Oblaten zu essen noch Wein zu trinken, wie bei dem kirchlichen Akt, dafür aber ein dickes Buch mit dem Titel: »Weltall, Erde, Mensch«. Das stellen wir dann zu Hause in den Bücherschrank. Später gibt es in Opas Gartenkantine noch eine lustige Familienfeier. Ein schöner Tag.

Die »Kirche-oder-nicht-Kiste« ist überstanden. Nun gibt es nur noch ein Hindernis, um auf die Oberschule zu gelangen, die unangenehme Sache mit der Zensur. Man kann sich dort nämlich nicht einfach anmelden, sondern wird auserwählt. Und gute Kopfnoten sind Bedingung. In den anderen drei Verhaltensfächern Fleiß, Mitarbeit und Ordnung habe ich eine »1«. Dennoch entscheidet erst eine außerordentliche Beratung der verantwortlichen Lehrer darüber, daß ich doch aufgenommen werde. Berücksichtigt wird dabei, daß meine Mutter durch ihre Stellung in der sich entwickelnden sozialistischen Gesellschaft schon in der Lage sein wird, mich dahingehend zu beeinflussen, mich der Delegierung zur Oberschule würdig zu erweisen.

So darf ich den naturwissenschaftlichen Zweig belegen und finde mich gemeinsam mit vier anderen Mädchen und 24 Jungs in einem alten Schulgebäude, das vorher ein Lehrerseminar war, wieder. So viele Jungs in der Klasse finde ich toll. In den Klassen des sprachlichen Zweigs sind fast nur Mädchen.

Alle sind sehr stolz auf mich, besonders meine Oma, die in ihrer Familie keinen kennt, der jemals auf der Oberschule war. »Das muß an deinem amerikanischen Blut liegen«, sagt sie. Ich bin auch sehr stolz über meinen neuen Status und trete in die Freie Deutsche Jugend ein. Eine Pflicht für Oberschüler. Darauf ist wiederum meine Mutter stolz. Schon in der Pionierkleidung habe ich ihr gefallen, aber jetzt, im blauen FDJ-Hemd mit dem Emblem der aufgehenden Sonne am linken Oberarm, ist es noch besser. »Im Osten geht die Sonne auf«, erklären die FDJ- Sekretäre, die uns feierlich in die Reihen der Jugend aufnehmen.

Von nun an laufe ich jeden Morgen mit zwei Freundinnen zwei Kilometer bis zur Schule. Der Sonne entgegen. Ganz nebenbei verschaffen wir uns so die Basis für eine Traumfigur, was allmählich auch wichtig wird.

Ich werde offensichtlich nicht nur größer und schlauer, sondern auch hübscher, trotz der ziemlich großen Nase. Rassig sagen meine eleganten Westtanten. Die müssen es ja wissen, schließlich wohnen sie auf der anderen Seite. Ich weiß immer noch nicht, wo das ist. Schön muß es aber dort sein, so schick und lustig, wie die Tanten immer sind. Auch kann die andere Seite nicht so sehr weit weg sein, so oft, wie die Tanten immer kommen.

Sie wird aber leider ab dem Sommer 1961 für uns unerreichbar weit weg sein. Am 13. August errichten unsere tapferen Grenzsoldaten im sowjetischen Teil Berlins die Mauer und an der übrigen Westgrenze einen dichten hohen Vorhang aus Stacheldraht.

»Es ist, wie es ist, und es kommt, wie es kommt«, sagen die Großeltern. »Endlich sind wir vor den kapitalistischen Einflüssen geschützt«, sagt meine Mutter. »Und wo wird jetzt die Sonne scheinen?« frage ich. »Kommen ihre Strahlen noch über die Mauer?«

»Im Osten geht die Sonne auf«, antworten die Lehrer und die Pionierleiterin. Und im Musikunterricht lernen wir das Lied: »Brüder, zur Sonne, zur Freiheit, Brüder, zum Lichte empor ...«! Nun ja, auf meinen Sonnenaufgang warte ich von da an geduldig, viele Jahre lang.

*

In mein durch die beginnende Pubertät arg geschütteltes Seelenleben fällt plötzlich meine Mutter ein. Sie meldet sich wieder einmal in ihre Heimatstadt zurück. Diesmal in Begleitung eines Mannes, ein Beamter, der für die Sicherheit der Deutschen Reichsbahn zuständig ist. Was er da zu tun hat, können sich meine Großeltern und ich nicht vorstellen. Er ist, seinem Dienstgrad nach, Amtmann. Ausgerechnet er soll nun seines Amtes walten und mich gemeinsam mit meiner Mutter, die inzwischen Justitiarin ist, sozialistisch erziehen. Sie ist der Meinung, daß meine Erziehung nun Sache von Fachleuten ist. Meine Großeltern haben offensichtlich versagt.

Das Leben im Osten ist härter, diktatorischer, intoleranter, verbohrter und gehässiger gegen alle »Klassenfeinde« geworden, seit Walter Ulbricht an der Macht ist. Als er seinen historischen Satz »Es ist nichts so fein gesponnen, es kommt doch ans Licht der Sonnen!« äußerte, war ich beruhigt, anscheinend doch auf der richtigen Seite zu wohnen. Obwohl auch ich merkte, daß uns nur noch die kleinen Freiheiten, wie heimlich Westsender hören, Blumensamen, Südfrüchte, illustrierte Zeitschriften gut getarnt mitbringen lassen, oder Westbesuche und Westpakete empfangen, verblieben sind.

Gegenseitige Besuche und Reisen nach Westdeutschland oder in andere »kapitalistische« Länder sind schon lange nicht mehr erlaubt, da die DDR-Bürger vor westlichen Einflüssen geschützt werden müssen. Es kommen allerdings auch viele Westdeutsche immer seltener privat zu Besuch. Man reist lieber in großen Bussen als einzeln im Auto, dann ist man den strengen ostdeutschen Grenzkontrollorganen, wie die Zollbehörden heißen, nicht ohne Beistand ausgeliefert.

Außerdem muß einen auseinandergefilzten Reisebus der Busfahrer wieder fit machen – beim Privatauto ist das Sache der Insassen und nicht Aufgabe der Einreiseüberwacher, weil das Einmischung in die Privatsphäre der uns besuchenden BRD-Bürger wäre. Und diese sollen sich schließlich im Osten frei fühlen, damit sie die Vorzüge des Sozialismus kennenlernen. Man weiß ja nie, vielleicht tauscht der eine oder andere dann sein Leben im Kapitalismus gegen ein Leben hier.

Ich kann mich nicht erinnern, ob das oft passiert ist. Jedenfalls wurde keiner zum »Systemtauschorgan« ausgebildet, aber dafür Leute zu neuen Berufen, wie »Systemüberwachungsschützern und Einreiseformalitätenkontrolleure mit Vollzugsberechtigung«. Ich kriege auch mit, daß manchmal welche aus der DDR abhauen. Wie, das steht nicht in der Zeitung. Dort steht nur, wenn unsere wachsamen Grenzsoldaten einen Republikverräter an der Grenze dingfest machen konnten, der dann zur Umerziehung ins Gefängnis gebracht wurde.

In ein individuelles privates Gefängnis ziehe ich auch bald ein. Mutter heiratet diesen Genossen, zu dem ich »Vati« sagen muß. Sie bekommen, weil sie so gut ins System passen, eine schicke Neubauwohnung und ich bei ihnen ein eigenes Kinderzimmer. Beim Absingen der Loblieder auf die sozialistische Lebensqualität vergessen sie zu erwähnen, daß dafür viele

Stunden Eigenarbeit und viel Geld investiert werden mussten, aber kollektive Arbeit ist ja auch was Schönes. Wann zuvor gab es je AWGs, Arbeiterwohnungsbaugesellschaften, die für die Werktätigen bauen? Das sind sozialistische Errungenschaften, für die täglich gekämpft werden muß.

Das gemütliche Leben, die kleine Demokratie mit meinen Großeltern muß ich nun eintauschen gegen die Diktatur des werktätigen Proletariats, der ich mich nicht mehr nur in der Schule, sondern jetzt auch zu Hause beugen muß. Wuchs ich vorher eher in Freilandhaltung auf, so geht es neuerdings streng geregelt zu. Alles verläuft genau nach Plan. Schließlich leben wir in der Planwirtschaft. Ich hätte mir nicht vorstellen können, was alles planbar ist:

In dieser Wohnung, meiner Erziehungsanstalt, gibt es Zeitpläne für die Benutzung des Badezimmers, einschließlich der Badewanne, für Wäschewechsel- und Waschtage, für die stets gemeinsame Einnahme der Mahlzeiten, für die abwechselnde Beheizung der Kachelöfen, für den Einkauf der Grundnahrungsmittel, den Einkauf von Sommer- oder Wintergarderobe, der Weihnachtsgeschenke und für die Freizeit.

Es werden Verhaltensregeln für die Einnahme der Mahlzeiten, für den Umgang mit den Hausnachbarn und vor allen Dingen für mein künftiges Verhalten in der Schule, meinem momentanen »Klassenkampf«, aufgestellt.

Auch eine neue Kleiderordnung wird eingeführt. Als erstes muß ich mich von meinen blauen Niethosen aus dem Westpaket trennen. »Nieten in Nietenhosen unerwünscht«, heißt die staatlich verordnete Devise. Dabei sind sie mein ganzer Stolz, alle Freundinnen beneiden mich darum, und außerdem kommen sie direkt aus Amerika, wie mein Papa. Sie sind mein Kultobjekt.

Heulend gebe ich sie meinen Großeltern zur Aufbewahrung mit, denn im Garten darf ich sie noch anziehen. Mein Schutzengelvater mit verwehrtem Erziehungsrecht scheint sich auch gerade den Flügel gebrochen zu haben, denn er gibt mir kein Zeichen.

Die lieben, aber leider »nicht erziehungsberechtigten« Großeltern verstehen das alles nicht. »Ob das unserem Floh gut bekommt, weiß ich nicht«, sagt Opa. »Mein Gott, das arme Kind, wo soll denn das noch hinführen«, meint Oma. »Richtig wohl fühlen wir uns in der Neubauwohnung nicht«, meinen beide, und sie beschränken ihre Besuche auf ein Minimum.

Da ihre Wohnung auf meinem Schulweg liegt, mache ich jetzt dort immer Rast, denn der Schulweg ist ja jetzt länger geworden. Daß ich alle Wege zu Fuß erledige, kann nur gut für die Figur sein. Denn die Mitschüler aus meiner Klasse, die mit dem Auto gebracht werden, sind alle dick. Daraus leite ich ab: Autofahren macht dick. Zumindest in unserer Gegend.

Meine schicken Tanten von der anderen Seite sind zwar immer noch schlank, aber die fahren sicher auch andere Autos. »Und was für tolle«, sagen sie und zeigen mir Fotos. Das für mich Verwunderlichste daran ist, daß auf diesen Fotos stets die Sonne scheint. Darüber muß ich später nachdenken.

Zuvor jedoch ersinnt meine Oma eine List: Auf meinem Schulweg tausche ich morgens meine Hosen, so daß ich doch mit »Tschiens« in der Schule ankomme. Auf dem Heimweg wird sich wieder umgezogen und zu Hause merkt es niemand. Oma ist nämlich der Meinung, daß ich als halber Amerikaner auch amerikanische Hosen tragen sollte. Schließlich bin ich und sind die Niethosen was Besonderes, und Oma liebt immer noch das Besondere.

Dennoch fühle ich mich wieder einmal verlassen. Ein eigenes Zimmer ist ja schön und gut, aber ich bin immer allein da drin. Freundinnen dürfen kaum zu uns in die Wohnung kommen, außer zum Lernen, und dann darf das Radio nicht laufen, weil es ablenkt, aber uns gefällt das gerade und es lenkt auch nicht ab. Bei sich zu Hause dürfen sie das, sogar laut Westsender hören, genau wie in der alten Wohnung bei Oma und Opa.

Also gehe ich zum Schularbeitenmachen nun immer zu meinen Freundinnen.

Dort hören wir die Beatles und die Rolling Stones. Am schönsten ist die Musik am Sonnabend, die wir in den Schulferien auf RIAS hören. Lord Knut und seine »Schlager der Woche«. Am Schluß der Sendung verkündet er immer, daß die kürzeste Entfernung zwischen den Menschen ein Lächeln ist. Schade, daß meine linientreuen Eltern keine Westsender hören. Ihnen würde ein Lächeln auch gut bekommen.

Diese Sender hetzen aber nur auf und wollen uns verdummen, so wurde es ihnen und natürlich auch mir glaubhaft versichert. Wer will schon freiwillig dumm sein? Also überprüfe ich gelegentlich, ob ich dümmer geworden bin. Zum Glück bin ich es nicht. Aber der Sender ist ja auch für die Menschen auf der anderen Seite gedacht. Wenigstens verstehe ich nun besser, warum die Westtanten so viel lachen. Dort scheint ohnehin einiges anders zu sein. Oma fährt jedes Jahr einmal nach dem Westen. Wenn sie zurückkommt, bringt sie immer schöne Dinge mit, die entweder sehr gut schmecken oder toll riechen. Und alles ist in schönen Schachteln verpackt.

Ich sammle diese Schachteln. Bloß wohin mit ihnen und mit all meinem geglätteten Pralinenpapier und den ausgeschnittenen bunten Reklamebildern? Oma findet eine Lösung: Sie packt ihre alten Knöpfe, meine Freunde, in einen Schuhkarton, und Opa bringt mir den Nähtisch mit den vielen Schubkästen nach Hause und stellt ihn in mein Zimmer, neben mein Bett, wie früher. Alle Schubfächer sind frei, so daß ich darin alles, was ich liebe, aufbewahren kann. Und ich sammle sehr viel, vor allem bunte Dinge von der anderen Seite. Auch kleine Parfümproben und Seifestückchen aus den Westpaketen, die nach wie vor bei meinen Großeltern eintreffen.

Mein größter Schatz wird eine goldene Kaffeedose, die mit rotem Samt ausgeschlagen ist. Darin sammle ich bunte Ansichtskarten, Fotos und ausgeschnittene kleine Bilder aus

Omas Westzeitungen. Es ist meine Schatztruhe. Es ist meine andere Seite. So sieht für mich der Westen aus.

Eines Tages komme ich nach Hause und mein Nähtischchen ist weg. Ich kreische los. »Wo ist es?« »Reg dich nicht so auf, das alte Ding paßt nicht in unsere schöne neue Wohnung, das haben wir zu Oma zurückgeschafft«, sagen meine Eltern. »Wir haben dir stattdessen ein schönes Bücherregal gekauft.«

»Ich will kein Bücherregal«, schreie ich. »Wo sind meine Schubfächer?«

»Na, auch dort. Den Westmist haben wir weggeschmissen, den braucht hier doch keiner.«

»Und meine goldene Schachtel?«

»Die, in der du den anderen Westkram gesammelt hast?«

»Ja!«

»Die war ja so eingestaubt, die haben wir mit dem anderen Kram weggeworfen.«

Ich schreie und renne aus der Wohnung. Ich fliehe zu meinen Großeltern. Sie zeigen mir stumm das Nähtischchen, das nun wieder bei ihnen steht. »Wir verstehen es auch nicht«, sagen sie fast gleichzeitig. Opa nimmt mich in den Arm und wiegt mich an seinen breiten runden Schultern wie ein Baby hin und her. Dabei redet er mir ein, ich solle nicht traurig sein, später wird alles gut werden. Das sagt auch Oma. »Wer schon einmal traurig war, kann sich später, wenn alles besser ist, mehr freuen«, meint sie. Bloß: wann ist später und was wird dann besser?

So oft, wie ich schon traurig war, muß es später wunderschön werden, rede ich mir dann unter Tränen ein, während ich auf den Holzdielen sitze und mit meinen geliebten Knöpfen spiele, die wieder an ihrem alten Platz sind. Wenigstens die sind gerettet. Ich wippe beim Spielen hin und her und werde ganz still dabei. Irgendwann muß ich nach Hause. Ich will aber nie wieder dorthin. Oma und Opa erklären mir, daß ich das jedoch muß, weil es das Gesetz so will. Ich höre auf sie, und sie bringen mich heim. Als sie die Blicke der Eltern treffen, verschwinden sie schnell wieder.

Ich aber soll mich nun für mein Verhalten entschuldigen. Ich puste die Wangen auf, zeige ihnen einen Vogel und gehe in mein Zimmer. »Die haben sie im Krankenhaus vertauscht, die ist nicht mein Kind«, höre ich noch meine Mutter zu ihrem Ehemann sagen.

»Hilf mir!« bitte ich meinen Schutzengel, »Hilf mir, Papa!«

In der Nacht bekomme ich sehr hohes Fieber und muß mich ständig übergeben. Eine Woche dauert das, und ich kann nicht zur Schule gehen. Wieder wacht Oma an meinem Bett. Meine Mutter muß arbeiten, und sie findet, daß ich groß genug bin, um alleine zu bleiben.

Als ich wieder gesund bin, steigt diesmal kein kleiner Rebell aus dem Bett, sondern das Gegenteil. Ich spreche kaum, sitze nach der Schule stundenlang mich wiegend am Fenster und schaue zum Himmel, dorthin, wo die Sonne untergeht, und träume.

Es fällt nicht auf, denn zu den Mahlzeiten erscheine ich pünktlich, und meinen Pflichten in der Wohnung komme ich auch nach. Ihnen fällt nur auf, daß ich das neue Bücherregel nicht einräume. Ich hasse es.

Mein Schutzengel sendet mir auch kein Zeichen. Ich spreche nicht mehr mit ihm, vielleicht ist er ebenfalls mit mir böse. Aber können Engel böse sein? Vielleicht die, die hier auf der falschen Seite mit mir wohnen müssen. Im Flur unserer Wohnung hängt ein Spruch: »Wer lächelt, hat mehr vom Leben.« Gut, ab morgen lächle ich, das nehme ich mir täglich vor. Aber, ob sie mich wirklich im Krankenhaus vertauscht haben? Wie soll denn das gehen?

*

Irgendwann geht meine Mutter, als Erziehungsberechtigte oder Aufzuchtsbeamte, wie auch immer, mit mir zur Polizei, meinen Personalausweis beantragen. Die Geburtsurkunde zeigt sie mir nicht. Ich bin stolz, als ich später meinen Ausweis ausgehändigt bekomme. Ich staune aber nicht schlecht, daß ich mit zweitem Namen Cecilia heiße. Alle nennen mich doch Agnesa? Wo kommt der denn plötzlich her?

Ich frage meine Mutter: »Ja, dein Vater wollte damals diesen Namen, aber der klingt doch langweilig, oder?«

Das ist alles, was ich erfahre. Kein Wort mehr, Nachfragen zwecklos. Aber warum wollte mein Vater diesen Namen? Warum hat mir noch nie jemand davon erzählt? Ich bin doch bei der Jugendweihe sogar schon in den Kreis der Erwachsenen aufgenommen worden?

Mit beiden Namen muß ich den Ausweis unterschreiben. Daß ich zu diesem Zeitpunkt noch amerikanische Staatsbürgerin bin und es bis zu meinem 23. Lebensjahr bleiben werde, erfahre ich erst viel, viel später.

Mit diesem Ausweis in der Hand kapituliere ich. Sicher zieht meine tapfere Mutter ein Kind von einem fremden Amerikaner auf, rede ich mir ein. Nun muß ich ihr auch verzeihen, daß sie mich nicht ganz so lieb hat. Lieben kann man doch nur seine eigenen Kinder. Besser solche Eltern, als gar keine. Zum Glück habe ich aber noch meine Großeltern.

Von meinen Eltern erwarte ich fortan nicht mehr viel. Ich werde mir in Zukunft Mühe geben und mich anpassen. Jetzt bin ich auch dankbar für die schöne Wohnung und mein schönes Zimmer.

Ich baue mir eine eigene Welt auf und glaube auch daran. Meinen Großeltern erzähle ich nichts davon. Leider, das war wirklich ein großer Fehler. Sie hätten mich nicht so lange im Ungewissen gelassen, den Blödsinn zu glauben, den meine Mutter erzählte. Ich habe plötzlich keine Lust und vor allem keine Kraft mehr, über diese Dinge nachzudenken. Das ist mir alles zuviel.

Ich lege mich ins Bett, zu meinen alten Teddybären und kuschele mich ein. Vor dem Einschlafen rede ich mal wieder mit meinem Schutzengel. Er ist ja nun mein einziger, richtiger Verwandter, scheint es. Ich wünsche mir, daß er noch lebt und mich zu sich holt. Bestimmt hätte er mich sehr lieb, das weiß ich. Wenn sie mich doch vertauscht haben, vielleicht hat meine Mutter dann auch die Väter des Babys verwechselt, und der falsche ist tot. So könnte es auch gewesen sein. Mein richtiger Vater sitzt in Amerika und wartet auf mich.

Noch in der Nacht bekomme ich sehr hohes Fieber und beginne wieder, mich zu übergeben. Diesmal fange ich auch noch an zu phantasieren und loszuschreien vor Angst. Ich habe richtige Angstkrämpfe. Wieder weiß der Arzt nicht, was los ist. »Das wird mit der Pubertät zusammenhängen«, meint er.

»Vielleicht sollten wir sie mal einem Nervenarzt vorstellen«, sagt der Mann, den ich Vati nenne.

Meiner Mutter gefällt die Begründung mit der Pubertät besser. Da hat sie doch gleich ein neues Feld für ihre Erziehungsmethoden gefunden. Es wird aber kein Acker, den sie bestellt, sondern eine Fallgrube, die sie für mich aushebt.

Nachdem ich wieder gesund bin, hält sie die Zeit für gekommen, mich aufzuklären.

Aufklären bedeutet, meine Sinnlichkeit als unanständig darzustellen, meine Tagträume über die Liebe als unschicklich abzutun, die Liebeslieder, die ich gern höre, als kitschig abzustempeln, und meine Schwärmereien für Filmstars aus dem Sonntagskino unsinnig zu finden. Aber woher weiß sie das alles, das habe ich ihr doch nie erzählt? Höchstens Angelika, meine Schulfreundin, und mein Teddybär wissen das. Und mein Tagebuch kennt wirklich nur mein Teddy, oder? Nein, das stelle ich mir lieber erst gar nicht vor. Lieber höre ich mir die neuen Verbote und Verhaltensregeln an, die hier, wo ich wohne, gelten:

1. Laß Dich nie von einem Jungen anfassen.

2. Gehe nie mit einem in die Wohnung, das ist gefährlich.
3. Stell Dich nie mit einem Jungen allein in den Hausflur.
4. Laß Dich nie auf den Mund küssen.
5. Laß Dir nicht unter den Rock greifen.
6. Nimm Dich in Acht, denn hinter schwarzhaarigen Mädchen sind die Kerle her.

Meine Güte, das alles wollen junge Männer mit mir machen? Mutter hat schon Recht. Davor muß sie mich wirklich schützen. Es gelingt ihr auch. Nachdem sie mich über die schrecklichen Folgen informiert hat, die ein ausschweifendes Liebesleben mit sich bringen kann, beschließe ich, damit erst gar nicht anzufangen. Dieses Versprechen schreibe ich in mein Tagebuch. Besser so.

In der Schule fangen die Mädchen wirklich langsam an, die Jungen genauer zu betrachten. Unsere Klassenkameraden erscheinen uns zu klein, die in den höheren Klassen gerade richtig. Sie entscheiden sich aber eher für die älteren Mädchen. Also bleiben uns doch nur unsere Jungs übrig. Was heißt uns? Den anderen Mädchen. Für mich entscheidet sich keiner. Denn ich habe eine eher knabenhafte Figur, kurze Haare und noch keinen Busen. »Ei, ei, was habe ich da entdeckt? Zwei Erbsen auf ein Brett gezweckt«, ist ein Kommentar zu mir.

Mutters Befehl, mich ja von keinem Jungen anfassen zu lassen, scheint mein Körper verstanden zu haben, er lässt mir einfach die Objekte der Begierde noch nicht wachsen. Stattdessen verbünde ich mich mit meinen männlichen Mitschülern und stehe in der Pause vor der Klassentür Schmiere, damit sie die Mädchen betatschen können, ohne von den Lehrern erwischt zu werden. Das macht mich sehr beliebt, und sie helfen mir dafür bei Mathearbeiten und lassen mich die Hausaufgaben abschreiben.

Zu den Mädels in meiner Klasse stehe ich in einer merkwürdigen Beziehung. Sie sehen mich eher als Kumpel, dem man alles erzählen kann, denn als Konkurrenz, der man nichts erzählt. Konkurrentinnen nehmen einem vielleicht die Freunde weg, aber so ein Neutrum wie ich ist keine ernste Gefahr. Dem kann man alles anvertrauen. Also nutze ich diese Gunst und werde für sie so eine Art Intimberatung bei Liebeskummer.

Fehlende Eigenerfahrungen gleiche ich mit Wissen aus Aufklärungsbüchern aus, und ich lese, was ich finden kann. Das ist nicht viel, aber zum Glück gibt es die Weltliteratur. So vertiefe ich mich in »King Ping Meh und seine sechs Frauen«, da brauche ich allerdings meine ganze Phantasie, um irgend etwas zu verstehen. Oscar Wilde macht's mir leichter. Seine sinnlichen Passagen kann ich mir vorstellen. Jorge Amado ist wieder schwieriger. Ich versuche seine detaillierten Beschreibungen nachzuvollziehen und in weibliche Formulierungen umzudeuten. Schließlich lese ich noch heimlich im van de Velde, der im Bücherschrank im Wohnzimmer versteckt in der Ecke steht.

Langsam blicke ich durch. Zusammen mit dem, was mir die Mitschülerinnen über Deflorationsschmerz und die unangenehmen Begleiterscheinungen beim Gebrauch von »Verhütern« erzählen, ist mein theoretisches Wissen perfekt, und ich berate in der Hofpause auch die Mädchen aus der Parallelklasse. All die Dinge, die mir meine Mutter verboten hat, empfindet jedoch keins der Mädchen als Bedrohung oder etwas Unangenehmes – im Gegenteil. Das beruhigt mich sehr.

Ich traue mich aber nicht, meinem Schutzengel von alldem zu erzählen. Wer weiß, ob ihm das gefällt? Jedenfalls schreibe ich darüber vorsichtshalber auch nichts in mein Tagebuch. Zu Hause erzähle ich erst recht nichts, da ich im Moment mit den beiden ganz gut auskomme. Sie freuen sich über meine Zensuren, wie gerne meine Schulfreundinnen zu mir zum Lernen kommen, und darüber, daß ich mich offensichtlich nicht mit Jungen einlasse.

Meine Oma sieht das anders. Sie freut sich nicht darüber.

Denn die Nachbarstochter geht schon jeden Sonnabend tanzen. Und in der Eisdiele ist sie ihr bereits Arm in Arm mit jungen Männern begegnet. »Ob mit unserer Kleinen irgend etwas nicht stimmt?« fragt sie Opa. »Ach, sie ist doch noch ein Kind«, antwortet er.

Stimmt. Morgens bin ich in der Schule und nachmittags, nach den Hausaufgaben, spiele ich mit den jüngeren Kindern aus der Nachbarschaft. Meistens spielen wir Schule, und ich bin immer die Lehrerin. Aber eine ganz andere als die, die ich so kenne. So geht das fast zwei Jahre. Ich bin längst 16 Jahre alt und habe noch nichts, meine Freundinnen hingegen haben schon viel erlebt.

Etwas erleben kann ich nun auf andere Weise. Meine Genossen zu Hause haben nämlich die neueste technische Errungenschaft, einen Fernsehapparat, gekauft. Wir sind die erste Familie in unserem Haus, die so ein Teil hat. Wir sind etwas Besonderes. Nun kommt Omi auch wieder öfters vorbei. Und, ich kann es kaum fassen, zum ersten Mal sehe ich die andere Seite. Unglaublich! Die andere Seite hat plötzlich ein Gesicht. Der Vorhang ist ein Stück weit aufgezogen und ich kann sehen, was sich dahinter verbirgt.

Mir fällt auf, daß dort alle Frauen Hüte tragen und ständig mit großen Einkaufstaschen in den Straßen unterwegs sind. Sie sehen alle schön aus, wie meine blonden, schlanken Tanten. Am besten gefallen mir die kurzen Werbesendungen. Es muß wirklich schön sein, im Westen. Alles so weiß, so sauber, alles riecht gut, alles schmeckt gut, und über das, was man kauft, ist man glücklich und sagt das dem Reporter in die Kamera, damit es auch die anderen Leute erfahren. Praktisch. So eine glückliche Hausfrau will ich später auch mal werden.

In unserem Fernsehprogramm sieht man die Frauen nur arbeiten, die Bäuerinnen auf den Feldern und in den Ställen, die Produktionsarbeiterinnen in den Fabriken oder als Chemielaborantinnen in großen Betrieben. Die Frauen sind wie Männer gekleidet und lächeln unter Schutzhauben oder Kopftüchern und anderen unförmigen Kopfbedeckungen für den Arbeitsschutz hervor. Dabei erzählen sie dem Reporter in die Kamera, wie schön es ist, werktätig zu sein und Hand in Hand mit den Männern den Plan zu erfüllen, damit der Sozialismus aufgebaut werden kann. »So wie wir heute arbeiten, so werden wir morgen leben«, heißt die eine Parole, die andere lautet: »Plane mit, arbeite mit, regiere mit!«

Meine Mutter und ihr Mann sind also so, wie es das Fernsehen sagt. Planen und arbeiten können sie gut und regieren tun sie zu Hause. Da kann nichts schiefgehen. Aber ich will keine glückliche Arbeiterin werden. Bloß nicht!

Die Freude über den Fernseher ist riesig. Damit wir aber nicht zu glücklich werden, gibt es Fernsehregeln und einen Fernsehplan. Die Regeln besagen:

1. Nicht zu dicht vor den Bildschirm setzen, Mindestabstand zwei Meter.
2. Nicht länger als zwei Stunden pro Tag fernsehen, sonst verderben die Strahlen die Augen.
3. Täglich die politischen Nachrichten der »Aktuellen Kamera« anschauen.
4. Niemandem erzählen, daß wir Westfernsehen gucken, weil es verboten ist.
5. Niemals, wenn Besuch da ist, die Wohnzimmergardine aufziehen, weil dahinter die Westantenne versteckt ist.

Freudig halte ich mich an alle Regeln, nur damit ich fernsehen kann. Die Westantenne hinter der Gardine haben auch andere aus meiner Klasse. Bei einigen wird sie auf dem Dach angebracht, gleich neben der Ostantenne. Da kann man aber schon von der Straße aus erkennen, wer einen Fernseher hat und wer Westfernsehen sieht. Damit jeder weiß, wie gespenstisch solche Antennen sind und was sie über unsere deutschen demokratischen Bürger verbreiten, gibt es sogar eine Extrasendung. Sie heißt: »Der schwarze Kanal«. In dieser Sendung erzählt ein vom Staat enteigneter Adliger, was der Westen und seine Politiker über uns alles hetzen. Werbefernsehen ist nicht dabei. Diese Sendung dürfen wir alle sehen. Das übrige Westfernsehen ist denen, die in der SED sind, strengstens untersagt, damit sie der Klassenfeind nicht negativ beeinflussen kann.

Wenn die Westantenne hinter der Gardine versteckt ist, scheint der negative Einfluß nicht so stark zu wirken. Einleuchtend. Sonst würden meine prinzipientreuen Großzieher es auch nicht machen. Ist ja logisch, und wir sehen deshalb den »schwarzen Kanal« doppelt schwarz. Einmal, wie wir ihn sehen sollen, und einmal, wie wir ihn sehen wollen. Um das auseinander zu halten, muß man sehr schlau sein.

In der Schule, im Unterricht dürfen wir nur über die Sendungen mit dem häßlichen Mann mit der großen Hornbrille reden. Auf dem Schulhof dann über das, was uns wirklich interessiert. Aber Vorsicht, mit allen Mitschülern geht das nicht. Einige gute FDJler unter uns schreiben nämlich jede Woche einen Brief an die Polizei oder so etwas Ähnliches, in dem sie über die westlichen Einflüsse, die Aktivitäten des Klassenfeindes in unserer Klasse berichten. Das weiß ich von meiner Freundin Susi. Sie hat mir aus Dankbarkeit davon erzählt, weil ich sie mit Klaus, dem schönsten Jungen aus unserer Klasse, verkuppelt habe. Wenn ich einen guten Studienplatz haben möchte, könnte ich auch solche Briefe schreiben. Sie würde mich dort unterbringen, erklärt sie mir.

Ich mache das aber nicht, sonst müßte ich über meine Tanten, meine Oma, unsere Westpakete und was wir heimlich fernsehen schreiben. Das wäre gemein. Außerdem habe ich viel bessere Zensuren als Susi. Damit bekomme ich auch so einen guten Studienplatz.

Leider darf ich abends keine Filme mit anschauen, höchstens mal sonnabends. Aber wozu habe ich eine schlaue Oma? Sie hat erfahren, daß jeden Morgen um 10 Uhr die Filme vom Vorabend wiederholt werden.

Schon zu Ferienbeginnn kommt sie täglich gegen 10 Uhr. Ihre Tochter und ihr vorgesetzter Schwiegersohn sind planen und arbeiten, und so können wir ungestört fernsehen. Die Zwei-Stunden-Regelung setzen wir dann außer Kraft. Manchmal kommen meine Freundinnen noch dazu, und dann entfachen wir ein »Frohes Jugendleben«, wie Oma das nennt, und lachen oder schluchzen gemeinsam, je nachdem, was der Film erfordert.

Gemeinsam mit Oma verlieben wir uns in einen Schauspieler, und nur bei dem Film »Schwarzwaldmädel« finden wir keinen Mann zum Verlieben, sonst klappt es immer. Wenn ein amerikanischer Tanzfilm kommt, dann putzt Oma ihre Brille und ruft: »Warte, warte, ich will mal sehen.«

Die amerikanischen Filme gefallen mir am besten, und nachts vor dem Einschlafen bitte ich immer meinen Schutzengel, mich endlich zu holen. Dort, in Amerika, könnte ich Tänzerin oder Cowboy werden oder Indianerfrau oder Sekretärin. Eine glückliche Arbeiterin zu werden, wie in den ostdeutschen Filmen, dazu habe ich immer weniger Lust. Aber ich weiß ohnehin noch nicht, was ich später einmal machen will. Um dem eine Wendung zu geben, greift jetzt mein Schutzengel ein und schickt meine Erzieher zur Elternversammlung in die Schule. Dort wird über die Tanzschule geredet, bei der alle Schüler dieser Jahrgangsstufe tanzen lernen. Eine Liste wird herumgereicht, in die sollen die Namen der teilnehmenden Kinder eingetragen werden. Meine Erzieher schreiben mich nach einigem Zögern mit ein. Über diese Entscheidung freue ich mich sehr.

Das Bravsein seit der letzten Krankheit hat sich also gelohnt. Gleich am nächsten Tag renne ich zu meinen Großeltern in die Gartenkantine, um ihnen von dieser Belohnung zu berichten. Sie sind sehr zufrieden. Nun darf ich also jeden Sonnabend mit den anderen aus der Klasse zum Tanzen gehen. Eine meiner schönen Tanten schickt, nachdem meine Oma es ihr geschrieben hat, ein Westpaket. Der Inhalt: ein Büstenhalter mit Spitze, dazu ein rosa Seidenhemd, 7/8-Hosen mit Seitenschlitz und eine bunte Saint-Tropez-Bluse, die über dem Nabel zu einer Schleife gebunden wird. Auf der anderen Seite gibt es auch ganz andere Anziehsachen, stelle ich fest.

Karin, meine Schulfreundin, wird fast wahnsinnig beim Anblick, was das für tolle Sachen sind. Ich bin skeptisch. Wird es Mutter erlauben, daß ich so etwas anziehe?

Natürlich nicht. Bauchfrei – wo leben wir denn? Das ist nichts für anständige Mädchen. Meiner Freundin ist es egal, sie will nicht anständig sein und muß es auch nicht. Wir verkaufen ihr die Hose, die Bluse und das rosafarbene Seidenhemd. Der BH ist ihr zu klein. Darüber bin ich froh. Mir ist er aber noch zu groß, leider. Ich werde schon noch hineinwachsen, hoffe ich. Oder sollte ich etwa niemals die Sachen von der anderen Seite tragen können? »So ein Quatsch«, denke ich. »Wenn schon alle sagen, daß ich sowieso auf die Seite hinter dem Vorhang gehöre, dann werde ich auch noch in diese Sachen hineinwachsen!«

Meine Oma hebt den BH bei sich im Schrank auf und legt ein besonders gut duftendes Stück Seife dazu. Ich betrachte mich kritisch vor dem Spiegel. Als ich Karin frage, wie sie zu soviel Brust gekommen ist, verrät sie mir ihr Geheimnis: Jeden Abend mit Zwiebelsaft einreiben und jeden Morgen den ganzen Oberkörper eiskalt abwaschen, damit sich die Haut zusammenzieht. Das mit dem Zwiebelsaft ist aufwendig und der Geruch gefällt mir auch nicht. Kalt Waschen ist auszuhalten.

Karin zieht nun immer meine schönen Sachen an und wird der Schwarm aller Jungs aus der Tanzstunde. Sie sieht wirklich toll aus, mit ihrer Figur und den langen braunen Locken. Mutter ist sich nicht mehr sicher, ob sie noch der richtige Umgang für mich ist. »Solche Frauen kenne ich«, sagt sie. Ich aber beneide Karin. Ob ich auch jemals so eine Figur bekomme? Ob mir dann die Jungs auch so nachrennen werden?

Mutter scheint es zumindest zu befürchten, denn als erstes müssen meine langen Haare einem Bubikopf weichen. »Warum das denn?« fragen meine Freundinnen. Na, die stören beim Walzer. Ach tatsächlich?

Vor der ersten Tanzstunde gibt es weitere Verhaltensregeln:

1. Nur gemeinsam mit Angelika hingehen.
2. Immer um 22 Uhr auf dem kürzesten Weg nach Hause kommen, wiederum nur mit Angelika.
3. Nicht von einem Jungen nach Hause bringen lassen.
4. Kein Bier trinken.
5. Keine Zigaretten rauchen.
6. Nie eng tanzen.

Ich weiß beim besten Willen nicht, warum ich das alles beachten soll. Woher weiß sie denn, wie es beim Tanzunterricht zugeht? Mich interessieren nur die Schritte und ob mein Tanzstundenherr es kann. Ach ja, die Tanzstundenherren. Ich habe einen eher kleinen Tänzer erwischt, den die anderen nicht so gern wollten. Er ist aber sehr hübsch und ein Schuljahr weiter als ich und, was wichtig ist, er sieht schüchtern aus. Er kennt mich auch und weiß, daß ich diejenige bin, die alle in Liebesdingen berät, und er verrät mir, daß er Medizin studieren und dann Gynäkologe werden will. Wie sein Vater, der in unserem Krankenhaus auf der Entbindungsstation arbeitet.

Aha, hier tanzen also die Fachleute zusammen. Ob er auch so ein Theoretiker ist wie ich? Ich frage ihn lieber nicht. Wenn er nämlich nicht nur die Theorie kennt, dann könnten Punkte aus meinem Verbotskatalog wahr werden. Das Risiko ist zu groß.

Warum allerdings das Engtanzen schlecht sein soll, weiß ich wirklich nicht. Ich finde es sehr angenehm. Deshalb wage ich auch, mal meine Oma zum Thema »Liebe« zu befragen. »Na, endlich«, freut sie sich. »Wir dachten schon, du fragst nie!«

*

Ich bin 17 Jahre und meine Oma klärt mich auf:

1. Hauptregel: Lieber von 10 Männern lieben lassen, als einen selber lieben.
2. Dir öfter mal ins Haar fassen, als ob Du sie anheben willst.
3. Männer nur von der Seite verstohlen aus den Augenwinkeln anschauen.
4. Niemals gleich auf den Mund küssen lassen.
5. Wenn Du einen anschaust, dann musst Du Dir mit der Zunge über die Lippen fahren.
6. Wenn sie Dir später an den Busen fassen, immer so tun, als willst Du das nicht. Dann will Dich jeder überzeugen, wie schön das ist, und dadurch wird es wirklich schöner, weil es langsamer geht.

Das reicht fürs erste. Meine Güte, mir erscheint das alles recht anstrengend. Dennoch baue ich Omas Tips fortan in meine Intimberatung ein. Sollen die anderen das erst mal testen.

Bei Karin klappt's auf Anhieb. Sie schwärmt schon lange von einem 20 Jahre älteren, verheirateten Mann aus ihrem Wohnhaus. Sie schafft es auch tatsächlich, daß er ihr Liebhaber wird. Ihre Mutter arbeitet nämlich nachts und sie ist dann allein in der Wohnung. Wir Freundinnen sind mächtig stolz auf sie. So etwas hat noch keine aus der Klasse geschafft, auch nicht aus der Parallelklasse.

Von nun an müssen wir morgens öfter 10 Minuten früher zur Schule gehen und bei Karin Halt machen. Dort zelebriert sie dann das Morgenritual: Das Auswaschen seines benutzten Herrentaschentuchs, das er ja nicht mit zu seiner Ehefrau nehmen kann. Wir kommen uns großartig vor, daß wir diesem Akt beiwohnen dürfen.

Was die anderen Mädels mit unseren Mitschülern und Tanzstundenpartnern erleben, ist dagegen harmlos. In der großen Pause gibt Karin auch an die anderen Mädchen aus der Klasse detaillierte Beschreibungen der Nacht wieder. Als »sexuellen

Leckerbissen« verkündet sie uns eines Tages, daß Sperma wie Eiweiß von weichgekochten Eiern schmecke – und wir alle können von da an keine Frühstückseier mehr essen.

Mir reicht aber jetzt die Theorie. Ich werde bald 18, und es ist noch nichts passiert. Dabei konnte Oma inzwischen für mich das wundervoll riechende Spitzenteil aus dem Schrank holen. Die jungen Männer bemerken mich plötzlich. Mein Tanzstundenpartner ist der erste, der mich küssen will. Aber nein, ich befolge die mütterlichen Regeln. An die von Oma traue ich mich noch nicht heran. Daß mich allerdings erst zehn Männer lieben sollen, bevor ich einen liebe, erscheint mir doch sehr viel. Oder habe ich Oma falsch verstanden?

Beim Tanzen freue ich mich jetzt schon immer auf die langsamen Lieder am Schluß. Da kann man so schön eng tanzen. Mehr brauche ich nicht, aber die Männer wohl doch, stelle ich fest. Auf dem Faschingsball, zu dem uns die Studenten der Ingenieurschule für Maschinenbau eingeladen haben, beschließe ich, das zu ändern. Ich verliebe mich nämlich total in einen der Studenten.

Eine neue Erfahrung, die mich fast umhaut. Als er mit mir zu einem langsamen Lied tanzt und mich hinter das Ohr küßt und seine Hände wandern läßt, werde ich feuerrot, ohne zu wissen, warum. Das imponiert ihm mächtig, und wir tanzen und tanzen. Eng umschlungen gehen wir zu seinem Motorrad. Auf dem dunklen Parkplatz will er mich dann doch tatsächlich auf den Mund küssen. Das geht aber zu weit und ich renne weg. Er rennt mir hinterher und entschuldigt sich. Nachdem er verspricht, das nie wieder zu tun, steige ich auf sein Motorrad und lasse mich nach Hause fahren. Aber nur bis an die Ecke vor unserem Haus. Mutter steht nämlich immer hinter der Gardine, wenn ich heimkomme. Wir verabreden uns für den nächsten Tag nach Schulschluß. Er will mich mit dem Motorrad abholen und dann wollen wir Eis essen fahren. Es ist wie im Film. Und ich bin glücklich. Er ist so süß! Wenn nur die vielen

Verbote nicht wären und ich nicht soviel Angst vor meinen Eltern hätte.

Am nächsten Morgen auf dem langen Schulweg berate ich mich mit meinen Freundinnen. Alle raten mir zu, und ich bin bereit, nicht mehr nur für Frieden und Sozialismus und zur Freundschaft, wie uns die Lehrer in der Oberschule begrüßen, sondern bereit, endlich mit der Liebe anzufangen.

Gerade als ich anfangen will, praktisch zu üben, werden zwei meiner Mitschülerinnen schwanger. Das ist furchtbar. Werden sie noch das Abitur schaffen?

Mit Jürgen treffe ich mich trotzdem regelmäßig. Er begehrt mich sehr, aber er versteht auch meine Ängste. Vielleicht hat er aber auch selber Angst, denn er weiß, daß ich noch nie mit einem Mann zusammen war. Irgendwie gefällt ihm das, und wir können warten, verspricht er. Die Vorstufen sind aber auch wunderschön, und ich mache die Erfahrung, daß Küssen auf den Mund nicht so schlecht ist, unter den Rock fassen nicht weh tut und er mich auch gern küßt, ohne daß ich mir vorher die Lippen lecke.

Als mich Jürgen eines Nachmittags ziemlich spät von der Schule auf seinem Motorrad nach Hause bringt, und wir uns vor der Haustür innig küssen, kommt meine Mutter, mit einer Nachbarin plappernd, aus der Tür. Ich habe vergessen, daß sie »Haushalttag« hat. Das ist ein Tag im Monat, den werktätige Mütter und Frauen bezahlt frei nehmen dürfen, um sich um ihren Haushalt zu kümmern.

Als sie uns beide sieht, ist ihr der Haushalt egal und sie kümmert sich ausschließlich um mich. Jürgen schickt sie mit ihrem Juristenblick weg. Zunächst haut sie mir noch im Treppenhaus links und rechts eine runter. Dann schickt sie mich ins Badezimmer. Bevor sie mit mir redet, muß ich Zähne putzen, mir die Lippen eincremen, weil ich »so verknutscht« aussehe, und baden. Während ich mich schluchzend abseife, untersucht sie meine Kleidungsstücke. Was sucht sie bloß?

Später im Wohnzimmer, mein Gesicht ist völlig verquollen, soll ich ihr Rede und Antwort stehen. Ich bekomme keinen Ton heraus. Ich sehe ihre stramme Haltung, die Arme in die Seiten gestemmt, ihre zusammengepressten Lippen und ihre bösen Augen. Mich friert's.

»Ich werde verhindern, daß du so ein billiges Flittchen wirst wie deine Großmutter! Wage nicht noch einmal, dich mit diesem Lederjackenkerl zu treffen! Tanzen gehen ist ab heute verboten, ebenso fernsehen.«

Mit diesen Worten schickt sie mich in mein Zimmer. Das ist wie eine Erlösung. Ich stelle mich an mein Fenster, wippe stumm hin und her und beobachte, wie die Sonne untergeht. Was würde sie erst sagen, wenn ich schwanger wäre, wie die beiden aus meiner Klasse? Und das Geld für den Abschlußball hat sie längst bezahlt und ein Kleid dafür hat ihr Omi auch schon heimlich gegeben. Das hängt doch bei ihr im Schrank. Zum Ball werde ich gehen, egal wie. Diesen Satz notiere ich schnell in mein Tagebuch. Ich weiß inzwischen, daß sie es liest. Von Jürgen konnte sie nichts wissen, weil ich davon nichts aufgeschrieben habe. In Gedanken bei Jürgen und der Erinnerung an unseren schönen Tag, schlafe ich mit meinem Teddy im Arm ein.

Am nächsten Tag gehe ich nicht zur Schule, sondern beende meinen Schulweg in der Wohnung meiner Großeltern. Ich umarme meinen Opa, und er wiegt mich an seinen breiten Schultern hin und her. »Was ist los?« wollen beide wissen. Die Tränen rollen mir über die Wangen, als ich es ihnen erzähle und am Schluß Oma frage, warum Mutti sie ein billiges Flittchen nennt. Nun heult auch sie. Nachdem sie Opa laut wiederholt hat, worum es geht, haut der zum ersten Mal mit der Faust auf den Tisch. »Die beschissenen Kommunisten, was glauben die denn, wer sie sind? Denken die, sie sind etwas Besseres? Was verstehen die denn vom Leben? Sie wissen nichts von der schweren Zeit, als das deiner Omi passiert ist. Das sind doch alles alte Nazis, die nennen sich nur anders! Und so was habe ich großgezogen!«

Opa kommt fast ins Stottern, so tobt er. Meine Omi und ich haben vor Schreck aufgehört zu heulen. Ich setze mich kerzengerade auf einen Stuhl. Opa hält jetzt Oma im Arm und tröstet sie. Wie im Film, denke ich. Und alles ohne Westantenne. Oma beruhigt sich wieder, macht uns heiße Milch und erzählt ihre Geschichte.

Sie wuchs in einer großen Familie mit vielen Geschwistern nahe der böhmischen Grenze auf. Sie waren sehr arm, und die Kinder mussten schon früh mitarbeiten. Sie und ihre ältere Schwester kamen mit 14 Jahren in ein großes Gasthaus, bevor die Eltern nach Sachsen weiterzogen. Dort verkehrten viele schneidige Soldaten und Offiziere der ungarisch-österreichischen Kavallerie. Auf ihren Grenzkontrollritten kehrten sie immer in dieses Wirtshaus ein. Sie würfelten, spielten Karten und betranken sich. Als meine Oma etwas älter war, brauchte sie nicht mehr in der Küche zu arbeiten, sondern durfte im Schankraum servieren. Sie bekam zusammen mit ihrer Schwester ein größeres Zimmer, in das sie jedoch manchmal nicht gehen konnte, weil die Schwester »Besuch« hatte. Später durfte sie, wie zuvor ihre Schwester, den schneidigen Offizieren Wein ins Hinterzimmer bringen. Sie gaben ihr gutes Trinkgeld, das sie in einem Strumpf sparte. Als die Offiziere bemerkten, wie hübsch und aufgeschlossen sie geworden war, gingen sie nachts mit auf ihr Zimmer. Dafür bekam sie noch mehr Geld und irgendwann eine Tochter. Zusammen mit dem Kind und dem ersparten Geld ging sie weit weg, bis in unsere Stadt, wo ihre Eltern inzwischen wohnten. Die nahmen sie auf, ohne Vorwurf, denn das Geld konnten sie gut gebrauchen. Wer der Vater ihres Kindes war, wußte sie nicht.

Das interessierte auch niemanden in der Stadt. Sie fand hier eine gute Arbeit in einem Bekleidungshaus und stieg zur ersten

Verkäuferin auf. Dann traf sie Opa. Mit ihm begann für sie ein glückliches Leben. Irgendwann haben dann beide ihrer erwachsenen Tochter davon erzählt.

Mir fällt in dem Moment, als Oma zu Ende erzählt hat, nur ein Satz ein: »Jetzt wissen wir wenigstens, warum Mutti wie ein General ist, sie kommt nach ihrem Vater, einem ungarisch-österreichischen Gardeoffizier.« Darüber lachen wir dann alle. »Wir hätten es ihr nicht erzählen sollen, Fritz«, meint Oma unter Tränen.

Später umarmen wir unsere tapfere Oma und sagen ihr, daß wir sie sehr, sehr lieb haben, und daß sie wirklich kein billiges Flittchen ist. Auf dem Heimweg überlege ich, ob meine Mutter mit dieser Bemerkung vielleicht nur verhindern wollte, daß ich später mal in einer Gaststätte arbeite oder zu oft in die Gartenkantine gehen könnte. Davor braucht sie aber keine Angst zu haben, denn ich will keine Arbeiterin werden, sondern studieren.

Diesmal werde ich nicht krank. Zu sehr haben mich Omas Geschichte und Opas Tobsuchtsanfall berührt und gleichzeitig wütend gemacht. Ich fühle mich stark – und hole Jürgen von der Ingenieurschule ab. Er freut sich sehr, als ich neben seinem Motorrad warte, und nimmt mich in die Arme. »Ist deine Mutter immer so?«

»Ja.«

»Na, dann wundere ich mich nicht, daß du vor allen Dingen, die Spaß machen, Angst hast!«

»Und wie soll's nun weitergehen?«

»Ganz einfach, wir lassen uns einfach nicht mehr in der Nähe deiner Eltern blicken.«

Fortan lüge ich das Blaue vom Himmel, wo ich überall hin muß. Offiziell gehe ich mittlerweile auch zum Leichtathletiktraining. Meine Freundin Angelika hilft mir dabei. Sie wird mein Alibi und ich ihres, weil sie auch einen Freund hat. Bis zum Abi will ich noch durchhalten, dann will ich irgendwo studieren, wo ein Internat dabei ist. Jürgen und ich bleiben zusammen, es ist schön mit ihm, wir unternehmen viel, er wartet immer noch geduldig, und ich bereite mich darauf vor, »es« mich endlich zu trauen. Wir verschieben »es« bis zum Abitur und halten durch.

Am Tag der Ausgabe der Abiturzeugnisse, zu der meine Eltern nicht mitkommen, bestelle ich Jürgen vor die Schule. Mit einem bunten Blumenstrauß steht er vor dem Eingang zur Aula. Dann fahren wir in seine kleine Studentenbude. Ich habe beschlossen, mir heute von ihm den körperlichen Stempel unter mein Reifezeugnis geben zu lassen. Nachmittags wird sich zwar meine gesamte Familie am festlich geschmückten Tisch versammeln, um mein bestandenes Abitur zu feiern. Aber das ist mir egal, ich will etwas anderes, nun endlich. Und ich bekomme es, noch dazu in kitschig-romantischer Atmosphäre, wie ich es mir immer gewünscht habe, mit leiser Musik und Kerzen. Zum Glück ist Jürgen nicht so unerfahren wie ich, denn er hatte vor mir einige Krankenschwestern, mit denen er viel geübt hat. Darüber war ich zwar eifersüchtig, aber nun staune ich.

Am meisten über ihn. Ich erlebe, welche Faszination offensichtlich mein Körper für ihn hat. Ich bin wie verzaubert angesichts seiner Erregung und seiner Reaktionen. Aus allen Erzählungen in meinen »Sexberatungen« ging nur hervor, was die Mädchen erlebt hatten, aber nie hatte mir eine beschrieben, wie ein Mann reagiert. In meinen schlauen Büchern beschrieben auch nur die Männer, wie sie sich vorstellen, was eine Frau erlebt. Warum erzählen die Männer in keinem Buch, was sie während der Liebe erleben? Wenn ich das jemals gelesen hätte, wäre ich sicherlich nicht so benommen gewesen, von dem herrlichen Schauspiel, wie sich mein Freund verlor, um anschließend erschöpft neben mir einzuschlafen.

Ich aber bin putzmunter und habe Hunger. Jetzt weiß ich immerhin Bescheid und kann mitreden.

Zu Hause angekommen, begrüße ich alle freundlich, zeige mein Zeugnis herum und auf die Frage, warum ich so spät komme, antworte ich nicht. Meine Mutter ist über soviel Frechheit verblüfft, daß sie nicht einmal nachfragt und schimpft.

Mir ist an diesem Spätnachmittag alles gleichgültig. Ich habe mir und Jürgen bewiesen, daß ich mein Abitur in allen Punkten bestanden habe, und wir sind selig. Ich bin endlich eine Frau, meine Oma hat Recht, daß Frauen Männer glücklich machen, und vielleicht erfüllen sich sogar die Befürchtungen meiner Mutter.

»Wenigstens ist nichts Schlimmes passiert, wir hatten schon Angst«, sagt Oma und schaut mich dabei verschmitzt an. Ob sie ahnt, was mit mir los ist? Vielleicht erkennt man es an meinen Augen? Auch egal.

Es wird noch eine schöne Feier, und alle freuen sich. Zum ersten Mal hat jemand in unserer Familie das Abitur abgelegt und kann anschließend studieren.

Zufrieden mit diesem Tag gehe ich schlafen. Meinem Schutzengel erzähle ich alles. Auch, daß ich jetzt doch auf der richtigen Seite wohne, weil da Jürgen ist. Der träumt zwar auch davon, auf der anderen Seite zu leben, sieht aber ein, daß das nicht geht. Das stimmt. Deshalb muß ich damit aufhören, von der anderen Seite zu träumen. Ich muß mich hier einrichten, wie alle anderen auch. Wir haben keine Chance, zu gehen. Wohin auch? Richtige Verwandte habe ich nicht im Westen, nur die blonden Tanten. Sie kommen nicht mehr so oft, weil sie sich mit meiner Mutter und ihrem Mann nicht sonderlich verstehen und es ihnen hier außerdem nicht gefällt. »Alles ist so grau«, sagen sie.

Wenn mein Vater noch leben würde, könnte er mich zu sich nach Amerika holen. Dorthin, wo die tollen Filme herkommen.

Aber sicher käme er an unserer Grenze gar nicht durch, rede ich mir ein. Also, auch das wird nichts werden. Ich muß da allein durch. Auf ein Wunder brauche ich nicht zu warten.

Dann studiere ich eben erst einmal, damit ich hier gut leben kann. Aber nichts Politisches. Vielleicht Lehrerin. Mit kleinen Kindern komme ich gut zurecht. Und meine eigenen Lehrer habe ich nur geärgert, weil sie so stur waren. Ich werde sicher einmal anders sein, so, wie ich es mir immer gewünscht habe. Zum Glück muß ich vor dem Studium nicht erst noch drei Jahre zur Armee. Vorher bekommen die Männer nämlich keinen Studienplatz. Sie müssen zunächst lernen, das Vaterland zu schützen.

Mein Vaterland brauchen sie nicht zu schützen, nur mein Mutterland. Vor wem genau sie es schützen müssen und warum, kann ich in der Zeitung nachlesen. Ein Grund mehr, nicht auf die andere Seite zu gehen. Wenn es dort wirklich so ist, wie in der Zeitung beschrieben, habe ich es hier besser. Im Westfernsehen sehe ich zwar anderes, und Oma erzählt auch was anderes – aber vielleicht hat dennoch der häßliche Mann aus dem schwarzen Kanal recht, und sie wollen uns nur locken.

Am nächsten Tag kommen meine Freundinnen Karin und Angelika zu mir. Wir wollen besprechen, was wir in der Studienberatung als Wunsch angeben. Nach kurzem Hin und Her beschließen wir alle drei, Lehrerin zu werden. Angelika will später Mathematik unterrichten, Karin und ich Sport. Das, denken wir, ist nicht so langweilig. Weit weg von zu Hause wollen wir alle drei. Wir malen uns aus, wie lustig das Leben im Internat ist und was dort für tolle Männer sein werden. Beim Abendbrot erkläre ich meinen Eltern voller Stolz, was wir vorhaben und welches Studium ich mir vorstelle. Leider habe ich, trotz Abitur, die Rechnung ohne den Wirt gemacht. Ich soll erst mal wissen, was es bedeutet, zu arbeiten. Die herrschende Kraft, das Proletariat, hat bei meinen Zukunftsplänen ein Wörtchen mitzureden. Und was sie mir verkündet, ist lange geplant und bereits organisiert! Mein Beitrag zum Aufbau des Sozialismus ist beschlossene Sache. Wie konnte ich vergessen, daß der immer noch aufgebaut werden muß.

Was ich nun höre, ist der Hammer. Meine hochverehrten Eltern, mehrfache Aktivisten der ersten wie der zweiten Stunde, vielfach dekoriert mit Orden und Ehrenspangen, sind es ihrem Ruf schuldig, daß ihre Tochter, bevor sie die Annehmlichkeiten eines Studiums genießt, eine Beziehung zu den werktätigen Menschen dieses Landes aufbaut. Damit sie sieht, was es heißt, ein Arbeiter zu sein, und das Leben in der Produktion richtig kennenlernt, um später schätzen zu können, wer ihr das Studium finanziert und wem sie ihre Entwicklung zu verdanken hat. Das nächste Jahr soll ich deshalb als Betriebsschlosserlehrling verbringen.

Alles, nur das nicht. War es nicht schon genug, daß wir ab der 7. Klasse neben dem Schulunterricht noch »polytechnischen Unterricht« hatten?

Das Bildungssystem fand nämlich während meiner Schulzeit einen Kompromiß zwischen Arbeiten und Lernen: Parallel zum Schulunterricht gab es für alle Schüler eine Grundlagenausbildung in einem handwerklichen Beruf. Da hatten wir gelernt, zu feilen, zu hämmern, Schrauben ein- und auszuziehen, einen Schraubstock zu bedienen, mit der Bohrmaschine umzugehen, mit Sandpapier Metall zum Glänzen zu bringen, Metall durch Hämmern zu biegen, Ordnung am Arbeitsplatz zu halten und den Duft der werktätigen Klasse in Form von Maschinenöl zu schnuppern. Wir versteckten unsere Haare unter häßlichen Arbeitsmützen, und lernten, daß man sich beim Arbeiten schmutzig machen darf und Frühstückspause das Schönste vom Tag ist.

In den vier Jahren bis zum Abitur wurde dies noch verschärft: Wir wurden im großen Automobilwerk, das das einzige Auto herstellte, nach dem die DDR Bürger verlangten und das für sie von oben vorgesehen war, den netten, kleinen »Trabant«, zu Betriebsschlossern ausgebildet. Begleitend zur Schule erhielten wir an einem Tag pro Woche den ersten Teil dieser Facharbeiterausbildung.

Die einzigen, die sich darüber freuten, waren die Fließbandarbeiter. Denn hinter ihrem Band, an extra eingerichteten Werkzeugbänken, arbeiteten wir jungen Mädels mit knackigen Körpern, was für sie eine willkommene Abwechslung im sozialistischen Arbeitsalltag war.

Eine andere Abwechslung waren die Besuche der Fußballer der hauseigenen Oberligamannschaft, die einmal in der Woche an ihrem Arbeitsplatz vorbeischauten, um die Kollegen von der Arbeit, die diese für sie mitmachten, abzuhalten, indem sie ihnen die spannenden Erlebnisse des letzten Spieltages schilderten.

Wenn die Fußballer erschienen, wurde durch einen Trick das Fließband angehalten, und es wurden Männergespräche geführt. Unter anderem dadurch entstanden wohl die langen Wartezeiten auf einen »Trabi«. Das läßt sich sogar nachrechnen: 90 Minuten Fußball an fast jedem Samstag, 10 Minuten fachsimpeln über jede dieser 90 Minuten, danach 40 Minuten Auswertung des Spielausgangs und 40 Minuten Vorschau auf das nächste Spiel. Das sind dann 540 Minuten gleich sechs Stunden. Das mal 14 Spieler, 11 eingesetzte und vier Ersatzspieler an 14 verschiedenen Arbeitsplätzen …

Die verbliebene Arbeitszeit reichte dann eben bloß für den Bau eines kleinen Autos. Große Autos konnten nur in den kapitalistischen Ländern gebaut werden, weil dort die Arbeiter ausgebeutet wurden. Sie konnten sich auch nur am Wochenende in den Kneipen stundenlang über Fußball unterhalten.

Wir werktätigen Schüler freuten uns allerdings auch, wenn die Amateurprofis kamen, weil sie fast alle gut aussahen, toll gekleidet waren und lustige Geschichten zu erzählen hatten. Außerdem hatte jeder ein eigenes Auto, einen Trabi natürlich. Darin mitgenommen zu werden, war schon was, meinten einige von uns. Was dabei noch lief, im unbequemen Trabi, denn Liegesitze gab es zu der Zeit nicht, gaben sie selten zu. Mich hat leider nie einer dieser Sporthelden nach Hause gefahren, obwohl mir auch einer von ihnen gefiel, der linke Verteidiger, der mir allerdings nur verstohlen zulächelte.

Offensichtlich reichte dies nicht an Zugehörigkeit zur Arbeiterklasse. Plan ist Plan, und ich sollte in diesem Jahr den Facharbeiterbrief erwerben. Außerdem würde mich dann der Betrieb zum Studium delegieren.

Nie wollte ich Arbeiterin werden, und nun sollte ich es in einem Monat sein. Auf der anderen Seite, dort, wo ich glückliche Hausfrau werden wollte, gehen die jungen Frauen meines Alters sicher ein Jahr auf die Haushaltsschule, aber studieren sie dann anschließend auch?

Wieder einmal füge ich mich meinem Schicksal, lasse das angebissene Abendbrot stehen. Ich schaue abwechselnd in die Augen meiner Mutter und in die ihres Mannes, ich friere. Ich kann nichts erkennen, was ich verstehe. An diesem Abend gehe ich früh in mein Bett, und die nächsten zwei Tage in das von Jürgen. Dort ist die Welt in Ordnung. Er kann das alles auch nicht verstehen und lacht sich krank über die Vorstellung, daß ich Schlosser werde. Er hat das zwar auch gelernt, aber nur, weil er Ingenieur werden wollte.

Eine Woche später holt er mich zu Hause ab, weil wir zu einem Motorradrennen fahren wollen. Meine Mutter lässt ihn zwar in die Wohnung, aber er muß im Flur warten, bis die »Familie« aufgegessen hat. Als ich mich vom Tisch erheben will, zwingt mich der Amtmann sitzen zu bleiben: »Wegen so einem in Jeans und Lederjacke unterbrechen wir nicht unser Familienleben.«

Im Flur traut Jürgen seinen Ohren nicht. Ich renne trotzdem aus dem Zimmer und will nur noch schnell mit dem Motorrad weg. Wir kommen zu spät zum Rennen.

Als wir dann auf der Wiese sitzen, legt Jürgen seinen Arm

um mich. »Mit deinen Eltern könnte ich nicht leben«, sagt er, und er meint das auch so. »Da kommst du nie raus, solange du kein eigenes Geld verdienst! Suche dir einen Mann, der dich da rausholt. Ich werde das nicht sein. Mein Studium nähert sich dem Ende, und ich werde weit weg, in der Nähe Berlins, als Ingenieur eingesetzt. Dorthin kann ich dich nicht mitnehmen.«

An diesem Abend macht er mit mir Schluß, und ich sehe ihn nie wieder. Die Welt ist nicht mehr in Ordnung für mich. Ich hole meinen Schuhkarton aus meinem Versteck im Kleiderschrank, in dem ich alle Andenken aus unserer Zeit gesammelt habe, und lese unter Tränen noch mal seine Briefe, schaue mir all die Eintrittskarten, Kondomverpackungen und Weinetiketten an, nehme die getrocknete Rose und die Butterblumen, die er mir gepflückt hatte, und seine Locke, die ich mir zur Erinnerung abgeschnitten hatte, und die Fotos in die Hand und weine und weine. Dann verstaue ich alles wieder.

In dieser Nacht beschließe ich, mich nicht mehr wie ein Kind behandeln zu lassen. Ich will, nein ich muß jetzt endlich erwachsen werden. Auf einen Mann, der mich da rausholt, will ich nicht warten. Wer weiß, ob es den überhaupt gibt? Mein Vater hat sich schließlich auch nie blicken lassen, noch nicht einmal geschrieben hat er mir. Und nach Jürgen werde ich sowieso keinen anderen mehr lieben können, er ist meine erste große Liebe, und wenn ich der Literatur vertraue, bleibt die erste Liebe die wichtigste im Leben.

Das werde ich jetzt also machen: Erwachsen werden, die arbeitende Bevölkerung in- und auswendig kennenlernen und zehn Männer suchen, die mich lieben, denn einen selber geliebt, das habe ich ja schon.

Ein guter Entschluß, und die Umsetzung war denkbar einfach in einem Schwermaschinenbaubetrieb.

Da ich inzwischen wußte, daß ich eine tolle Figur hatte, trug ich hautenge Arbeitshosen mit Latz, die man mit viel Phantasie für Jeans halten konnte, und dazu enganliegende Pullover. Das zahlte sich bald aus, denn meine beiden nächsten Liebhaber entstammten der werktätigen Intelligenz des Betriebs. Den Sex, den die beiden mir boten, empfand ich zwar nicht so toll wie den mit Jürgen, aber dafür waren die Freizeitbeschäftigungen besser.

Der eine, ein leidenschaftlicher Skifahrer, lehrte mich Abfahrtslauf und das Einschleudern von Autos in vereiste Parklücken. Da ich noch keine Fahrerlaubnis besaß, ein riskantes Unterfangen. Solche Aktionen erregten mich jedoch maßlos. Ich bedankte mich an den Abenden damit, daß ich ihn langsam in eine wesentlich verkehrsfreundlichere Lücke einparken ließ. Das »Kurzzeitparken«, damals noch nicht erfunden, entdeckte ich mit ihm.

Der andere war leidenschaftlicher Tänzer, der mich auf alle Tanzböden unserer Gegend führte. Zusammen waren wir das ungekrönte Königspaar des Rock'n'Roll, mit Überschlag und so. Auch er hatte einen »Trabant«. So konnte ich dann auf verschiedenen Parkplätzen auch noch lernen, was alles im Trabi ging. Meine Schulfreundinnen hatten Recht. Es war nicht einfach.

Seine Liebeskunst war dabei allerdings auch sehr auf Schnelligkeit ausgerichtet, wie im Werk, wo er als Ökonom immer das »Gesetz von der Ökonomie der Zeit« zu bedenken hatte. Aber schließlich stellte meine Heimatstadt den ersten Aktivisten der DDR-Geschichte überhaupt, so daß in dieser Gegend bei jedem Menschen offensichtlich jede Minute mit hohem Nutzeffekt verstrich.

Nur der wirtschaftliche Nutzen, den diese Aktivisten erbrachten, war leider nicht auszumachen. Vielleicht fand er nur in den Köpfen der Leute statt. Deshalb bemerkten sie auch nicht, daß er nach außen sinnvoller angelegt gewesen wäre, weil sich unser Staat doch gerade anschickte, die Bundesrepublik wirtschaftlich zu überholen. Vielleicht dachten sie, die wirtschaftliche Stärke eines Landes kommt allein vom starken Glauben in der Bevölkerung daran. Vielleicht konnte der dann auch wirklich Berge versetzen, so wie in der Christenlehre, und eine starke Wirtschaft hervorbringen.

Keine Ahnung, ich hatte andere Sorgen. Meine Mutter ebenfalls. Sie kam gar nicht mehr hinterher mit ihren Verboten. Ich hielt mich an keins. Ich wollte nur durchhalten, den Facharbeiterbrief ablegen und dann in einer anderen Stadt studieren. Meine noch fehlenden acht Männer nicht zu vergessen.

Langsam machte mir die Schlosserlehre Spaß. Die Berufsschule war nicht schwer für mich, und für die schwierigen Feilarbeiten oder bei Kraftanstrengungen fand ich immer männliche Helfer. Außerdem fuhren wir auch auf Lehrlingsfahrten, und dort war immer was los.

Viel Spaß hatte ich auch in der Brigade, in die ich zur Anfertigung meines Gesellenstücks gesteckt wurde. In dieser Brigade waren außer mir nur Männer. Über ein lustiges Brigadesportfest schrieb ich anschließend einen Artikel für die werkseigene Betriebszeitung.

Er gefiel allen und hatte den kleinen Nebeneffekt, daß mich ein Lehrausbilder ansprach, ob ich nicht auch für ihn und noch eine andere Behörde kleine Artikel über meine Arbeitskollegen schreiben könnte. Er würde das gut bezahlen. Ich erinnerte mich sofort an das ähnlich klingende Angebot einer Mitschülerin. Sie machte das immer noch und bekam viel Geld dafür. Ich hatte aber weiterhin keine Lust dazu.

Das Jahr verging schnell, und ich bekam den Facharbeiterbrief als Betriebsschlosser verliehen. Außerdem vom Betrieb die Delegierung zum Lehrerstudium in eine kleine Stadt im Vogtland und eine Auszeichnungsreise in ein FDGB-Heim an der Ostsee. Das war wirklich toll. Ich war meinem Betrieb ehrlichen Herzens dankbar.

Das Ferienheim war direkt an der Ostsee gelegen. Ich erhielt ein Zimmer im Erdgeschoß und war dadurch, ohne den Argusaugen der Rezeption ausgeliefert zu sein, erreichbar. Brav ging ich stets allein den legalen Weg in mein Zimmer, um dann mein Fenster für den illegalen Besuch zu öffnen, der sich gleich am zweiten Abend in Form eines Lehrlings mit der Liebhaberrückennummer 3 einstellte. Er hielt sich schwarz im Kurort auf und hatte dadurch kein Recht auf ein weißes Bett. Wir schliefen zusammen in meinem Bett, ohne daß »etwas« passierte, denn er hatte solche Angst entdeckt zu werden, daß er zu nichts anderem mehr fähig war. Und mir reichte völlig, wenn er mir sagte, daß er mich liebt. Nach vier Nächten fuhr er nach Hause. Ich brachte ihn zum »Rasenden Roland«, der Kurortbahn, und am Nachmittag des gleichen Tages lernte ich dann Winfried kennen.

Es war, wie man so schön sagt, Liebe auf den allerersten Blick. Er hatte den gleichen Fußweg zum Strand wie ich, kam mir aber aus der entgegengesetzten Richtung entgegen. Ich entdeckte ihn schon von weitem und war begeistert. Er war groß, blond, hatte einen tollen Körper, blaue Augen, trug hellblaue Jeans und ein weißes Hemd. Er legte sich drei Strandkörbe von mir entfernt zu einem Freund, der bereits auf ihn wartete. Dann begann das übliche Augenblinkerspiel und gemeinsames Drehen in Richtung Sonne. Er schaute zu mir, ich zu ihm. Sein Freund rettete schließlich die Situation, indem er zu mir kam und sich Sonnenöl und meinen Wasserball borgte. Als Dankeschön lud er mich für den Abend zum Eis ein. Die Zeit bis zur Verabredung verging wie im Schneckentempo.

In der Milchbar machten wir uns dann miteinander bekannt, und ich erfuhr, daß er Medizinstudent ist und in Kürze an unser Krankenhaus zur Facharztausbildung kommt. Sein Weg war klar vorgezeichnet. Das gefiel mir. Die restlichen Urlaubstage verbrachten wir zu dritt und hatten eine gute Zeit. Er überließ nichts dem Zufall. Nummer 4 auf meiner Liste wurde er dennoch nicht. Ich hatte mich verliebt und wollte warten. Am letzten Abend schworen wir uns bei Sonnenuntergang unter heißen Küssen, daß wir uns wiedersehen werden und planten mittelfristige Treffen.

Glücklich kam ich aus dem Urlaub zurück, Jürgen war vergessen und ich konnte in guter Verfassung mein Studium beginnen. Das war jetzt das Wichtigste für mich.

Ich hatte allen Ernstes geglaubt, daß ein Unterstufenlehrerstudium ohne Politik abläuft. Deshalb ging ich auch an ein anderes Institut als Karin. Sie studierte am Pädagogischen Institut in Kombination Sport und Staatsbürgerkunde, das wollte ich nicht. Deshalb ging ich an das Institut für Lehrerbildung, um »nur« Unterstufenlehrer mit Wahlfach Sport zu belegen.

Aber gleich die erste Woche begann mit Politik und nochmals Politik, die älteren Studenten nannten sie die »rote Woche«. Wir bekamen den sozialistischen Bildungsauftrag erklärt, wurden in Genossen und Nichtgenossen eingeteilt, und ein FDJ-Sekretär wurde bestimmt. Wir hatten Pech und bekamen einen ausgedienten Unteroffizier, der gleich zum Studium durfte und freie Auswahl des Studienortes hatte. Vom ersten Tag an verwechselte er uns mit seinen Rekruten. Ich haßte ihn innig, die meisten anderen auch.

Im Internat teilte ich mit drei anderen Mädchen zusammen ein Zimmer, eine davon war schon verheiratet und hatte ein Kind. Sie erhielt viele Vergünstigungen, weil ihr Mann bei der Armee diente. Bei ihr wurden vergessene Hausaufgaben nicht bestraft, und wenn ihr Mann auf Urlaub kam, wurde sie freigestellt. Sie und der FDJ-Sekretär bekamen auch gleich ein Leistungsstipendium in Form einer netten Summe, ohne bereits eine Leistung vollbracht zu haben.

Wir beneideten sie aber nicht, weil uns ihr Leben nicht gefiel. So jung und schon soviel Verantwortung.

Nach der ersten Woche folgte etwas Exotisches. Wir lebten in einem Arbeiter- und Bauernstaat, und das mußten wir nun verstehen lernen. Die Arbeiterklasse hatten wir im berufspraktischen Unterricht zur Genüge kennengelernt, die werktätigen

Bauern sollten wir als Nächstes kennenlernen. Aus diesem Grund fuhren wir in ein kleines Dorf in der Magdeburger Börde, um den überlasteten Bauern bei der Kartoffelernte zu helfen. Wir wurden in das Dorfkulturhaus einquartiert und teilten dort für vier Wochen mit den bäuerlichen Staatsbürgern unseren Alltag. Jeden Morgen ging es um 8 Uhr aufs Feld, dort ernteten wir Kartoffeln bis 16 Uhr, bekamen Blasen an den Händen und, von den schweren Gummistiefeln, auch an den Füßen. An Regentagen kamen wir dreckig wie die kleinen Schweine zurück.

Die Bäuerinnen amüsierten sich über uns Stadtdämchen, die Bauern bedauerten uns Mädchen, weil wir so zarte Hände hatten. Ich heulte mehrmals, wenn ich mit eiskalten Händen Kartoffeln aufsammeln mußte.

Meiner Oma schrieb ich fast täglich einen Brief, in dem ich mich beschwerte. Sie schrieb zurück, daß ich durchhalten und mich damit abfinden sollte, schließlich wäre es nicht für ein Jahr wie früher. Außerdem sollte ich mit meinen Freundinnen immer ins Kino gehen, weil das ablenken würde. Nur zuviel essen sollte ich nicht, vor allem nicht soviel Bauernkuchen. Das Essen war nämlich das Beste am Ernteeinsatz. Die Bäuerinnen kochten wunderbar, und es gab stets nur Selbstgeschlachtetes. Das Brot schmeckte auch viel besser als zu Hause.

Nach zwei Wochen hatten wir uns eingewöhnt. Ich hatte mich mit einer Bäuerin angefreundet, und abends ging ich dann mit einer Freundin zu ihr zum Fernsehen. An einem Montagabend sahen wir dort zum ersten Mal die Beatles in der Sendung »Musik aus Studio B« mit Chris Howland. Wir waren völlig aus dem Häuschen und sprachen den ganzen nächsten Tag auf dem Feld von nichts anderem mehr.

Abends wurden meine Freundin und ich zu unserem Seminarbegleitungsdozenten bestellt. Ahnungslos betraten wir sein Zimmer und wurden dort von ihm und unseren Genossen Ex-

Armee-FDJ-Sekretär empfangen. Wir trauten unseren Ohren nicht, was sie uns alles vorwarfen: Feindliche Propaganda, schädliche Beeinflussung der Mitstudenten und für ein sozialistisches Lehrerstudium unwürdiges Verhalten. Der blöde Ex-Armist grinste breit, als er schilderte, wie sehr wir geschwärmt hätten über den ideologischen Feindeinfluß dieser dekadenten Musiker. Wir bekamen eine schriftliche Rüge, die auch unseren Eltern zugestellt werden sollte, und gelobten, so etwas nie wieder zu tun.

Nach dieser Aussprache erklärte uns der verhaßte, aalglatte Studiengruppenideologe, daß er die Strafe aussetzen könnte, wenn wir in Zukunft kleine Berichte für ihn verfassen würden über Mitstudenten, die auch Westfernsehen schauen. »Wir überlegen es uns«, antworteten wir verängstigt.

Nun wurde ich also schon zum dritten Mal gefragt, ob ich kleine Berichte schreiben wollte. Trotz größter Bedenken lehnten wir dieses Angebot ab und erhielten daraufhin unsere Strafe.

Mir graute davor, nach Hause zu fahren, meiner Mitschuldigen erging es nicht anders. Wir überlegten uns, wie wir unsere Eltern besänftigen könnten. Der Zufall half nach: Freitags lungerten immer Sowjetsoldaten am Feldrand herum, die dort Posten standen. Sie hatten stets etwas zu verkaufen dabei. Viele von uns hatten ihnen bereits Goldschmuck abgekauft. Von dem Arbeitslohn, den wir am Tag zuvor ausbezahlt bekommen hatten, kaufte meine Freundin ihrer Mutter einen goldenen Ring mit einem großen bunten Stein und ich vom gesamten Lohn der ersten drei Arbeitswochen für meine Mutter eine kleine goldene Spangenuhr. So etwas Schönes hatte ich noch nie gesehen. Sicher wird sie sich darüber sehr freuen und die Rüge besser verkraften, zumal ich das Geschenk von unseren russischen Brüdern erworben hatte.

Nun hatten wir beide nicht mehr ganz soviel Angst vor der Heimfahrt.

Jeden Abend schaute ich mir die kleine Uhr an und war froh, meiner Mutter eine solche Freude bereiten zu können.

Irgendwann war der Ernteeinsatz vorbei, und wir, klassenkampfgestärkt durch das harte Leben mit den tapferen Bauern, fürs Erste gezähmt. Ich wollte schließlich Lehrerin werden und dieses Ziel nicht gefährden. Nächste Woche sollte der Fachunterricht beginnen. Außerdem freute ich mich auch auf das Wiedersehen mit meinem Urlaubsschwarm.

*

Zu einem Wiedersehen mit meinem Neuen kam es gleich am nächsten Wochenende. Da brachten ihn seine Eltern in die kleine Wohnung, die sie für die Dauer seiner Ausbildung gemietet hatten. Alles erfolgte für ihn nach Plan, auch unsere Treffen. Ich war sehr glücklich, wenn wir uns sahen, und irgendwann merkte ich, daß er sich die Liebhaber-Nummer 4 verdient hatte. Seine Spießigkeit und Pedanterie erheiterten mich, und ich vertraute darauf, ihm das später schon noch abgewöhnen zu können. Stolz präsentierte ich ihn meinen Eltern.

Ich hatte auch einiges gutzumachen, denn die Rüge vom Kartoffelacker traf bei meinen immer noch Erziehungsberechtigten voll ins Schwarze. »Das kommt nur vom Einfluß deiner Mutter und der Westtanten«, resümierte der Mann, zu dem ich Vati sagte. »Nein, sie ist einfach widerspenstig und kann nicht hören«, meinte meine Mutter.

Als ich ihr zum Trost mein kostbares Geschenk überreichte, warf sie nur einen kurzen Blick darauf, fragte, wieviel diese verspielte Uhr gekostet hätte, und sagte, daß ich das Geld lieber für meine Aussteuer hätte sparen sollen. Mit diesen Worten legte sie die Uhr in ein Schubfach und holte sie nie wieder heraus.

Zumindest waren sie nun mit meinem neuen Freund zufrieden, der so gut zu unserer Familie passte, wie sie schnell bemerkten.

Im Gegenzug stellte er mich dann seinen Eltern vor, die in einer tollen, sterilen Wohnung lebten. Dort wurde ich getestet. Da ich mich vorbildlich verhielt, akzeptierten sie mich. Besonders dem Vater, der mich gierig anstarrte, schien ich zu gefallen.

Später luden dann seine Eltern meine Eltern ein und umgekehrt. Ich wurde katalogisiert und als die Zukünftige geführt. Am liebsten jedoch war ich mit Winfried in seiner kleinen Wohnung allein oder in der Klinik, wenn er Nachtdienst hatte, da war er irgendwie anders. In Gegenwart unserer Eltern benahmen wir uns beide eher künstlich, denn wir wussten, was sie von uns erwarteten. Ihm zuliebe wollte ich mich anpassen.

Meine Mutter und ihr Mann wußten mich in guten Händen, ich konnte jetzt in Ruhe studieren und brauchte keinen studentischen Ausschweifungen mehr nachzukommen, was ich auch nicht tat. Die Sicherheit, die er mir bot, gefiel mir. Auch, daß meine Eltern mir den Umgang mit ihm nicht verboten. Aus diesem Grund würde er mich nicht verlassen, so wie Jürgen. Er musste mich auch nicht »rausholen« aus meiner Familie, sondern wir »stiegen« dort einfach »ein«.

Eine Zeitlang fühlte ich mich wohl, ich liebte ihn für sein tolles Aussehen. Meine Seminarfreundinnen waren auch begeistert, eine gute Partie, die ich mit ihm anstrebte.

Alles bestens, vorläufig. Doch dann begann ich, mich zu langweilen. Aber ich war zu feige, um Schluß zu machen. Ich fühlte mich bereits wie eine alte Ehefrau, war treu, hatte einen treuen Partner, wurde regelmäßig ausgeführt und beschlafen, zum Zug gebracht und wieder abgeholt. Wir gingen selten tanzen, kaum ins Kino, höchstens mal ins Konzert. Alles blieb stets ordentlich geplant. Mir wurde es zu eng, ich empfand keine Freiheit mehr. Die anderen aus dem Internat hatten ein an Abenteuern reiches Leben, und ich beneidete sie.

Am schönsten fand ich seine Briefe. Sie sammelte ich in einem neuen Schuhkarton. In den von Jürgen kamen sie nicht hinein. In den für die anderen Abenteuer auch nicht.

Weihnachten feierten wir Verlobung, und nach seiner bestandenen Facharztprüfung sollte dann geheiratet werden. Anschließend ein, zwei Kinder ... Mir graute es immer mehr davor, ich sah mich schon mit hochgeschlossener Bluse und Lockendutt als »Frau Doktor« versauern. Außerdem wollte ich ihn ganz für mich und nicht als Teil zweier Familien. Er gehörte schon dem Krankenhaus zur Hälfte, zur anderen den Familien, etwas sollte für mich allein übrig bleiben. Aber wie sollte ich das anstellen, wo doch alles schon gut geplant war?

Meine Oma war mit der Situation auch nicht glücklich, sie wollte, daß ich mich erst einmal richtig austobe. Ihr war mein Freund zu stockig, gestand sie mir. »Bei dem wirst du schnell alt«, war der Satz, mit dem sie mich wachrüttelte.

Der einzige Ausweg, der sich in meinem jugendlichen Hirn abzeichnete, war ein Kind von einem anderen Mann. Mir war klar, diesen Schock würden die kleinbürgerlichen Spießer um mich herum nie überwinden. Und sie würden mir das auch nie verzeihen. Aber lieber wollte ich Lehrerin sein, allein mit einem Kind, das nur mir gehörte, das ich ganz allein lieben könnte, als so zu leben, wie es sich abzeichnete.

Außerdem wurden Absolventinnen mit einem Kind bevorzugt und in ihrer Heimatstadt eingesetzt, und nicht auf irgendeinem Dorf in der Pampa, wie es vielen erging.

Ich fand meine Idee gut. Aber wer kam als zukünftiger Vater in Frage? Da mußte ich mir schon was überlegen und vor allem was dafür tun.

Erst einmal gab ich vor, viel lernen und deshalb nun öfter übers Wochenende im Internat bleiben zu müssen. Keiner schöpfte Verdacht.

So konnte ich mit den anderen um die Häuser ziehen, mich

mal wieder nach Männern umschauen, tanzen, in die Milchbar, ins Kino, auf Sportplätze und in Kneipen gehen, also überall dorthin, wo junge Männer anzutreffen sind. Meine studentischen Ausschweifungen begannen nun doch noch. Es war ein lustiges Leben, vormittags lernen, dann Hausaufgaben in den Lerngruppen anfertigen, 19.30 Uhr die Nachrichten der »Aktuellen Kamera« anschauen (man könnte ja am nächsten Tag danach gefragt werden), und anschließend: ab die Post!

Mittwoch abends schwänzten wir immer die Abendnachrichten, weil wir in den Nachbarort zum »Tanz auf der Insel« gingen. Das war der studentische Treffpunkt aller umliegenden Hoch- und Fachschulen, einfach Spitze, ein frohes Jugendleben, wie meine Oma es nennt.

Dieses Leben gefiel mir, vor allem das Tanzen. Ich brauchte nie eine Runde auszulassen, weil mich stets jemand aufforderte. »Tanzmaus« war der Spitzname, den mir meine Freundinnen verliehen. Er paßte zu mir, denn ich war ziemlich dünn und hatte eine lange Nase.

Die Vatersuche hatte ich vorübergehend aufgegeben, mein Vorhaben erst einmal verschoben. Da ich nicht mehr so oft zu Hause war und für Ausgleich gesorgt hatte, ertrug ich die Langeweile mit Winfried ganz gut. »Verlobt heißt: sichergestellt und weitergesucht«, meinte meine Oma. Sie behielt auch diesmal recht.

An einem der Tanzabende auf der Insel sprach mich plötzlich jemand von der Seite an: »So sieht man sich also wieder«. Ich schaute mich um und erkannte den Oberligafußballspieler aus dem Trabantwerk, es war der linke Verteidiger. Fast die ganze Mannschaft hatte sich im clubeigenen Bus zum Tanzen hierher fahren lassen. »Na, so ein Zufall!« sagte ich, und erklärte den anderen aus der Studiengruppe, woher wir uns kannten. Es wurde ein toller Abend, an dem alle meine Freundinnen und ich nur noch mit den Spielern tanzten. Als Demis Roussos beim letzten Tanz »Good bye, my love, good bye« sang, sah ich nur noch seine Augen, schmolz dahin und hatte Schmetterlinge im Bauch.

Jetzt wurde es heiß. Ich war total verknallt in ihn und er in mich. »Schon seit damals hinter dem Fließband«, meinte er. Den Fall »lieben und geliebt werden«, hatte Oma bei ihrer Aufzählung offensichtlich vergessen.

Er wohnte noch bei seiner Familie in meinem Studienort, wenn er nicht im Sportclub war. Wir sahen uns in jeder freien Minute, die mein Studien- und sein Trainingsplan zuließen.

Er war, wie ich mir einen Mann vorstellte, braune Augen, groß, durchtrainiert, schick gekleidet, sportlich, sehr lieb, humorvoll und – er erinnerte mich an Jürgen.

Außerdem war es sehr praktisch, daß er nur unter der Woche Zeit hatte, weil er an den Wochenenden Fußball spielte. Ich fuhr sonnabends und sonntags wieder nach Hause und hielt so den eingeschliffenen Trott aufrecht. Der Ehemann meiner Mutter wurde für mich plötzlich interessant, weil er kein Fußballspiel der Oberligamannschaft versäumte, anschließend immer lang und breit mit unseren Nachbarn darüber diskutierte und »Die Fußballwoche« las, in der mindestens dreimal im Monat ein Foto meiner neuen Flamme erschien. Diese Bilder auszuschneiden und sie in meinem neu angelegten Schuhkarton zu sammeln, traute ich mich aber nicht. Das besorgten meine Freundinnen für mich, und so füllte sich der Karton, den ich diesmal im Internat versteckte.

Die spielfreien Sonnabende durfte ich natürlich nicht zu Hause verbringen. Das Doppelleben klappte prima, belastete mich aber langsam, denn ich hatte keine Gefühle mehr für meinen Verlobten, und seine Spießigkeit und Pedanterie amüsierten mich nicht mehr, sondern gingen mir auf die Nerven.

Außerdem hatte ich keinerlei Lust mehr auf Sex mit ihm. Ich ging zum Frauenarzt und ließ mir ein Medikament verschreiben, das bis auf weiteres körperliche Vereinigungen untersagte. Dieses Medikament nahm ich offiziell zwei Monate, inoffiziell natürlich gar nicht.

Ich hatte alles im Griff, bis plötzlich an einem Sonnabend mein Verlobter auftauchte und mich allein mit Rainer im Internatszimmer überraschte. Unsere Türen waren nicht abzuschließen, aber wenn Schuhe vor der Tür standen, wußte jeder, daß er nicht eintreten und stören durfte.

Ich erfand erst gar keine Ausrede und gestand ihm alles. Zuerst war er wie gelähmt, dann wütend. Damit hatte er nicht gerechnet. »Heißt das Trennung?« fragte er mich. »Ja«, antwortete ich.

»Deine Mutter hatte also recht mit ihrem Mißtrauen und daß du dich verändert hast, und sie hat mir von dem Liebesbrief erzählt, den sie in deiner Schultasche gefunden hat. Ein Glück, daß ich ihrem Rat gefolgt bin, dich hier unangemeldet zu besuchen.«

Er tat mir in diesem Moment richtig leid, dennoch gab es für mich kein Zurück mehr. Wütend war ich allerdings auf meine Mutter. Wenn sie mir nicht nachspioniert hätte, hätte ich mich schonungsvoller von ihm trennen können. Auf diese Art jetzt hatte er es nicht verdient. Aber nun war es passiert. Betroffen verließ er den Raum.

»Warum hast du mir nicht gesagt, daß du einen Freund hast«, wollte Rainer wissen. »Ich wollte dich nicht verlieren«, war meine Antwort. »Das wird schon nicht passieren«, tröstete er mich.

Seinen Trost konnte ich in der nächsten Zeit gebrauchen, denn zu Hause waren alle empört über mich. Mein Ex-Verlobter wollte alle seine Geschenke, die Ringe und sogar seine Fotos zurück haben. Aus diesem Grund erschien er in unserer Wohnung. Meine Mutter beteuerte ihm, daß sie ihn nie so hintergangen hätte wie ich, aber ich käme eben nicht nach ihr.

Ich war froh, daß dieses Kapitel zu Ende war und meine Eltern den »Neuen« nicht bei sich empfangen wollten. Einen größeren Gefallen konnten sie uns gar nicht tun. In seiner Familie fühlte ich mich nämlich sehr wohl. Er war der jüngste von acht Geschwistern, und die Familie bildete eine liebevolle Gemeinschaft. Sie versammelten sich jeden Sonntag bei den Eltern zu Kaffee und Kuchen an einem riesigen Tisch. Die älteren Geschwister kamen mit ihren jungen Familien, die Kinder vertrugen sich alle gut. So hatte ich mir immer eine Familie vorgestellt. Gemeinsam mit Rainer wollte ich auch mindestens sechs Kinder, die dann mit uns an einem großen Tisch sitzen würden.

Meine Großeltern reisten sonntags manchmal auch an. Ansonsten fuhren sie nur in den Westen und schwärmten uns vor, wie gut es den Menschen dort geht. Opa bedauerte, für das Arbeiten schon zu alt zu sein, sonst würde er auch dorthin gehen.

In das kleine Städtchen zu »meiner neuen Familie« fuhren sie allerdings ebenfalls gern. Die große nette Familie und ein Fußballspieler waren wieder mal etwas Besonderes. Meine Oma war mit meiner Wahl zufrieden.

Eine schöne Zeit begann. Ich studierte fleißig, Lehrerin erschien mir immer mehr der ideale Beruf zu sein. Später hätte ich dann mit meinen vielen Kindern zusammen Ferien und nachmittags wären sie auch nie allein, weil wir gemeinsam Schulschluß hätten. Ich könnte mich um ihre Schularbeiten kümmern, und alles wäre besser als in meiner Kindheit. Meinem festen Freund, wie das so schön heißt, gefiel das auch.

Stolz ging ich nun zu jedem Heimspiel ins Fußballstadion, und bald durfte ich auch zur Kultfriseuse gehen. Sie sah irgendwie aus wie Marilyn Monroe, hatte einen Riesenbusen und einen berühmten Bruder, der in der DDR-Nationalmannschaft erfolgreich stürmte und in Berlin wohnte. Darauf war sie besonders stolz.

Alles sah gut aus, nun sollte ich vielleicht wirklich langsam anfangen, Kinder zu kriegen.

Das war aber gar nicht so einfach mit einem Leistungssportler, der in der höchsten Klasse Fußball spielt. Sein Leben bestimmen Trainer und Spielplan. Da gab es, außer nicht arbeiten gehen zu müssen, keinerlei persönliche Freiheiten. Ich versuchte zwar immer, an den gefährlichen Tagen mit ihm zusammen zu sein, aber dann kam ein Auswärtsspiel, ein Trainingslager oder eine Enthaltsamkeitsanweisung des Trainers dazwischen. Es ließ sich nicht organisieren, weil die Mannschaft in den Vorrunden um den FDGB-Pokal von Runde zu Runde sich weiter nach vorne und sogar bis ins Pokalfinale spielte und sich auf das Endspiel vorbereiten mußte, das traditionsgemäß am 1. Mai, dem Kampf- und Feiertag der Arbeiterklasse, in unserem Stadion stattfand. Ich saß auf der Ehrentribüne neben der Friseuse und ihrer Schwägerin, denn der Bruder spielte in der gegnerischen Mannschaft.

Diese Frau, wie die anderen aus Berlin, sah einfach toll aus; super gekleidet, toll geschminkt, erinnerte sie mich an meine Westtanten. Berlin scheint ähnlich zu sein wie die andere Seite, dachte ich mir.

Das Pokalendspiel, das unsere Mannschaft auch noch gewann, geriet zu einem Volksfest. Die ganze Stadt feierte bis spät in die Nacht hinein. Den Rest der Nacht verbrachten wir dann in Omas Wohnung, da die beiden gerade auf Westbesuch waren.

Wie erfolgreich wir waren, stellte sich nach vier Wochen heraus. Das galt auch noch für den berühmten Torwart und zwei andere Spieler aus der Siegermannschaft wie für den Bruder unserer Friseuse aus der Verlierermannschaft.

Ich war schwanger und überglücklich. Meinen Eltern paßte das ganz und gar nicht. Sie riefen im Sportbüro der Mannschaft an und bestellten meinen Fußballhelden zu sich in die Wohnung zum Rapport, als ich im Internat war. Dort verlangten sie von ihm, die Konsequenzen zu tragen. Peinlich, denn er wußte gar nicht, was er zu der Aktion sagen sollte. Am Sonntag zuvor hatte er seiner Familie am Kaffeetisch bereits erklärt, daß wir heiraten würden. Meinen Eltern wollten wir das gemeinsam am nächsten Sonntag beibringen.

Das war nun nicht mehr nötig. So gingen wir eben zu meinen Großeltern, und die freuten sich mit uns. »Das wird das erste eheliche Kind, das in meiner Familie zur Welt kommt«, sagte Oma unter Freudentränen. Darüber war ich besonders stolz und mein Fußballstar auch, obwohl er mit dieser Aussage gar nichts anfangen konnte. In seiner Familie war so etwas selbstverständlich.

Meine Ernährer beruhigten sich angesichts seiner Heiratsabsichten. Nun durfte ich ihn auch mit nach Hause bringen, was wir beide aber gar nicht so gern wollten.

In meiner Studieneinrichtung stellte ich einen »Antrag auf Studienbefreiung zwecks Eheschließung« und bekam auch einen freien Tag für die Hochzeit genehmigt.

Dieser Termin rückte näher und mein Fußballer bekam einen Bekleidungsscheck für den Modesalon »Exquisit« als Prämie überreicht. Das überraschte mich, und er erklärte mir dieses Prämiensystem, über das er eigentlich nicht sprechen durfte. Bargeld erhielten sie nie nach einem Spiel, nur Belohnungsschecks, die zum Einkauf irgendwo berechtigten. Die eingetragene Summe wechselte, je nach Spielergebnis. Das fand ich wunderbar, und wir kleideten uns schick ein.

Meine Mutter ließ es sich nicht nehmen, mir das Hochzeitskleid zu nähen. Darüber war ich sehr glücklich und hoffte, daß sie nun mit mir und dem, was ich machte, endlich zufrieden sei. Als das Kleid fertig war, umarmte ich sie nach langer Zeit wieder einmal. Dabei machte sie sich ganz steif und beugte sich zurück wie immer. Na ja, bald habe ich meine eigene kleine Familie, in der wir uns alle lieb haben, dann tut es mir nicht mehr so weh, dann bin ich frei, tröstete ich mich.

Das darf nicht wahr sein, dachte ich, als ich am Tag vor unserem Polterabend in Vorfreude nach Hause kam. Nach dem Ablegen meines Gepäcks bat mich meine Mutter, mit in den

Waschkeller zu kommen. Dort stand ihr Mann und heizte den Ofen unter dem Waschkessel an.

Neben dem Ofen standen meine geheimen Schuhkartons. Alle drei, auch die alte Pralinenschachtel und mein Tagebuch. Alles Sachen, die ich gut versteckt hatte.

»Was soll das?« fragte ich tonlos.

»Du hast dich entschieden, alt genug zum Heiraten zu sein und eine eigene Familie zu gründen, da mußt du dich von den Erinnerungen an deine verflossenen Freunde trennen. Was soll denn dein Mann von dir denken, wenn er diese Liebesbriefe und die peinlichen Erinnerungen später einmal findet? Das wirst du jetzt schön in diesem Ofen verbrennen, so etwas nimmt man nicht mit in eine Ehe.«

Ich sah in ihre eiskalten Augen und auf den grimassenhaften Mund mit dem sadistischen Lächeln, auch den triumphalen Blick des Einheizers nahm ich wahr. Ich flehte sie an, das nicht von mir zu verlangen. Aber es half nichts, ich mußte meine Sachen verbrennen. Mit jedem Schnipsel brannte ein Tropfen Herzblut von mir. Durch einen Vorhang aus Tränen nahm ich Abschied von jeder noch so kleinen aufbewahrten Erinnerung. So wie sich das Papier in den Flammen krümmte, krümmte sich mein Herz.

Das war eine große Demütigung, die ich über mich ergehen lassen mußte, und ich glaubte, das nicht zu überleben. Meine Gefühle für meine Mutter und diesen Mann sanken unter den Gefrierpunkt. Ich wollte tot sein, wie mein Vater. Ich wollte nicht einmal mehr heiraten.

Als mein Zukünftiger an diesem Abend zu mir nach Hause kam, lag ich heulend und mit hohem Fieber im Bett. Und als ich ihm von der Verbrennungsaktion erzählte, heulte er mit. »Wegen mir hätten sie das nicht machen müssen«, sagte er. Ich schluchzte. »Papa, Papa, warum hast du mich bloß mit dieser Frau allein gelassen?«

Rainer erinnerte mich: »Du hast doch jetzt mich, und bald

haben wir unser Baby«, er wiegte mich in seinen starken Armen, wie früher mein Opa.

Am nächsten Tag erholte ich mich und schwor mir, meinen Kindern später zur Jugendweihe eine feuerfeste Kassette zum Sammeln ihrer Liebesbriefe zu schenken, zu der nur sie einen Schlüssel erhalten würden.

Die Hochzeit fand an einem sonnigen Tag im großen Stil statt, es war die dritte »Fußballehe« in der Sportgemeinschaft nach dem Pokalsieg, und alle wußten, warum. Unsere Tageszeitung, das »Sportecho«, und die »Fußballwoche« berichteten mit Fotos darüber. Kleine Fußballspieler standen vor dem Standesamt Spalier, und ich war eine sehr schöne Braut, wie mir mein Ehemann vor der Trauung ins Ohr flüsterte.

Eine meiner schönen, blonden Tanten, die zur Hochzeitsfeier gekommen war, brachte uns sogar ein Geschenk aus Amerika mit, ein Frühstücksservice aus buntem Plastik, von einer von Muttis »früheren Freundinnen«. Als ich das Service sah, dachte ich sofort an meinen Vater und bedauerte, daß er mich nicht sehen konnte. Er hätte sich sicher gefreut, weil sich alle Väter an so einem Tag freuen. Was er mir wohl geschenkt hätte?

In der Hochzeitsnacht erzählte ich meinem Mann von meinem geheimnisvollen Vater aus Amerika, der leider schon lange tot ist.

*

Gleich nach der Hochzeit ging das Studium weiter. Ich war aber nun nicht mehr allein. Ich war glücklich über das kleine Wunschkind, das in meinem Bauch heranwuchs und das mir niemand wegnehmen konnte. Ich glaubte fest daran, daß mich mein Mann und das Baby endlich von meiner strengen Mutter befreien würden. Rainer hatte bereits eine Neubauwohnung beantragt, die wir auch bald bekommen sollten. Für die Spieler gab es zwar Sonderkonditionen mit sehr verkürzten Wartezeiten, dafür anmelden konnten wir uns aber auch erst nach der Hochzeit, wie alle anderen jungverheirateten Paare.

Einen Ehekredit nahmen wir nicht auf. Dieser Kredit wurde jungen Paaren auf Antrag zinslos zur Gründung ihres Hausstandes gewährt, und bei jedem geborenen Kind verringerte sich die Summe, die zurückgezahlt werden mußte, um einen erheblichen Betrag. Wer sich viele Kinder anschaffte, brauchte gar nichts zurückzahlen. »Man verschuldet sich nicht!« hatte meine Mutter bestimmt.

Meine Schwiegereltern stellten ein Kinderbettchen im Zimmer meines Mannes auf, und ich zog aus dem Internat weg, mit in ihre Wohnung. Ich hatte noch ein gutes Jahr Studienzeit vor mir. Ich futterte jede Menge Möhren und Honig, damit das Baby schöne glatte Haut bekam, massierte meinen Bauch aus Angst vor Schwangerschaftsstreifen und sah bald aus wie eine Kugel, weil mich mein Mann mit Pralinen mästete. Ich lernte sogar von meiner Schwiegermutter stricken und begann einen Babypullover. In die engen Hörsaalsitze paßte ich später kaum noch hinein. Auch meine Fahrschule, die wir Sportlerfrauen im Autowerk machen durften, mußte ich unterbrechen, weil ich nicht mehr hinter das Lenkrad paßte. Ich genoß es, schwanger zu sein, und nahm 20 Pfund zu.

Meine Mutter stellte uns ein Babykörbchen ins Zimmer, und wir konnten es kaum mehr erwarten. Mein Mann wünschte sich eine Tochter und ich mir einen Sohn. Grit oder Tommy sollte es heißen. Ich wollte einen Namen, der amerikanisch klingt.

Tommy wurde am 23. Januar 1968 nach 20 Stunden Wehen geboren. Meine sportgestählten Bauchmuskeln leisteten enormen Widerstand gegen den Geburtsvorgang. Ich litt höllische Schmerzen, und zwischendurch wollte ich kein Kind mehr. Als mir die Hebamme aber dann das kleine weiche, warme Baby auf den Oberkörper legte, war aller Schmerz vergessen. Bei diesem Wunder, dem Anblick meines Neugeborenen, konnte ich nur noch glücklich sein.

Mein Sohn war ganz süß, und ich untersuchte ihn immer und immer wieder, ob auch alles dran ist, Zehen, Finger, Ohren und das, was einen Jungen ausmacht. Als ich sah, daß er blaue Augen hatte, erschrak ich fürchterlich. Aber die Hebamme beruhigte mich, daß alle Babys blaue Augen haben.

Ich kontrollierte auch, ob auf dem kleinen Armband aus Mull, an dem ein Pappschild hing, wirklich sein Name stand, und ob das Bändchen straff sitzt. Ich hatte Angst, sie könnten ihn verwechseln. »So etwas ist in unserer Klinik noch nie passiert«, trösteten mich die Krankenschwestern. »Im Westen, dort, wo ich geboren bin, schon«, erklärte ich. »Das glauben wir nicht, nicht in einem Krankenhaus«, antworteten sie.

Der junge Vater war ganz verängstigt, als sie ihm das Baby auf den Arm legten. Er hielt es ganz steif und war froh, als die Kinderschwester es ihm wieder abnahm. »Ja, das ist kein Fußball«, lachte sie.

»Na, was habe ich denn da für einen hübschen Jungen bekommen?« begrüßte meine Mutter, die nun Oma war, meinen Sohn. »Den habe ich geboren, das ist mein Sohn«, sagte ich ärgerlich, ohne zu wissen, warum.

Meine Oma, nun Urgroßmutter, erschien aufgetakelt mit breitem Hut und weißem Mantel an der Seite von Urgroßvater an meinem Bett. »Endlich mal ein Junge in unserer Familie, das ist ein Grund zum Feiern!« Opa hatte ganz kleine Augen, sie hatten die letzte Nacht mit allen Gästen in ihrer Gartenkneipe die Ankunft des Urenkels gefeiert. »Du glaubst nicht, was du mir mit so einem kleinen Stammhalter für eine Freude machst«, sagte er. Ich war stolz auf mich und meinen Mann.

Der Name Tommy wurde nicht zugelassen. Die Standesbeamtin, die zur Beurkundung erschien, bestand darauf, daß er Thomas heißen mußte. Egal, für mich blieb es bei Tommy, und so sollten es auch alle nennen, mein wunderschönes Baby.

Wir erhielten viele Geschenke zur Geburt des Kleinen und lustige Karten, auch von der anderen Seite. In einem Westpaket aus Bayern bekamen wir neben einem Pflegeset einen süßen himmelblauen Babyanzug mit Mütze für den Sommer. Er war von »Muttis alter Freundin« aus Amerika, wie meine Tante schrieb.

Mit der eigenen Wohnung dauerte es noch, und wir mußten vorerst in meinem alten Kinderzimmer bei meinen Eltern wohnen. Ich hatte mir das allerdings anders gedacht und wollte durch die Ehe und das Kind selbständig werden. Das ging aber nicht. Das Leben meines Mannes wurde weiterhin von Trainer und Spielplan bestimmt, was für ihn völlig in Ordnung war. Meines und das des Kleinen von meinen Eltern. Meine Mutter wußte alles besser, und ihr Mann, nachdem er jede Menge Bücher studiert hatte, auch. Zu allem Überfluß wurde er wegen eines Herzleidens vorzeitig pensioniert. Er wurde die Hausfrau und sie befördert.

Er brauchte nun eine Beschäftigung und meine Mutter verpaßte sie ihm, indem er sich um alles zu kümmern hatte, auch um Dinge, die eigentlich meinem Mann zustanden. Ich wurde so etwas wie die große Schwester des Kleinen und durfte ihn, wenn ich Glück hatte, baden und manchmal füttern. Brei kochen, Windeln waschen, auf die Stunde genau Trockenlegen und Füttern war Sache der anderen zu Hause. Wenigstens durfte ich ihn im Kinderwagen spazieren fahren, mit ihm meine Großeltern und meine ehemaligen Schulfreundinnen besuchen. Zu seinen festen Zeiten mußte ich jedoch immer zu Hause sein, wehe, wenn nicht! »Du darfst das Kind nicht aus seiner Ordnung bringen, sei froh, daß er es bei uns so gut hat, oder willst du ihn in eine Kinderkrippe geben, so wie die anderen Frauen das machen?«

Das hatte ich eigentlich vor, denn ich mußte nach Ablauf der acht Wochen Schwangerschaftsurlaub in meinen Studienort zurück. Ein Jahr Studium lag noch vor mir. Meine Schwiegereltern freuten sich schon auf uns. Alles war vorbereitet.

Aber ich durfte nicht. Ich sollte mich auf das Studium konzentrieren, und dabei hätte ich keine Zeit für das Baby. Ich durfte mein Kind nicht mitnehmen, sondern mußte es bei meinen Eltern lassen, damit der Frührentner beschäftigt war, während meine Mutter arbeitete. Das erschien ihnen besser für das Baby. Meinem Mann leider auch. Er war so eingeschüchtert von der Autorität meiner Eltern, daß er mit allem einverstanden war, was sie befahlen. Mich vertröstete er auf die Zeit, wenn wir unsere eigene Wohnung hätten. Dann würde alles anders werden.

*

Ein Ereignis jagte mir kurze Zeit später schreckliche Angst ein, um mich und um mein Baby. Es war im Frühsommer 1968, als wir an einem Morgen durch schrecklich laute Motorengeräusche wach wurden. Es roch auch irgendwie eigenartig nach Benzin. Das Brummen und Rasseln war unheimlich und ließ nicht nach. Als ich mich mit dem Kinderwagen später zum Einkaufen auf den Weg machte, erschrak ich zu Tode.

Die Hauptstraße ließ sich nicht überqueren, überall riegelten unsere Soldaten die Bürgersteige ab. Am Straßenrand standen alle paar Meter Sowjetsoldaten mit Maschinengewehren und auf der Straße rollten große schwere grüne Panzer. Es waren viele Panzer mit dem roten Stern der Sowjetarmee.

Ich zitterte vor Angst. Kein Mensch wußte, was los war. Ich stand wie versteinert und blickte auf die großen fremden Ungeheuer, meinen Kinderwagen fest umklammert. Alle Leute standen wie erstarrt oder schauten so aus offenen Fenstern. Manche hatten vor Schreck die DDR-Flagge rausgehängt. Aus einem der Fenster rief plötzlich ein Mann auf die Straße: »Wißt Ihr, was los ist, die rollen zu den Tschechen, da ist ein Aufstand! Ich habe es gerade im Bayerischen Rundfunk gehört!«

Ich war erleichtert, Gott sei Dank, die bleiben nicht hier.

Hier macht zum Glück keiner einen Aufstand. Meinem Kind und mir kann nichts geschehen! Ich blieb noch eine Weile, dann ging ich nach Hause und legte mich mit meinem Baby zusammen ins Bett. Ich wollte ihn nicht allein Mittagsschlaf machen lassen.

Die Soldaten standen noch zwei Tage lang bis spät in die Nacht auf den Straßen, ab und zu kamen große Mannschaftswagen, die russische Soldaten oder Geräte in die CSSR transportierten. Es war gespenstisch.

Am nächsten Tag stand in der Zeitung, daß unsere Waffenbrüder die sozialistischen Errungenschaften im Nachbarland schützen müssen. Dem Klassenfeind dürfe man keine Chance lassen.

Nur gut, daß in unserer Gegend keine Klassenfeinde wohnten, die einen Aufstand planten. Alle Menschen um uns herum waren geschockt und verängstigt. Nein, so etwas wollen wir nicht. Lieber machen wir alles so, wie die da oben es verlangen. Das schworen wohl in diesem Moment die meisten.

Nach einigen Tagen hatte sich alles wieder beruhigt. Nur die Spuren der Panzerketten, die tiefe Rillen in den Straßenbelag gezogen hatten, erinnerten noch lange Zeit daran, wer hier entlang gefahren war.

Im ML-Unterricht klärte uns dann der Dozent noch einmal ausführlich über den notwendigen Einsatz der Sowjetarmee auf. Unser Ex-Unteroffizier pflichtete ihm glühend bei, wie nur wenige aus der Studiengruppe.

Militärisch ging das Studium dennoch für uns weiter. Kurz bevor wir in unser großes Lehrerpraktikum entlassen wurden, mußten wir eine dreiwöchige vormilitärische Ausbildung absolvieren. Getrennt nach Frauen und Männern. Wir bekamen Uniformen und lernten robben, Hindernisstrecken bewältigen, übten mit Attrappen Granatenweitwurf und erhielten eine Schießausbildung und einen Sanitätskurs. Keiner konnte sich vor dieser Ausbildung drücken, obwohl zwei es wollten. Da hieß es ganz klar, ohne dieses Lager kein Praktikum.

So schlimm, wie es klang, war es aber dann doch nicht. Meine Gruppe wurde einem netten Ausbilder zugeteilt, der zu den »Kampfgruppen der Arbeiterklasse« gehörte. Er quälte uns nicht ganz so sehr. Es gab aber auch andere Ausbilder, die die Studentinnen öfter über die Hindernisbahn schickten als vorgesehen. Unser Ausbilder übte mit uns vor allem Schießen, das war sein Hobby. Gegen Ende des Lagers legten wir das Schießabzeichen ab. Zusammen mit meiner Zimmergenossin schaffte ich es sogar in Gold.

Obwohl es verboten war, fotografierten uns einige in unseren Kampfuniformen und beim Schießen. Zum Glück merkte das aber keiner, sonst hätte es Riesenärger gegeben.

Jetzt freuten wir uns alle auf das Praktikum. Ich wurde zum Glück, weil ich Mutter war, in meiner Heimatstadt eingesetzt und stand dann erwartungsvoll vor Kindern einer dritten Klasse. Mein Wunschberuf nahm langsam Gestalt an.

*

In der Zeit, als ich mein großes Lehrerpraktikum absolvierte, verhalf uns schließlich der Sportlerstatus zu einer schicken Neubauwohnung, weit weg von meinen Eltern, am Rande der Stadt in einem riesigen Neubaugebiet. Einen »Trabant« gab es auch noch dazu. Wir waren beide überglücklich. Sofort nahmen wir unseren kleinen Sohn zu uns, meldeten ihn zur volkseigenen Erziehung in der Kinderkrippe an, und ich lernte von den Krippenerzieherinnen, wie man Babys pflegt.

Entgegen den Voraussagen meiner Eltern entwickelte sich unser Sohn prächtig, und ich umhegte ihn mit einer Affenliebe. In die Kinderkrippe ging er gern, es war nicht viel strenger als zu Hause bei Oma und Opa. Dort mußte er auch schon zu festen Zeiten auf seinem Topf sitzen, hier saß er wenigstens mit anderen Kindern zusammen in einer Reihe.

Er war mein ein und alles. Sein Vater hatte zwar nicht viel

Zeit für ihn, aber er spielte mit ihm, wann immer er konnte. An den spielfreien Wochenenden fuhren wir mit unserem Auto zu den Schwiegereltern, um ein Stück vom Sonntagskuchen abzubekommen und um mit der Großfamilie zusammen zu sein.

Wenn ich ehrlich bin, auch um das gute Essen dort zu genießen, denn ich konnte immer noch nicht kochen und brauchte es daheim auch nicht. Der Kleine bekam sein Mittagessen in der sozialistischen Kinderpflegeeinrichtung und ich in der Praktikumschule. Wenn mein Mann spielte, luden mich abwechselnd die Eltern oder Großeltern zum Mittagessen ein. Das waren die wenigen Tage, an denen wir noch bei ihnen waren.

Zu den Heimspielen ging ich stets mit Kinderwagen und freute mich, wenn die anderen drei Mütter auch mit ihren Pokalsiegerbabys anwesend waren. Die Friseuse erzählte, daß ihr Bruder, der Berliner Fußballstar, ebenfalls einen Sohn bekommen hatte.

Das Praktikum bereitete mir große Freude, die Schüler und die Mentorin waren mit mir zufrieden und ich konnte kaum erwarten, endlich allein vor einer Klasse zu stehen. Eine Schule, an der ich nach dem Ende des Studiums eingesetzt werden würde, hatte ich schon. Sie befand sich in unserem Wohngebiet, direkt neben dem Kindergarten, in den dann mein Sohn gehen konnte.

So schaffte ich beinahe erfolgreich meinen Studienabschluß, wäre da nicht der Neid unseres FDJ-Sekretärs auf mich und meinen neuen sozialen Status gewesen. Damals wurde wieder einmal massiv gegen den Einfluß des Westfernsehens vorgegangen. Es gab sogar eine Aktion, bei der die Mitglieder der FDJ die Antennen von den Dächern holten. An die hinter den Gardinen kamen sie allerdings nicht heran. Das Ganze nannte sich FDJ-Initiative.

Mein Opa und sein Nachbar warfen die Antennenstürmer kurzerhand aus dem Haus. Die Westantennen montierten sie aber aus Angst trotzdem ab und versteckten sie, wie wir, hinter der Gardine. »Die sind wie die Nazis«, meinten die alten Leute.

Jedenfalls war es strengstens verboten, Westfernsehen zu gucken. Es machten dennoch die meisten. Wir mußten im Lehrerinstitut unterschreiben, als zukünftige sozialistische Lehrer auf Westfernsehen zu verzichten, damit wir den Kindern in der Schule mit der richtigen Ideologie begegneten. Alle unterschrieben. Ein großer Fehler, den ich bald zu spüren bekam. Ich war schließlich in dieser Hinsicht bereits »vorbestraft«, was ich vergessen hatte.

Meine Schwiegereltern, die schon lange Rentner waren, sahen auch nur Westfernsehen, und ich natürlich mit. Gelegentlich gab ich im Seminar irgendwelche Werbesprüche zum Besten oder schwärmte gemeinsam mit meinen Freundinnen von unserer geliebten Sendung »Musik aus Studio B« oder von bestimmten Filmszenen.

Eines Tages brachte eine aus dem Seminar eine buntschillernde Postkarte mit, auf der Urwaldmotive abgebildet waren. Sie hatte sie von ihrer Westtante geschickt bekommen. Das Besondere daran war, daß es eine sogenannte Panoramakarte war, die man drehen und kippen konnte, und dabei wechselten die Motive. So etwas kannten wir nicht. Vorwitzig, wie ich nun mal war, fragte ich sie, ob sie die Karte von der Sendung »Panorama« geschenkt bekommen hätte. »Wie meinst du denn das? Ich sehe diese Sendung nicht!« war ihre Antwort.

Meine Unbedachtheit hatte ein Nachspiel, zwei Tage später. Ich wurde zum Direktor für Studienangelegenheiten bestellt, einem kleinen fetten 1000%-igen Parteigenossen im »Präsent 20«-Anzug. Und wer saß mit im Raum? Natürlich unser Gruppenideologe, das Mädchen mit der Panoramakarte, der Institutsdirektor, unser ML-Dozent und ein mir unbekannter freundlich wirkender Mann, der mir Vertrauen einflößte. Ich war ganz auf mich gestellt und bekam Angst.

Der Direktor eröffnete die Anhörung, wie er es nannte, und der freundliche Mann verlangte noch nach einer Sekretärin für das Protokoll. Ich sollte mich zum Westfernsehen äußern. Ich stritt nicht ab, hin und wieder Musiksendungen und Filme zu sehen, aber auch nur bei meinen alten Schwiegereltern, denen ich ja nichts vorschreiben könnte. Daraufhin las mir der Ex-Armist sämtliche Äußerungen vor, die ich im Laufe der Zeit gemacht hatte. Ich konnte es nicht fassen. Dem fiesen dicken Direktor trieb es Schweißperlen auf die Stirn, und der freundliche Mann beobachtete mich schweigend aus den Augenwinkeln. Die Mitstudentin hielt stolz ihre Panoramakarte in der Hand und distanzierte sich von meiner Äußerung.

»Herr im Himmel, Hilfe, was wird das denn?« dachte ich und merkte, wie mir der Angstschweiß den Rücken hinunterfloß. »Sie wissen, was wir von einem Lehrer unserer sozialistischen Schule erwarten?« fragte der Direktor.

»Ja, und ich würde doch nie mit meinen Schülern über Westfernsehen sprechen! Das habe ich noch nie getan. Fragen Sie meine Mentorin. Ich hatte auch eine sehr gute Beurteilung. Außerdem, meine Mutter ist eine angesehene Juristin, fragen Sie doch sie, ob wir zu Hause Westfernsehen sehen, oder ob ich dort je darüber gesprochen habe! Außerdem bin ich nicht die Einzige in der Klasse, die Westfernsehen sieht. Warum bestellen Sie gerade mich vor dieses Gericht?«

Bei diesen Worten erschraken sowohl der Armist wie auch das Mädchen mit der Panoramakarte. »Ja, wer denn noch?«, fragte der freundliche Herr.

Ich wollte nur mein Fell retten und lossprudeln, als mir ein Spruch meines Opas einfiel: »Das größte Schwein im ganzen Land, das ist und bleibt der Denunziant.« Nein, ich wollte kein Schwein sein, zuckte mit den Schultern und sah dem Mann fest in die Augen.

Danach wollten sie von mir noch Worte des Bedauerns und Entschuldigungen hören, auch ein Versprechen sollte ich abgeben. Also versprach ich, nie wieder über Westfernsehen zu reden; daß ich es nie wieder sehen wollte, versprach ich wohlweislich nicht.

Das begrüßten sie, zumal sie mir darüber hinaus darlegten, daß ich doch keine Westkontakte hätte und keine Verwandten in der BRD, so daß man es gleich gar nicht verstehen könnte. Bescheiden erwähnte der ML-Lehrer, daß ich in seinem Unterricht gut mitarbeiten würde und dort durchaus den Klassenstandpunkt vertrete.

Auf meine Frage, was sie von mir noch erwarten würden, einigten sie sich auf eine schriftliche Entschuldigung für mein Verhalten, die ich vor allen Studenten vorlesen sollte. Über das Ausmaß der Strafe wollten sie sich noch beraten. Da ich von meinem Lehrlingsbetrieb delegiert war, wollten sie den auch über den Vorfall verständigen, ebenso meine Eltern.

Mir war schlecht, und ich begann zu heulen, ich brachte kein Wort mehr hervor.

»Hilfe, Schutzengel«, zum Glück wissen sie nicht, daß ich die Tochter eines Amerikaners bin. Wer weiß, was dann passiert wäre!

Schließlich durfte ich den Raum verlassen, um allein im Vorzimmer zu warten. Dann ging die Tür auf, und der freundliche, vertrauenserweckende Mann kam auf mich zu. Er setzte sich neben mich und riet mir, die Entschuldigung zu schreiben und mich in Zukunft zurückzuhalten. Wenn ich mich überwinden könnte, die Namen der anderen preiszugeben, bräuchte ich das nicht dem Direktor gegenüber zu tun. Das könnte ich auch einem meiner Schwäger erzählen, der ein guter Freund von ihm sei. Aus diesem Grund würde er sehen, was er für mich tun könne.

Darauf, daß ich was erzähle, kannst auch du lange warten, dachte ich. Ich versprach ihm aber, seinen Hinweis zu beachten.

In der nächsten Woche beriet das Dozentenkollegium, wie mit meinem Fall zu verfahren sei, damit es auch ein abschreckendes Beispiel für die anderen werden würde. Mein mich delegierender Betrieb verlangte ebenfalls ein Versprechen, das sogar in der Betriebszeitung abgedruckt wurde, zusammen mit einer Stellungnahme meines Lehrmeisters.

Meine Eltern waren sich einig, daß von mir wirklich nichts Gutes zu erwarten wäre, und meine Mutter beteuerte immer wieder, daß ich eine Strafe für sie sei, die sie nicht verdient hätte.

Meine Oma berichtete diesen Vorfall gleich allen ihren Freunden und meinen Tanten im Westen. Diese antworteten wieder, daß wir auf der falschen Seite Deutschlands leben würden. Sie vergaßen dabei, daß es keinen legalen Ausweg mehr gab. Wir mußten uns mit dieser Seite abfinden und konnten nur versuchen, uns anzupassen, so gut es ging. Dann würde uns auch nichts passieren.

Mein Mann war zu diesem Zeitpunkt im Ausland und erfuhr erst mal nichts von der Sache. Sein Bruder hielt es auch für besser, der Familie nichts davon zu erzählen. Die alten Eltern würden es sowieso nicht verstehen.

Welchem Umstand ich es zu verdanken hatte, daß ich nicht exmatrikuliert wurde, weiß ich nicht. Jedenfalls lautete das Urteil, daß ich mich für sechs Monate in der gesellschaftlichen Praxis zu bewähren und in der Arbeit persönlich zu reifen hatte. Dann erst würde ich mein Examen und das volle Absolventengehalt bekommen. Mir war das egal. Hauptsache, ich konnte Lehrerin sein.

Nachdem ich in der Schule angefangen hatte, ging es dann ganz schnell, und vor dem Republikgeburtstag am 7. Oktober erschienen plötzlich, vier Monate früher als angedroht, die Leute vom Institut für Lehrerbildung und überreichten mir mein Abschlußzeugnis. Mir fiel ein Stein vom Herzen.

*

Kind, Arbeit und Haushalt waren jetzt die Aufgaben, die mich ganz beanspruchten. Alles unter einen Hut zu bringen, war für mich sehr schwierig, da mein Mann kaum zu Hause war. Am schwersten fiel mir das Kochen. Da versagte ich völlig. Ungeübt stand ich ängstlich vor dem Elektroherd und kämpfte gegen den brodelnden Inhalt der Töpfe, mit dem Ergebnis, daß mir kaum eine Mahlzeit gelang.

Zu Hause hatten wir mit Gas gekocht, ich allerdings nie, ich durfte da nicht ran. Eine Nachbarin führte mich schließlich in die Geheimnisse elektrischer Herdplatten ein.

Meine Oma konnte mir auch nicht helfen. Sie wurde schwer krank und mußte operiert werden. Zum Glück kannte sie den ältlichen Professor der Chirurgie, er war früher mal einer ihrer glühenden Verehrer gewesen und einer ihrer letzten Seitensprünge. Er verzierte sie mit einer dezenten Narbe, damit sie noch im Bikini gehen könne, wie sie es von ihm verlangt hatte.

Wenn wir sie im Krankenhaus besuchten, erzählte sie stets, wie die alten Weiber sich hier gehen lassen würden. Daß diese mitunter 20 Jahre jünger als sie waren, vergaß sie dabei völlig. Offiziell war sie bereits 80 Jahre alt, aber ihr blau gespültes graues Haar und ihre Frisur, die sie sich auch noch im Krankenhaus legen ließ, machten sie jünger. Vor allem aber ihre lustige Art und ihre spontanen Gesangseinlagen unanständiger Lieder belebten das Acht-Bett-Krankenzimmer. Meiner Mutter war es unangenehm, wenn eine Bettnachbarin sie auf Omas Frohsinn ansprach. Mich amüsierte es.

Die Realität meiner Fußballehe war nicht ganz so rosig, wie ich es mir in meiner Phantasie ausgemalt hatte. Es gab kein richtiges Familienleben, das, wonach ich mich so gesehnt hatte. Mein Mann war nur selten zu Hause und entzog sich somit Kinderweinen, Familienpflichten und meinen schlechten Kochkünsten. Wenn er kam, freute er sich, daß der Kleine wieder gewachsen sei und bald mit ihm Fußballspielen könne.

Ich verbrachte die meiste Zeit allein mit Tommy, beschäftigte mich mit ihm, bis das Sandmännchen im Gute-Nacht-Gruß seinen Sand verstreut hatte. Danach saß ich stundenlang über meinen Unterrichtsvorbereitungen, denn Lehrjahre sind keine Herrenjahre, wie mein Opa sagte.

Ich war aber auch ehrgeizig und wollte alles perfekt machen. Die Kinder in meiner Klasse lernten gut bei mir und fühlten sich wohl. An den Sonnabenden nahm ich meinen Kleinen mit in die Turnhalle zum Sportunterricht, weil da der Kindergarten geschlossen hatte und ich ihn nicht zu meiner Mutter bringen wollte. Das Rumtoben dort gefiel ihm.

Ausgerechnet am Geburtstag unseres Sohnes verletzte sich mein Mann im Training schwer am Knie. Er mußte sofort in die Spezialklinik für Leistungssportler. Diese Klinik gehörte zur Universität Halle und war etwa 300 km entfernt.

Für ihn brach eine Welt zusammen, und er gab dem Kleinen und unserer geplanten Geburtstagsfeier die Schuld an der Verletzung. Das war zwar sehr schwer nachzuvollziehen, aber er hatte sich darauf versteift.

Obwohl die Operation gut verlief, machten ihm die Ärzte wenig Hoffnung, jemals wieder Fußball spielen zu können.

Nach dieser Diagnose war er sehr verändert. Wenn wir ihn besuchten, sprach er kaum. Fußball war sein Leben, er hatte seit Jahren nichts anderes gemacht. Keiner konnte ihn trösten, weder ich noch seine große Familie. Er wollte niemanden mehr sehen. Er steigerte sich in seine Situation hinein.

Als er nach Wochen nach Hause kam und an Krücken laufen mußte, wurde er immer unausstehlicher. Er war nur noch wütend und aggressiv. Wer ihn auf Fußball und seine Verletzung ansprach, mußte damit rechnen, Schläge angedroht zu bekommen. Einen Fan, der ihn harmlos ansprach, schlug er tatsächlich zusammen. Wir wußten uns alle keinen Rat mehr, ich nicht, sein Trainer und seine Mitspieler, seine Familie auch nicht. Später schickten sie ihn in eine Reha-Klinik, doch leider kam er unverändert zurück. Seinen Zorn richtete er nun gegen mich und unseren Sohn, weil an seinem Geburtstag der Trainingsunfall passiert war.

Eines Tages, mein Sohn wollte morgens länger schlafen und dann mit Papa zum Kindergarten gehen, verließ ich allein das Haus. Als ich den Kleinen zusammen mit einer Kollegin, mit der ich mich angefreundet hatte, nach dem Unterricht von der Kinderkrippe abholen wollte, wurde ich zur Leiterin bestellt. Sie fragte, was bei uns zu Hause los sei. Ich verstand kein Wort. Da zeigten sie mir den Kleinen, der am ganzen Körper grün und blau geschlagen war, nur das Gesicht und die Beine waren verschont geblieben. Ich kreischte hysterisch auf. Dann versank ich, den Kleinen fest im Arm, in einen Heulkrampf. Ich konnte nicht nach Hause gehen, sondern ging mit zu meiner Kollegin. Am nächsten Tag mußte ich aber nach Hause, denn wir brauchten frische Wäsche.

Mein Mann saß friedlich vor dem Fernsehapparat, als wäre nichts geschehen. Ich fragte ihn leichtsinnigerweise, warum er den Jungen geschlagen habe. Er verniedlichte es. »Ein kleiner Klaps schadet Kindern nicht«, belehrte er mich.

»Kleiner Klaps? Du hast ihn grün und blau geschlagen! Deshalb werde ich jetzt auch wieder gehen. Ich werde dich nach dieser Geschichte verlassen«, sagte ich, und sah dann nur noch Sterne. Als ich wieder zu mir kam, hatte er mir einen Eisbeutel auf die Wange gelegt und heulte fürchterlich. Ich traute meinen Augen nicht, als ich in den Spiegel schaute. Obwohl ich schlimm aussah, ging ich zu meiner Kollegin zurück. Sie versprach mir, auf den Kleinen aufzupassen, während ihr Mann mich zur Unfallstation ins Krankenhaus fuhr.

Kiefer- und Jochbeinbruch war die Diagnose und mein Ex-Verlobter der diensthabende Aufnahmearzt.

Ich kam auf die Station, und er holte meine Mutter ans Krankenbett. »Da mußt du ihn aber sehr gereizt haben, wenn er so etwas macht«, war das erste, was sie sagte, noch bevor ich von Tommy erzählen konnte. Über diese Bemerkung erschrak sogar mein Ex-Verlobter.

Ich bekam den Kiefer verschnürt und sah wirklich »hübsch« aus. Meine Mutter holte unseren Sohn zu sich nach Hause und informierte den Trainer und die Eltern meines Mannes.

Als ich aus dem Krankenhaus entlassen wurde, befand sich mein Mann, mit dem ich am Anfang so glücklich gewesen war, in der Nervenklinik zur Psychotherapie.

Ich konnte und wollte nicht bei ihm bleiben und reichte die Scheidung ein, gegen den Willen meiner Mutter, die ihre Leute im Gericht überzeugte, den Antrag auf Ehescheidung aufzuschieben, bis mein Mann aus der Klinik entlassen werden würde. Das war ungewöhnlich für das Scheidungsrecht in unserem Land.

Eine Schulfreundin, die auch gerade geschieden war, besorgte mir einen Rechtsanwalt, und der erreichte schließlich die Scheidung. Mir blieb kaum etwas, denn mein Ehemann bekam alles zurück, was er vor der Ehe bereits besessen hatte. Sein von uns gemeinsam verbrauchtes Bargeld wurde mit dem Auto verrechnet. Unseren Sohn und die Wohnung bekam ich zugesprochen, und er wurde zu 150 Mark Alimente pro Monat verurteilt.

Nun war ich wieder ohne richtige Familie, zwar frei, aber allein, na, nicht ganz. Zumindest war mir mein kleiner Tommy geblieben.

Mein Sohn hatte seine blauen Flecken bald vergessen, und auch ich erholte mich langsam.

Die ehemalige Schulfreundin, die mir zur Scheidung verholfen hatte, wurde meine beste Freundin, weil sie auch allein mit Kind lebte, einer ganz süßen dunkelhaarigen Tochter, und eine Wohnung im gegenüberliegenden Block bezog. Gemeinsam organisierten wir unser Leben. Wir verbrachten viel Freizeit mit unseren Kindern, gingen aber auch tanzen und ins Theater oder wurden zu Partys eingeladen und lernten viele neue Leute kennen. Auch Männer, meine Freundin mit ihren langen feuerroten Haaren mehr als ich. Es war mir ein Rätsel, wie sie das machte. Ich war noch nicht so weit. Außerdem wollte ich auch nur die restlichen fünf von meiner Liste treffen.

Dann starb meine Oma. Die schwere Operation hatte ihr und Opa aber zumindest noch zwei schöne gemeinsame Jahre geschenkt. Sie waren bis zuletzt glücklich miteinander. So etwas wünschte ich mir auch: Gemeinsam in Liebe alt werden. Eine wundervolle Entschädigung für die schwere Jugend meiner Oma.

»Werden wir auch jemals einen Mann wie meinen Opa finden?« fragte ich meine Freundin. »Laß uns einfach zu einer Wahrsagerin gehen«, schlug sie vor.

»So etwas gibt es bei uns?«

»Was denkst du denn?«

Gesagt, getan. Wir fuhren in eine alte Villa am Stadtrand und bezahlten 10 Mark. Die alte Frau sah ganz normal aus, nicht so wie in den Filmen, mit Katze und Glaskugel. Sie betrachtete zuerst die Hände und danach legte sie bunte Karten.

Meine Freundin war zufrieden, ich nicht. Ihr hatte sie großen Reichtum, viele Ehemänner sowie Krankheit und Alleinsein im Alter vorausgesagt. Der Reichtum gefiel ihr, und mit der Krankheit im Alter würde sie schon fertig werden.

Mir prophezeite sie reichen Kindersegen, einige Männer und mehrere glückliche Umstände, aber das wahre Glück würde ich erst in der zweiten Lebenshälfte finden, verbunden mit einer weiten Reise. Ich würde viel lernen und arbeiten und wäre stets mit vielen Menschen zusammen. In den Karten sah sie eine mächtige Frau mit viel Einfluß an meiner Seite, die mir aber nicht wohlgesonnen sei. Mit dem Ausgang war sie dennoch zufrieden. »Sie werden ein glückliches Alter haben, junge Frau.«

Schöner Trost, wenn dir das jemand mit 24 Jahren sagt.

Als wir ihre Villa verließen, fuhr ein großes schwarzes Auto mit Westnummer vor, aus der ein Mann im dunkelblauen Anzug stieg. »Diese Leute zahlen mehr Geld als wir, viel mehr«, erklärte mir meine Freundin.

Zu Hause schrieb ich alles, was mir die Wahrsagerin gesagt hatte, in mein Tagebuch, ich wollte es schnell wieder vergessen. Bis zum Alter war es noch lange hin …

Zur Verabschiedungsfeier von Oma begleitete ich Opa auf unseren Friedhof. Im Krematorium war hinter eine Glasscheibe meine gute Oma, seine über alles geliebte Frau, aufgebahrt. Sie sah gar nicht tot aus, sondern lag schön frisiert in einem bunten Nachthemd, als ob sie schliefe, in ihrem Sarg. Traurig verabschiedeten wir uns für immer von ihr. Im Hintergrund spielte leise Musik. Keiner sprach ein Wort. Diese Form nannte sich stilles Gedenken. Die Beisetzung sollte später stattfinden.

Auf der anschließenden Feier sah ich zwei meiner blonden Tanten zum letzten Mal. Sie hatten mit meiner Mutter und ihrem Leben nichts im Sinn. »Wir leben in verschiedenen Welten«, sagten sie Opa beim Abschied.

Mit einem Schlag hatten mich drei liebenswerte Menschen verlassen. So fühlte ich mich denn auch.

Die andere Seite wurde für mich zunehmend unwichtiger. Weder hörte ich etwas, noch sah ich jemanden von dort. Nur Weihnachtskarten erinnerten mich später daran.

*

Das Leben mit meinem Sohn verlief gut. Ich hatte viel Freude an meiner Arbeit, die Schüler und die Lehrerkollegen gefielen mir, und ich besuchte meine Mutter kaum noch, da ich mit meiner Freundin ausgelastet war. Wir gestatteten uns auch das eine oder andere Abenteuer, ohne daß unsere Kinder etwas davon mitbekamen. Wir hatten sie daran gewöhnt, daß sie abwechselnd in einer der Wohnungen schliefen, je nachdem, wer von uns beiden eine sturmfreie Bude brauchte. So begegneten ihnen auch nie in der Nacht oder am Morgen fremde Männer in der Wohnung.

Ihre Väter kamen nie zu Besuch. Meiner war immer noch in der Klinik und der andere hatte neue Freundinnen. Da unsere Liebhaber nicht zu festen Freunden wurden, brauchten die Kinder auch zu niemandem Onkel sagen. Wenn meine Mutter meinen Sohn regelmäßig nach Onkeln ausfragte, wußte er nie, wovon sie sprach, und sie nicht, worüber sie mit mir schimpfen konnte.

Meiner Mutter fehlte aber offensichtlich etwas zum Abreagieren. Ihre Aggressionen richteten sich nun gegen ihren ehelichen Hausmann, der ihr nichts mehr recht machte. Ohne die Vorteile seiner beruflichen Position war er nicht mehr wichtig für sie. Außerdem kletterte sie selbst die Karriereleiter hinauf, wurde sogar in ein Ministerium berufen. Deshalb verbrachte sie mehrere Tage im Jahr in Berlin. Er kam mit seiner Einsamkeit und ihrer Beförderung nur schwer zurecht und war froh über jede kleine Reparatur oder Besorgung, die er für seine Mitbewohner im Haus erledigen konnte. Er entwickelte sich zu einem netten, rührend besorgten Hausmeister, war nützlich und wurde gebraucht.

Seine neue Rolle paßte ihr jedoch nicht. Als es ihr zuviel wurde, wie beliebt er bei den Mitbewohnern war, tauschte sie kurzerhand ihre große Drei-Raumwohnung gegen eine kleinere – in meinem Wohngebiet.

Anfangs fuhr er noch zur alten Nachbarschaft, aber das verlief sich dann im Sande, weil sie an seiner Hilfsbereitschaft immer etwas auszusetzen hatte. Nach und nach isolierte sie ihn völlig.

Bitter muß für ihn die Erkenntnis gewesen sein, daß nicht ich der Feind war, sondern, daß sie sich aufgrund ihres tyrannischen Wesens, ihrem Kontrollzwang und ihrer Linientreue voneinander entfremdet hatten. Seit ich aus dem Haus war, richtete sich das alles gegen sie selbst. Er war jedoch nicht stark genug, um dies auszuhalten, und so begann er Tabletten zu schlucken. Tagsüber Beruhigungs- und nachts Schlaftabletten. Nach kurzer Zeit war er tablettenabhängig. Er tat mir leid. Sie schimpfte nur noch mit ihm und fuhr eine neue Strategie. Da sie nur einen Block von mir entfernt wohnte, konnte sie sich wieder in meine Angelegenheiten mischen.

Es begann ganz harmlos. Unter dem Vorwand, mit ihrem Enkelkind zusammensein zu wollen, umfing sie den Kleinen wie eine Krake. Sie holte ihn vom Kindergarten ab, kochte ihm Lieblingsspeisen, obwohl er im Kindergarten genug zu essen bekam, überfütterte ihn mit Süßigkeiten. Damit aber nicht genug. In ihrer Wohnung kleidete sie ihn um, so wie sie es für richtig hielt. Als ich ihn dort eines Tages nach einer langen Lehrerversammlung abholen wollte, hatte sie ihm die schulterlangen Haare abschneiden lassen, weil es so praktischer wäre. Ich tobte und rannte zu meiner Freundin.

Sie erklärte allerdings mich für verrückt, weil ich ihn immer zu »meiner Alten« ließ.

Tommy verstand nicht genau, warum sie mit mir schimpfte, und rief plötzlich: »Iiihh, du alte Hexe!« Wir versteinerten. »Was hast du gesagt?« fragte ich ihn. »Omi hat gesagt, daß alle Frauen mit roten Haaren böse Hexen sind. Zu denen brauche ich nicht nett sein. Und ganz böse sind die mit langen roten Haaren, wie Tante Susi!«

Wir wußten nicht, was wir dazu sagen sollten. »War ich denn schon jemals böse zu dir oder habe ich dir je weh getan?« sprach sie weinend zu ihm. »Hast du mich denn gar nicht mehr lieb?«

»Doch, aber Omi hat gesagt …«, nun weinte auch er.

Sie nahm ihn in die Arme und redete ihm das Märchen von den bösen Hexen aus. Ich half ihr dabei.

Wer war hier eigentlich eine Hexe? Mehrmals versuchte ich,

mich gegen meine Mutter aufzulehnen. Es gelang mir einfach nicht. Sie war zu stark. Meinem Sohn gefiel es außerdem bei ihr. Deshalb hatte ich auch nicht den Mut, ihm den Umgang mit ihr zu verbieten. Sie nahm ihn mit in den Urlaub, aus dem er immer wie dressiert zurückkam. Ich brauchte Tage, um ihn wieder für mich zu gewinnen. Hinter meinem Rücken besuchte sie seinen Vater in der Klinik. Tommy bekam von ihr jeden Wunsch erfüllt. Alles Dinge, die er von mir nie bekam.

Mit ihrer selbstsüchtigen Liebe entfremdete sie mir mein Kind in kürzester Zeit und erzählte allen Leuten, daß er sich nur bei seiner Omi wohlfühlen würde. Tommy veränderte sein Wesen. Spielt er sonst, wenn ich abends in der Schule Versammlungen hatte, bei meiner Freundin, wollte er nun zu Oma. Er wollte auch nur noch dort, im großen Bett schlafen. Sie hatte nämlich ihren ausgedienten Amtmann in das kleine Zimmer ausquartiert. Mußte ich wie immer sonnabends in der Schule Sportunterricht geben, beklagte er sich, daß ich immer arbeiten und nicht soviel mit ihm spielen würde wie Omi. Er kam nicht mehr mit in die Turnhalle. So aufgehetzt, wie er war, konnte er gar nicht anders reagieren.

Immer wieder mußte ich mir von meiner Mutter anhören, wie er sich bei ihr erhole und wieviel er bei ihr essen würde, weil ihm das, was sie kocht, so gut schmeckt. Ich bekam Minderwertigkeitskomplexe und glaubte ihr, daß ich nicht in der Lage sei, das Kind richtig zu erziehen.

Meine Freundinnen und Kolleginnen widerlegten mir das und halfen mir, meine Selbstzweifel zu überwinden. Eines Sonnabends jedoch, als ich Tommy nach der Arbeit bei meiner Mutter abholen wollte und er sich bockig stellte und nicht mit mir ging, verließ ich einfach still weinend die Wohnung.

Eine halbe Stunde später kam ihr Mann zu mir. Er setzte sich neben mich und holte eine kleine Schachtel mit Beruhigungstabletten aus der Jackentasche. »Nimm, das hilft, glaub mir«, sagte er apathisch. Ich bedankte mich und nahm die

Schachtel. Nachdem er gegangen war, drehte ich sie lange in den Händen und überlegte, ob ich eine davon schlucken sollte.

Ich tat es nicht, sondern fuhr zu meinem Opa. Er sollte mir sagen, was meine Oma in einer solchen Situation gemacht hätte. Ganz einfach, lächelte er, holte Omas selbstgemachten Schnaps und gab mir ihr liebstes Likörgläschen. Dann tranken wir. Erst einen und dann noch einen, und noch einen. Am nächsten Morgen fand ich mich komplett angezogen und mit Omas Lieblingsdecke zugedeckt auf ihrem alten Wohnzimmersofa wieder.

Mein Schädel brummte und mir war grottenschlecht. Den selbstgemixten hochprozentigen Bergarbeiterfusel hatte mein ungeübter Magen nicht vertragen. Opa kochte mir zum Frühstück einen Kamillentee. Dann fuhren wir zu meiner Mutter. Er wollte mal wieder mit der Faust auf den Tisch hauen. Was er auch tat. Sie war ganz schön verblüfft, er aber selbst auch, als wir mit Tommy zu mir gingen. Opa verzichtete an diesem Sonntag auf seine Skatrunde und blieb bei uns. Ein wahrer Held. Oma wäre sehr stolz auf ihn gewesen.

Wie soll das bloß weitergehen, grübelte ich nachts und erinnerte mich nach langer Zeit mal wieder an meinen Schutzengel. Das half.

Anläßlich des »Tags des Lehrers« am 12. Juni 1972 erhielt unser Lehrerkollegium eine Auszeichnung, eine dreitägige Gruppenreise in die Hauptstadt Berlin. Es war aufregend. Die Frauen kleideten sich für diese Reise neu ein und ich ließ mir bei der berühmten Friseuse, zu der ich immer noch ging, eine schicke Frisur machen. Sie gab mir die Adresse ihres Bruders, kaufte noch schnell ein Geschenk für ihren Neffen, und bat mich, ihre Familie zu besuchen.

Das tat ich dann gleich am ersten Tag in Berlin. Sie wohnten in einem tollen Reihenhaus, gleich neben dem großen Vergnügungspark »Plänterwald«, in den unsere Gruppe ohne mich ging.

Die Familie war über meinen Besuch sehr erfreut, und ich traute meinen Augen nicht, wie schön das Haus eingerichtet war. Zum ersten Mal sah ich Antiquitäten, Biedermeier- und Barockmöbel und alte Gläser und Vasen. Ich war fasziniert. Sie luden mich für den nächsten Abend zu einem großen Gartenfest ein. Ich sollte ruhig ein paar »nette Sachsen« aus meiner Schule mitbringen. Sie hätten genügend Gästebetten, so daß wir nicht nachts durch die uns unbekannte Hauptstadt irren müßten.

Zusammen mit zwei anderen Lehrerinnen ging ich auf das Fest, und wir kamen uns vor wie Alice im Wunderland. Als »Provinzeier« waren wir von der riesigen Stadt Berlin und ihren Sehenswürdigkeiten ohnehin überwältigt, das Fest aber war der Höhepunkt. Wir lernten die berühmten Fußballstars vom ASK »Vorwärts« und deren schöne Frauen kennen. Einige, auch die Gastgeberin, waren früher Mannequins gewesen, die wir aus Illustrierten kannten, und entsprechend angezogen und geschminkt. Nach allem, was wir in Berlin bislang erlebt hatten, erschien es uns, als wären wir im Westen.

Um mich kümmerte sich der dunkelhaarige 1,89 Meter lange »kleine Bruder« der Gastgeberin. Er gefiel mir sehr gut, vor allem das Lippenbärtchen und die breiten Schultern. Beides erinnerte mich an meinen Opa. Wir tanzten den ganzen Abend zusammen, tranken viel Sekt und waren ausgelassen und fröhlich. Am Vormittag des nächsten Tages erwachte ich auf seiner starken, nackten Schulter in einem der Gästebetten. Aha, Nr. 6.

Eine meiner Kolleginnen, auch alleinstehend wie ich, hatte einem durchtrainierten Nachwuchstorwart beigebracht, wie die Liebe auf sächsisch funktioniert.

Am Vormittag versammelten sich die Gäste wieder zum großen Resteessen. Danach mußten wir schnell zurück, denn wir waren mit unseren Kollegen zur Stadtrundfahrt verabredet. Sie endete vor dem Kino »International«. Dort erwarteten uns bereits unsere neuesten Eroberungen. Zwei Stunden blieben uns bis zur Abfahrt des Reisebusses. Die verbrachten wir in der berühmten »Mokka-Milch-Eisbar«. Wir tauschten Adressen und gaben ihnen die Telefonnummer unserer Schule. Privat besaßen wir, wie die meisten damals, kein Telefon.

Wir litten unter Abschiedsschmerz, besonders ich, zu sehr hatte mir Berlin gefallen.

Am nächsten Wochenende wollten sie uns mit dem Auto in unserer Heimatstadt besuchen. Ich glaubte nicht daran. Sicher sagten sie das bloß aus Höflichkeit. Nur nicht zu sehr darauf freuen, riet mir meine innere Stimme.

Zu Hause angekommen, holte ich gleich meinen Sohn von der Oma ab, kuschelte mich mit ihm ins Bett und erzählte ihm von meiner wunderschönen Reise und davon, daß uns bald ein schickes orangefarbenes Auto mit schwarzem Dach und einem netten großen Mann besuchen würde. Voller Vorfreude, er auf das Auto und ich auf den Fahrer, schliefen wir ein.

Bereits am nächsten Freitag morgen erhielt ich ein Telegramm: -Ankommen heute-Hotel besorgen-Frank.

Hotel besorgen, das war wohl in Berlin möglich, in unserer Stadt jedoch nicht. Jedenfalls nicht für Ostgeld, gegen Devisen hätte ich schon eins bekommen.

Als ich mit meiner Kollegin auf dem Heimweg war, sahen wir das orangefarbene Auto. Ich bekam Herzklopfen. Sie hatten es wahrgemacht, und wir waren selig. Wir begrüßten uns stürmisch. Nach einem gemeinsamen Kaffee holten wir meinen Sohn vom Kindergarten ab. Er spielte im Garten, sah das Auto und rief zu seiner Kindergärtnerin, daß sein Freund aus Berlin da sei. Er begrüßte ihn kaum, sondern setzte sich gleich ans Lenkrad. Dort durfte er auch auf dem Schoß von Frank sitzen bleiben, und wir fuhren zu unserer Wohnung. Frank hatte für mich Pralinen, eine Flasche Wein und für meinen Sohn ein

Bilderbuch und eine Tafel Schokolade mitgebracht. Darüber freute ich mich besonders. Später fuhren wir noch zur Friseuse, um uns zu bedanken, daß sie mich zu ihrem Bruder geschickt hatte.

Das auffällige Auto mit der Berliner Nummer war eine Seltenheit auf unseren Straßen, es parkte genau vor unserem Haus. Nach dem Sandmännchen mußten wir klären, wo Frank übernachten sollte. Hotel hatten wir nicht, und bei meiner Freundin ging es auch nicht. Der Kleine wußte selbst die Lösung und wollte, daß der große Frank auf der Couch schlafen sollte. So einfach war das.

Gleich nach dem Aufwachen rannte Tommy ins Wohnzimmer, um zu sehen, ob Frank noch da war. Ich hatte mich vorher zurück ins Schlafzimmer geschlichen. Die beiden überlegten, was wir am Tag alles gemeinsam unternehmen könnten. Sie gingen mit nackten Oberkörpern ans Küchenfenster, um erst mal das Wetter zu erkunden.

Genau in diesem Moment überquerte meine Mutter die Straße, um einkaufen zu gehen. Sie sah die beiden am Fenster und schloß Sekunden später mit ihrem Schlüssel meine Tür auf, stürmte herein, schnappte den völlig erschrockenen Jungen, der sich an seinem neuen Freund festzuklammern versuchte, holte seine Anziehsachen, dann zerrte sie ihn zu mir ins Schlafzimmer, spuckte vor mir aus, beschimpfte mich und schrie, daß der Junge keine Minute länger in der Wohnung bleiben werde, das könne sie nicht verantworten, und schleifte den brüllenden Kleinen mit sich fort.

Ich lag zitternd im Bett, unfähig, auch nur ein Wort zu sagen. Vor Frank, der fassungslos im Türrahmen stand, schämte ich mich zu Tode. Was sollte er jetzt bloß von mir denken? Ich schluchzte.

Er beruhigte mich, kochte Kaffee und fragte, wie viele Leute noch einen Schlüssel zu meiner Wohnung hätten und was noch alles abgeholt werden könnte, nur weil er da sei.

Meine Freundin hatte meine wutschnaubende Mutter mit dem heulenden Jungen aus meiner Haustür stürmen sehen und klingelte. Frank öffnete, und er erzählte ihr, was gerade Filmreifes passiert sei, und daß er den Sachsen soviel Temperament gar nicht zugetraut hätte. Daraufhin bekam auch sie einen Tobsuchtsanfall, warum ich mir das bieten ließe. Sie beteuerte Frank, daß er der erste Mann sei, dem Tommy hier morgens begegnet wäre, und obwohl das unerheblich sei, weil ich erwachsen bin, und daß es ihr langsam reicht, wie sich meine Mutter in mein Leben einmischt und ich mich nicht wehre, aus Angst, gar keine Familie mehr zu haben.

Frank muß das begriffen haben, jedenfalls ging er zu seinem Kofferraum, holte ein Sicherheitsschloß, das er als Handwerker wohl von irgendeiner Baustelle noch hatte, wechselte mein Türschloß aus und wollte dann erst mal frühstücken. Er war sich mit Susi schnell einig, daß ich aus dem Umfeld meiner Mutter raus mußte, damit ich wirklich erwachsen werden könnte.

Nach dem Frühstück ließ er mich einen Koffer für mich und den Kleinen packen. Damit stiegen wir in sein Auto und fuhren zu meiner Mutter. Dort nahm ich wortlos meinen Sohn zu mir. Im Auto erklärten wir ihm dann, daß wir den Rest des Wochenendes in Berlin verbringen würden. Den Nachwuchstorwart hatten wir in der Eile vergessen. Er kam mit dem Zug nach.

Mir wurde langsam klar, daß dieser Mann vielleicht meine Chance war, mich von meiner tyrannischen Mutter zu lösen. Ich fühlte mich von ihm entführt, geraubt, gerettet, befreit, und nahm mir vor, ihm dafür ewig dankbar zu sein. An seiner Seite hatte ich erstmals Mut, sie zu verlassen.

In Berlin wohnte ich mit dem Kleinen wieder im Plänterwald bei Franks Schwester. Sie wollte die Geschichte mit meiner Mutter gar nicht glauben.

Für die darauffolgende Woche ließ ich mich krankschreiben und ging in Berlin auf Arbeitssuche. Über tausend Ecken, also

Beziehungen, bekam ich ab September eine Stelle angeboten. Zwar nicht als Lehrerin, sondern als Erzieherin im größten Kinderheim Berlins. Eine kleine abgeschlossene Dienstwohnung gab's dazu.

Zur großen Verblüffung meiner Freundinnen, Kollegen, meines Opas und natürlich meiner Mutter übersiedelte ich mit meinem Sohn Ende August 1972 nach Berlin.

An Berlin gewöhnte ich mich schneller, als ich erwartet hätte. Die riesige Stadt gefiel mir. Ich kam mir vor wie im Westen, obwohl es nicht wirklich die andere Seite war. Die kleine Dienstwohnung, die ich im Park des weiträumigen Heimgeländes bezog, bestand aus einem großen Zimmer mit Terrasse, einer Sanitärzelle und einem Korridor. Meine Wohnung in meiner Heimatstadt mußte ich als Hauptwohnsitz behalten, da man nicht einfach nach Berlin übersiedeln konnte, sondern eine Zuzugsgenehmigung brauchte. Diese wiederum gab es nur, wenn man in eines der Ministerien berufen wurde oder bei Eheschließung. Letzteres konnte ich nach der kurzen Zeit, die ich mit Frank zusammen war, jedoch nicht erwarten.

Der Kleine gewöhnte sich auch schnell an die neue Kindereinrichtung, wie es im sozialistischen Sprachgebrauch hieß, und er war bald der Liebling seiner Kindergärtnerinnen, der »Tanten«. Gelegentlich kamen kinderlose Ehepaare, die ein Heimkind adoptieren durften. Ihn suchten sie sich immer zuerst aus.

Die »Tanten« gingen mit den Kindern viel im Wald spazieren, der nah an der Grenze zu Westberlin lag. Eines Tages erklärte mir Tommy: »Die Tante hat uns heute eine große Mauer gezeigt, hinter der immer die Sonne scheint, weil dort Westen ist. Dazu haben wir dann auch gleich ein Bild gemalt. Dann hat aber die andere Tante gesagt, daß wir dort nie hingehen können, weil dort die bösen Menschen wohnen, die immer Krieg mit uns machen wollen.«

Wir lernten nach und nach unsere Hauptstadt kennen, Frank

fuhr mit uns zu allen wichtigen Orten. Wir unternahmen sehr viel zusammen.

Und ich lernte endlich noch etwas: Kochen! Franks Schwester war eine begnadete Köchin. Sie erklärte mir ihre Tricks, und ich durfte ihr bei der Zubereitung der Speisen helfen. Am liebsten probierte sie bulgarische Rezepte aus, die sie von ihren vielen Urlaubsreisen ans Schwarze Meer mitbrachte.

Meine Mutter war schlau genug, sich mit der Situation abzufinden. Sie schrieb nette Karten und kam, wenn sie in Berlin arbeitete, zu Besuch. Mein Sohn freute sich dann. Unsere Dienstwohnung gefiel ihr natürlich nicht, da wir nicht sehr komfortabel eingerichtet waren. Frank und seinen starken Willen akzeptierte sie jedoch. War er in der Nähe, gab sie sich freundlich und einsichtig, was den Jungen betraf. Ich fühlte mich langsam vor ihr sicher und gab ihr den Kleinen auch für Kurzbesuche mit nach Hause, weil ich sehr viel arbeitete.

Die Arbeit im Heimerziehungskombinat »A. S. Makarenko« war anstrengend. Schicht-, Wochenend- und Feiertagsdienst, rund um die Uhr. Das Heimgelände war riesig und die Kinder lebten auf acht kleinen Villen, in Gruppen bis zu 15 Kindern und in Zimmern mit vier bis fünf Betten. Für jede Gruppe waren zwei bis drei Erzieher zuständig. Es gab auch eine heiminterne Schule, in der die Kinder unterrichtet wurden.

Das Gelände war eingezäunt und die kleinen Bewohner durften es nur mit unserer Erlaubnis verlassen. Am Tor wechselten sich die großen Schüler mit Wachdienst ab. Es gab Besuchs- und Gästebücher, denn die Besucher mußten sich ausweisen und wurden kontrolliert.

Benannt war das Heim nach einem großen sowjetischen Pädagogen, mit dessen Werk ich mich bereits während des Studiums intensiv beschäftigen mußte. Er hatte sich erfolgreich vor allem der Resozialisierung verwahrloster Kinder und Jugendlicher gewidmet. Band V seiner Werke kannte ich, wie alle Lehrerstudenten, fast auswendig. Im Zimmer des Heimleiters hing einer seiner meistzitierten Sprüche: »Weil ich dich achte, fordere ich von dir!« Dieses Motto galt für die Kinder wie für die Erzieher gleichermaßen.

In diesem großen Kinderheim gab es Gruppen mit Säuglingen, Kindergarten- und schulpflichtigen Kindern. Die Kinder aus meiner Gruppe lebten seit 1961, als die Mauer gebaut wurde, dort. Viele waren in der Wohnung allein zurückgelassen, bei Verwandten abgegeben, zwei Mädchen sogar im Kinderwagen am Bahnhof Friedrichstraße abgestellt worden, weil ihre Mütter es noch schnell bis nach Westberlin schaffen wollten.

Die anderen stammten aus milieugeschädigten Familien und wurden deshalb von der Jugendhilfe gegen den Willen der Eltern eingeliefert. Für manche war das gut, weil sie sich so besser entwickeln konnten, für andere weniger, weil ein schlechtes Elternhaus mitunter besser ist als gar keines.

Die älteren Kinder gaben sich große Mühe, »artig zu sein und brav die Anweisungen zu befolgen«. Es gab nämlich eine Sache, vor der sie alle zu Recht Angst hatten: Das war die »Überstellung« in ein Spezialheim. So hießen die Heime für schwererziehbare Kinder im Behördendeutsch, unter den Eingeweihten der »Kinderknast«, wie zum Beispiel das Berliner Heim in Alt-Stralau.

Kam ein Kind nach einem Aufenthalt in solch einem Heim zu uns zurück, war es so verhaltensgestört, das es sich kaum in das Heimleben wieder eingliedern ließ. Es traute keinem Erwachsenen mehr. Viele meiner Kolleginnen haben sich dann erfolglos um sein Vertrauen bemüht. Es blieb zerstört.

Ich hatte nie ein entsprechendes Kind in der Gruppe, aber immer Angst davor, eins zugewiesen zu bekommen, weil ich es nur schwer verkraftet hätte, zu versagen.

Neu hinzugekommene Kinder stammten meist von Eltern, denen sie aus politischen Gründen weggenommen worden waren, eine gängige Praxis.

Das erfuhren wir aber nicht offiziell, sondern mir erzählte es eine bildschöne Kollegin, mit der ich in der Gruppe zusammenarbeitete, unter dem Siegel der Verschwiegenheit. Sie verbrachte öfters ihre Nächte im Zimmer des Kombinatsdirektors, zusammen mit ihm auf seiner Schlafcouch, oder heimlich, ohne ihn, in seinen Aktenschränken.

Die Mütter oder Väter dieser Kinder wurden bei der versuchten Republikflucht gefaßt, oder sie saßen wegen übler Hetze, republikschädigender Propaganda, Staatsverleumdung und Westspionage im Gefängnis, oder aber, weil sie an der falschen Stelle politische Witze erzählt hatten, denn zu jener Zeit befanden sich in jeder Kneipe, Reise- oder Sportgruppe Leute, die gern kleine Berichte für eine große Firma schrieben, was gut bezahlt wurde.

Gemein fand ich besonders den »Fall« eines Neugeborenen. Seine Mutter, eine 18-jährige Abiturientin, wollte zusammen mit ihrem Freund aus Angst vor den Eltern in den Westen fliehen, anstatt ihnen zu gestehen, daß sie schwanger ist. Ihr Baby wurde ihr in der Haftanstalt fünf Tage nach der Geburt weggenommen, sein Name wurde geändert, und es sollte jetzt, im Alter von vier Wochen, von Adoptiveltern abgeholt werden. Sie und der Vater des Kindes würden niemals erfahren, wo ihr Kind ist.

Als meine Kollegin mir das erzählte, konnten wir uns beide kaum beruhigen. Aber, was sollten wir tun? Wir durften es ja gar nicht wissen!

Für die Adoption gab es Sonderregelungen. Auch die persönlichen Karteien wurden nicht von den Gruppenleitern geführt. Sie waren streng geheim.

Die Erzieher wurden nie offiziell unterrichtet. Wir bemerkten es daran, daß einige, eben die »politischen« Heimkinder, immer schnell adoptiert wurden. Sie lebten nur für kurze Zeit im Heim, die Säuglinge mitunter nur für ein paar Wochen.

Die Adoptiveltern kamen aus der ganzen Republik, besaßen meistens ein Auto und sahen wohlhabend aus.

Das Wissen um die Hintergründe vieler Zwangseinweisungen und der staatlich sanktionierten Zwangsadoptionen brachte mich fester mit meiner Kollegin zusammen, sie wurde schließlich eine enge Freundin von mir.

Bald lud sie mich auch zu sich nach Hause ein. In ihrer Wohnung begegnete ich erstmals jungen Leuten aus Westberlin, die politisch diskutierten. Ich konnte nicht mitreden, für mich war das Neuland. Neu waren für mich auch ihre Kleidung, ihre Frisuren und die Musik, die sie hörten. Alternative Lebensweise nannten sie es. Ich konnte nicht viel damit anfangen, aber das nahm mir niemand übel.

Meine Mutter war froh, daß ich in ein strenges, diszipliniertes Arbeitsfeld ohne große persönliche Freiheit eingebunden war. So wußte sie mich wenigstens in den richtigen Händen.

Mir gefiel das Umfeld nicht so sehr. Aber ich konnte aufgrund dieses Arbeitsplatzes in der Stadt, in der meine Träume fast wahr wurden, leben, und verdiente der schwierigen Arbeitsbedingungen wegen sogar 330 Mark mehr im Monat als in der Schule zuvor.

Das Geld konnte ich gut gebrauchen, denn die neue Regierung unter Erich Honecker öffnete sich verbraucherfreundlich dem Westen, und wir konnten für viel Geld Jeans und andere Kleidungsstücke sowie Kosmetik aus Frankreich, Italien und England kaufen.

Außerdem war Frank, mit dem ich mich gut verstand, in meiner Nähe. Er war sehr lieb zu mir und meinem Sohn, und er hatte sich entschlossen, mich zu heiraten. Glücklich, nun endlich wieder eine eigene Familie zu bekommen, an der alle um einen Tisch sitzen würden, willigte ich ein.

*

›Wenn man zum zweiten Mal heiratet, ist das der Sieg der Hoffnung über die Erfahrung.‹ Diesen Satz hatte ich mir irgendwann aus einer Illustrierten ausgeschnitten.

Hoffnungsvoll begann die Eheschließung. Sie sollte am 29. 9. 1973 stattfinden. Das zuständige Standesamt war das von Berlin-Mitte, im Berolinahaus am Alexanderplatz. Mit unseren festlich geschmückten Autos, seinen Schwestern samt Familien und den kleinen, inzwischen 5-jährigen Pokalsiegern, die nun Cousins wurden, waren wir auf dem Weg zur Trauung.

Das Berolinahaus konnten wir allerdings nicht erreichen, weil die »Kampfgruppen der Arbeiterklasse« just an diesem Sonnabend planten, ihre Parade zum 25. Jahrestag ihres Bestehens abzuhalten. Der Alexanderplatz wurde weiträumig abgesperrt durch die Kämpfer in ihren armeeähnlichen Uniformen und deren Kriegsmaschinerie, mit der sie an der Tribüne in der Karl-Marx-Allee vorbeiziehen sollten. Damit wollten sie demonstrieren, daß seit ihrem großen Einsatz am 17. Juni 1954 und während des Mauerbaus noch immer auf sie Verlaß ist, wenn der Staat sie braucht.

Im Moment mußte der Staat aber warten, denn jetzt brauchten erst mal wir sie. Und sie bewiesen tatsächlich, daß die Bürger, sogar die, die heiraten wollen, sich auf die Genossen Kämpfer verlassen können. Nachdem mein heiratswilliger Frank sie bekniet hatte, uns nicht die große Stunde unseres Lebens verpassen zu lassen, begleitete uns eine Eskorte aus zwei Motorrädern durch das Heerlager der sich zum Troß formierenden Paradeteilnehmer und geleitete uns verkehrswidrig quer über den heiligen Alexanderplatz bis vor die Eingangstür des Rates des Stadtbezirks, in dem sich das Standesamt befand. Die Jungs, mein Sohn und sein zukünftiger Cousin, waren total begeistert über diese Aktion.

Geschützter konnten wir den Hafen der Ehe wirklich nicht anlaufen. Ich hielt es für ein gutes Omen. Auch die Tatsache, daß Frank keine Eltern, sondern nur seine Geschwister zur Trauung zugelassen hatte.

Tommy war ebenfalls sehr glücklich, weil Frank ihn auch gleich mitgeheiratet und ihm seinen Namen verliehen hatte.

Zur anschließenden Hochzeitsfeier erschienen von meiner Seite meine Eltern und die Kolleginnen aus dem Kinderheim. Keine Westtanten, noch nicht einmal Glückwunschkarten von ihnen. Aber Opa antwortete auch nie auf ihre Weihnachtskarten, seit Oma tot war. Ich hatte die andere Seite, von der ich früher immer geträumt hatte, inzwischen so gut wie vergessen, zumal Berlin genug andere Seite für mich war.

Vergessen hatte ich auch meinen toten Vater. An ihn wurde ich nur erinnert, wenn irgend jemand feststellte: »Aber mit Ihrer Mutter haben Sie ja gar keine Ähnlichkeit!«

Über solche Bemerkungen war sie immer froh, wenn sie in ihrer Gegenwart gemacht wurden. Sie fühlte sich dann bestätigt, während ich nach wie vor nicht wußte, wo ich eigentlich herkomme. Meinem Mann erzählte sie auch nicht mehr als das übliche, obwohl er ein paarmal nachfragte.

Zumindest wußte ich nun wieder, wo ich hingehörte. Ich war erneut verheiratet, mein Sohn hatte einen neuen Vater, der ihm sehr gefiel, und ich hatte endlich meine kleine Familie um einen eigenen Tisch, denn durch die Eheschließung hatte ich auch das Zuzugsrecht für Berlin erhalten und damit die Berechtigung, einen Wohnungsantrag zu stellen. Er wurde sofort genehmigt, weil mein Mann gerade für die Chefs dieser Behörde einen Auftrag ausführte, und so bekamen wir über das Kinderheimkombinat ganz schnell eine schöne Neubauwohnung im Stadtbezirk Lichtenberg zugewiesen, der noch zum Citybereich zählte.

Handwerk hat goldenen Boden. Das galt offenbar auch im Sozialismus. Mal sehen, wie die Ehe diesmal werden würde. Meine Mutter und ihr süchtiger Invalidenrentner wohnten zum Glück weit weg. Sie konnten mir nicht dazwischenfunken.

Es war ja auch alles anders als bei meiner ersten Heirat.

Mein erster Ehemann war autoritätsverliebt und ordnete sich gern unter, der zweite haßte Autoritäten und war von einem übergroßen Freiheits- und Unabhängigkeitsdrang beseelt. Wie und was ich war, wußte ich noch nicht so genau.

Seine Unabhängigkeit konnte mein Ehemann kurz vor der Hochzeit sogar beruflich durchsetzen. Er durfte den Handwerksbetrieb in dritter Generation übernehmen und zählte mit seinen 28 Jahren zu den jüngsten selbständigen (kapitalistischen) Handwerksmeistern Berlins.

Es gab nicht viele Betriebe im privatwirtschaftlichen Bereich, sie bildeten eher die Ausnahme. Nur für derart langjährige Traditionsbetriebe, wie das Geschäft seines Vaters, bestand eine geringe Chance, das Familienunternehmen weiterführen zu dürfen. Ihm wurde sie gewährt, und da er Fliesenleger gelernt hatte, paßte er sein Angebot den Möglichkeiten seiner Kunden an.

Nicht viel anfangen konnte ich mit seiner Vorstellung von Arbeitsteilung. Er war nur für den Betrieb verantwortlich, was ich richtig fand, ich aber für den gesamten Haushalt, und das neben meiner Schichtarbeit im Heim. Das war beim besten Willen nicht zu schaffen, zumal ich durch die neue gemeinsame Wohnung nun einen Anfahrtsweg zum Heim von über einer Stunde hatte. Für den Frühdienst bedeutete das, 5.30 Uhr mit dem Kind zusammen die Wohnung verlassen und bei Spätdienst erst nach 23 Uhr zu Hause sein.

Ich war abends wie erschlagen, und dem Jungen bekam dieser Lebensrhythmus auch nicht. Er war ständig krank. Mein Mann sah ein, daß dies alles nicht zu schaffen war, und bat mich, mit der Arbeit im Heim aufzuhören. Das war ungewöhnlich für DDR-Verhältnisse, weil so gut wie alle Frauen trotz kleiner und großer Kinder arbeiten gingen.

Es war allerdings sehr schwer, aus der Volksbildung auszusteigen, und nur ärztliche Atteste, die meinem Sohn Kindergartenunfähigkeit bescheinigten und uns eine schöne Summe

Geld für die Bestechung gekostet hatten, ermöglichten dies vorübergehend.

Nach kurzer Zeit wurde es mir jedoch langweilig zu Hause, und ich arbeitete stundenweise auf Honorarbasis für die Akademie der Pädagogischen Wissenschaften. Die Arbeit und das Zusammensein mit den Größen der DDR-Pädagogik bereiteten mir viel Freude. Eine Fügung des Schicksals wollte es, daß mein fieser hundertprozentiger Direktor für Studienangelegenheiten zur Verteidigung seiner Habilitationsarbeit in unser Institut kam. Auf meine Bitte hin durfte ich bei seiner Verteidigung dabei sein und sogar neben dem Professor sitzen.

Dem mir verhaßten Lehrerausbilder, der immer noch den gleichen »Präsent 20«-Anzug trug, traten dicke Schweißperlen auf die Stirn, als er mich dort sitzen sah. Er war sehr verunsichert. Ich genoß seinen erbärmlichen Eindruck und hatte meine Genugtuung für damals im Institut wegen dieser dämlichen Panoramakarte. Mein Racheschwur war erfolgreich eingelöst.

*

Bald wurde ich wegen eines Einnahmefehlers trotz Antibabypille schwanger. Mein Mann war aber noch nicht so weit, ein weiteres Kind haben zu wollen, vor allem nicht in dieser kleinen Neubauwohnung. So verlangte er, daß ich die Schwangerschaft unterbrechen lassen sollte. Ich war einverstanden, weil es unter der Pille nicht risikolos war, ein gesundes Kind zu bekommen. Ich begab mich in die Frauenklinik der Berliner Charité, denn seit einem halben Jahr war der Schwangerschaftsabbruch legal und kostenfrei.

Ich wurde gründlich untersucht und mußte Gründe für den Abbruch benennen. Aus Scham erzählte ich etwas von zu dritt in einem Zimmer der elterlichen Wohnung leben zu müssen und so weiter. Das prüfte keiner, und so wurde der Eingriff gemacht, den ich ohne Komplikationen überstand.

Zur Belohnung fuhren wir drei Monate später für vier Wochen auf Abenteuerurlaub. Mit unserem Auto, einem großen Wartburg »Tourist«, ging es 5000 km durch die Sowjetunion. Zuerst nach Polen, dann vor Lwow über die sowjetische Grenze, durch Kiew, Charkow, Rostow am Don, durch den Kaukasus nach Tiblissi, über Gori, die Geburtsstadt Stalins, bis tief hinunter nach Jerewan, an die türkische Grenze. Dann am Schwarzen Meer entlang und durch das Landesinnere wieder zurück nach Rostow am Don.

Man bekam die Reiseroute exakt vorgeschrieben und durfte nicht 1 km davon abweichen. Nicht nur, weil es da keine Straßen mehr gab, sondern auch, weil einen die Miliz sofort wieder auf den richtigen Weg brachte. Die Reise war sehr interessant. Es war das pure Abenteuer. Manchmal lebten wir von dem, was am Straßenrand wuchs, weil keine Zivilisation in der Nähe zu finden war.

Bis Georgien zogen sich unendliche Felder, selten traf man auf ein Städtchen. Interessant wurde es vor allem im Kaukasus, das war eine Welt für sich. Wir waren zuvor noch nie in einem Hochgebirge gewesen. Zum ersten Mal fuhren wir mit einem furchteinflößenden Sessellift auf 3100 Meter Höhe, auf einen der Nebengipfel des Elbrus, des höchsten Berges im Kaukasus. »Nicht nach oben auf die Befestigung schauen!« rief mein Mann, wohl um sich selbst zu trösten. »Lächeln, Mädchen, nicht weinen, lächeln und die schöne Natur genießen«, riefen mir die Leute aus den uns entgegenkommenden Gondeln auf russisch zu. Sie scheinen ihrer Technik zu trauen, dachte ich, zitternd vor Höhenangst.

Oben angekommen, war es einfach überwältigend. Aus einer solchen Höhe die Welt betrachten und diese Höhenluft einatmen. Wir gingen spazieren, es war menschenleer. Im Schnee zu liegen und sich dabei zu sonnen, war für uns auch neu.

»Das ist der richtige Platz, um einen Helden zu zeugen«,

sprach mein Mann, und tat es. Hinterher gab es Kirschen, die wir uns mitgenommen hatten.

Weiter ging es dann durch Georgien nach Armenien, nach Jerewan durch eine andere Welt, die nichts, aber auch gar nichts mit dem Bild der Sowjetunion zu tun hatte, das wir aus der Schule kannten. Die Natur erinnerte uns an Wildwestfilme. Und wie die Menschen hier lebten, kannte ich nur aus den Märchen aus 1001 Nacht.

Über riesige Serpentinenstraßen erreichten wir den Sevan-See, den einzigen Hochgebirgssüßwassersee, den es geben soll, wie die Einheimischen erklärten, die uns und unser Auto bestaunten. In Jerewan sahen wir sogar das Gelände des ›Senders Jerewan‹, den es tatsächlich gab. Ich hatte immer geglaubt, den haben sie nur der politischen Witze wegen erfunden.

In Jerewan besuchten wir dann meinen russischen Brieffreund, mit dem ich seit der Oberschulzeit in Kontakt stand. Mit ihm besichtigten wir berühmte Sehenswürdigkeiten, in die kaum ein Tourist eingelassen wurde. So auch die reichste Kirche der Welt, in der der Kirchenpatriarch dieser Region lebte. Sie wurde 305 erbaut. Dort steckten wir Kerzen in Erdschalen und zündeten sie an. Das sollte Glück bringen. Im Kloster nebenan forderten mich junge Priester auf, aus der warmen und heilsamen Fruchtbarkeitsquelle zu trinken, die gesunde Kinder zur Folge haben sollte. Frank war es recht, denn die Voraussetzung hatte er ja schon im Hochgebirge geschaffen. Davon war er fest überzeugt.

Dieses Armenien war, wie schon Georgien, ein Staat im Staate. Beide Sowjetrepubliken hatten mit dem Kommunismus nichts zu tun, der interessierte die Leute dort nicht. Sie lebten das Leben ihrer Väter. Für sie waren wir Exoten aus einer anderen Welt.

Schließlich fuhren wir noch ans Schwarze Meer, wo sich Frank eine Harpune kaufte und nach Herzenslust Fische schießen konnte, den Einheimischen gleich.

Dann begaben wir uns auf die Rückfahrt, und neun Tage später waren wir gesund und ohne eine Autopanne zu Hause angekommen.

Die Höhenluft, im Verbund mit dem Wasser der Fruchtbarkeitsquelle, hatten gewirkt, ich war schwanger. Wir waren uns einig, daß dieses Kind einen russischen Namen erhalten sollte, denn es war ein russisches Souvenir der Extraklasse. Wir beschlossen, das Mädchen Katja und den Jungen Sascha zu nennen.

Die kleine Neubauwohnung tauschten wir gegen eine geräumige 5-Zimmer-Altbauwohnung im Stadtbezirk Mitte, gegenüber einem Park. In dieser Wohnung hatte mein Mann seit seiner Geburt gelebt. Seine Mutter zog in eine kleine ruhige Wohnung um.

Nun hatten wir genug Platz, und das zweite Kind konnte kommen. Ich wollte noch immer sechs Kinder und hoffte auf Zwillinge, da Franks Eltern beide Zwillingsgeschwister waren.

In der Akademie hatten sie mir gerade eine Aspirantur angeboten, aber ich, mit meinem ewigen Wunsch nach einer großen Familie, gab diese Karriere auf und wollte ehrlichen Herzens nur noch Hausfrau und Mutter sein. So gut, wie mein Frank zu seinem angenommenen Sohn war, erschien er mir als der richtige Ehemann, mit dem man viele Kinder haben konnte.

Die Schwangerschaft drohte jedoch in der 8. Woche eine Fehlgeburt zu werden. Ich wollte dieses Baby aber unbedingt und mein Mann auch. Deshalb legte ich mich für vier Monate in die Frauenklinik der Charité. Diesmal kam ich auf die Kinderwunschstation, um das neue Baby nicht zu gefährden.

Auf der Station war es aufregend. Die Ärzte waren dazu übergegangen, Frauen, die zum Abbruch in das Krankenhaus gekommen waren, auf dieser Station unterzubringen. Tatsächlich gaben einige ihr Vorhaben auf, wenn sie sahen, wie sehnlichst sich andere Frauen ein Kind wünschten. Diese Kinderwunschpatientinnen und ihre Ehemänner waren dem totalen

Streß ausgesetzt, weil die Männer spontan zu allen Tages- oder Nachtzeiten in die Klinik bestellt wurden, um in dafür vorgesehenen Zimmern den »Akt der Empfängnis« durchzuführen, wie es die schulmedizinischen Beobachtungen und Untersuchungen vorschrieben.

Das verlief mitunter hochdramatisch, weil die Ehemänner zwar sofort sollten, es aber nicht immer sofort konnten.

Manches behält sich die Natur eben doch vor, allein zu entscheiden, und läßt sich darin auch von Gesellschaftsordnungen, die Kinder braucht, nicht beeinflussen.

Die vier Monate Liegen hielt ich tapfer durch. Mein Sohn, der sich auf das zu erwartende Geschwisterchen freute, war anfangs in meiner Heimatstadt bei meiner Mutter. Als sie aber beruflich in Berlin zu tun hatte, brachte sie ihn und ihren Ehemann mit nach Berlin in unsere Wohnung.

Etwas Verblüffendes war geschehen. Vor Freude, daß der ausrangierte Rentner wieder eine Aufgabe hatte, nämlich Tommy, der inzwischen zur Schule ging, schluckte er ab sofort keine einzige Tablette mehr.

Er betreute ihn nun auch in Berlin und war wie umgewandelt. Wir konnten ihm wirklich vertrauen, und ich brauchte mir im Krankenhaus keine Sorgen zu machen, was mir auch mein Mann versicherte. Mein Stiefvater erledigte unsere ganze Hausarbeit, kaufte ein, kochte und half dem Schulkind bei seinen Hausaufgaben. Er war äußerst fürsorglich und zurückhaltend. Ich konnte es kaum glauben. Wenn er so zu mir als Kind gewesen wäre, wäre ich sehr glücklich gewesen. Meine Mutter betrachtete die Situation mit gemischten Gefühlen. Ich konnte das an ihren Augen erkennen und mißtraute ihrem Blick. Was hatte sie vor?

Ich bekam plötzlich panische Angst, daß sie mir auch mein zweites Kind wegnehmen würde. Dieses Kind wollte ich allein mit seinem Vater großziehen, den ersten Sohn hatte ich schon viel zu oft mit ihnen geteilt. Deshalb schickte ich den nun netten Opa vorsichtshalber gleich nach meiner Entlassung aus der Klinik zu ihr nach Hause zurück.

Dort verfiel er leider sofort wieder seinem Medikamentenmißbrauch, wie meine Mutter schrieb. Woran das liegen könnte, dafür hatte sie keine Erklärung.

Die restliche Schwangerschaft verlief gut, ich wurde ständig überwacht und kam in die Obhut eines kleinen, netten Stationsarztes, der schon während der vier Monate für mich zuständig war. In ihn hatte ich mich auf eine ganz besondere, unerklärliche Weise verliebt. Mehr seelisch, falls es das gab.

Michael, mein zweites Wunschkind, kam am 23. März 1976 in normaler Zeit, ohne Komplikationen zur Welt. Mein Stationsarzt ließ es sich nicht nehmen, dem Baby, auf das wir uns so gefreut hatten und für das ich so lange im Bett gelegen hatte, außerhalb seiner Dienstzeit persönlich auf die Welt zu helfen. Er wollte sichergehen, daß bei seiner Lieblingspatientin, wie er mich bei allen Untersuchungen immer scherzhaft genannt hatte, auch wirklich alles glatt lief. Es lief glatt, und ich war ihm sehr dankbar, daß er dabei war. Er vermittelte auch, daß ich gleich nach der Geburt, noch aus dem Kreißsaal, meinen Mann anrufen konnte, um ihm die frohe Botschaft zu überbringen.

Der frischgebackene Vater feierte den ganzen Nachmittag in seinem Betrieb die Ankunft seines Stammhalters. Seinen vor Großvaterfreuden volltrunkenen Vater mußte er erst mit Hilfe seiner Angestellten nach Hause schaffen, bevor er mit Tommy zu mir und dem Baby in die Klinik kommen konnte. Er war völlig aus dem Häuschen, umarmte und küßte alle Säuglingsschwestern, die ihm auf der Station begegneten, und spendierte ihnen drei Flaschen Sekt. Das war gut so, denn daraufhin kümmerten sie sich besonders nett um mein Neugeborenes.

Erst einmal mußten wir aber noch einen Namen für das Baby festlegen. Katja kam nicht in Frage, weil es ein Junge war, und für den Jungennamen war mein Mann verantwortlich. Dem gefiel Sascha plötzlich nicht mehr, und er suchte nach einem anderen Namen.

Mischka, der Bär, fiel ihm, angeheitert wie er war, spontan ein. Beim Wiederholen des Namens schwelgte er in Erinnerung an die weiten Wälder des Kaukasus mit ihren schneebedeckten Bergkuppen.

Wie sollte ich diesen Namen später mal meinem Sohn erklären, ohne dabei feuerrot zu werden?

Am nächsten Morgen, als die Standesbeamtin zur Beurkundung kam, gab ich, etwas entschärft, Michael (wie der Bär), Peter (wie der Zar) und Benjamin (wie der jüngste Sohn aus der Bibel, von wem genau hatte ich vergessen) an.

Im Wöchnerinnenzimmer sorgte mein Namensgebungsrausch dafür, daß alle anderen Neugeborenen auch mindestens zwei Vornamen bekamen, was bei uns ungewöhnlich war.

Eine Zimmergenossin offenbarte mir später im Vertrauen, daß sie ihrem Sohn gleich noch den Namen ihres Geliebten, eines Parteifunktionärs, mitgegeben hatte, da sie sich nicht ganz sicher war, wer wirklich der Vater sei. »Der Vater ist immer ungewiß«, heißt es in einem lateinischen Spruch, beruhigte ich sie.

Meine Mutter reiste anläßlich der Entbindung an, ihren Mann ließ sie allerdings zu Hause, obwohl er am Tag von Michaels Geburt aufgehört hatte, Tabletten zu schlucken. Er hatte darauf gehofft, uns wieder helfen zu können.

Sie beglückwünschte überschwenglich den stolzen Vater und fragte ihn, ob er sich nicht lieber eine kleine Tochter, die nach ihm, oder nach sogar nach ihr geraten wäre, gewünscht hätte. Ich schäumte vor Wut.

»Ich bin mehr als zufrieden mit meinem Sohn, er kann auch ruhig nach seiner Mutter kommen«, schmetterte mein Mann sie ab. Ich war froh, daß er sich so zu mir bekannte. Er würde es nicht zulassen, daß sie ihn so umkrallte wie Tommy.

Er ließ auch nicht zu, daß sie sofort das Kommando übernahm, als ich mit dem Baby nach Hause kam. »Wir schaffen das schon allein. Das Baby zu machen haben wir ja auch allein geschafft«, sagte er zu ihr.

Sie beschränkte sich darauf, jeden Handgriff von mir zu kontrollieren und mich unentwegt zu belehren, besonders, wenn Besuch da war. Zur Begrüßung des neuen Erdenbürgers erschien viel Besuch. Meine Freundin aus dem Kinderheim, die meine Mutter noch nie leiden konnte, sagte in ihrem Beisein zu mir: »Hilfsbereitschaft ist die höchste Form der Kontrolle. Das habe ich neulich gelesen.« Aber ob meine Mutter diese Anspielung verstanden hat?

Eine Kundin von Frank hatte uns einen irren Kinderwagen, lindgrün mit großen orangefarbenen Blumen und sichtfreien Panoramafenstern, aus Westberlin besorgt. So einen Wagen hatte niemand in unserer Gegend. Stolz schob ich ihn durch die Straßen und Parks.

Eines Tages erreichte uns ein Brief vom Ehemann meiner Mutter aus einem Krankenhaus. Er schrieb nur: »Bitte, bitte holt mich hier raus!« Mehr nicht, außer der Anschrift von seiner Station.

Sofort fuhren wir mit den beiden Kindern in meine Heimatstadt. Als wir an seinem Krankenbett angekommen waren, schnürte es uns das Herz zusammen. Er hockte auf dem Bett, sah aus wie das pure Elend und war völlig in sich zusammengesunken. Meine Mutter hatte ihn gezwungen, freiwillig zur Entziehungskur zu gehen, sonst würde sie sich von ihm scheiden lassen. Er versprach uns, in Berlin ganz brav zu sein, wenn wir ihn nur hier rausholen und mitnehmen würden.

Nach einem kurzen Gespräch mit dem Stationsarzt packten wir ihn dann zu uns ins Auto und fuhren zu meiner Mutter. Er hatte Angst vor ihr und blieb im Wagen. Ohne eine Miene zu verziehen, gab sie uns seine Sachen, zweifelte dabei an unserem Verstand, und beschrieb uns genau, was uns mit ihm erwarten würde. Ich versorgte noch schnell das Baby, und dann fuhren wir die 280 km zurück nach Berlin.

Im Auto versprach er uns, keine Tablette anzurühren. Zu Hause brachten wir den Opa im Gästezimmer unter, und dort weinte er lange Zeit herzzerreißend.

Er tat mir schrecklich leid, und ich war wieder einmal meinem Mann sehr dankbar, daß er mich aus dem Umfeld meiner Mutter gerettet hatte.

Es lief alles gut mit ihm. Er half, wo er nur konnte, machte aus unserem alten Gerümpelkeller einen Lagerraum und hackte das herumliegende Holz zu Kleinholz, so daß wir für die nächsten zehn Jahre versorgt waren. Ich brauchte mich nicht mehr um den Einkauf zu kümmern und konnte mich ganz den Kindern widmen. Nach drei Monaten bekam er eine sechswöchige Genesungskur, die er auch antrat. Danach ging er zurück zu sich nach Hause und freute sich immer darauf, uns für ein, zwei Wochen zu besuchen.

Wir waren eine glückliche Familie, mein Mann liebte seine beiden Söhne abgöttisch. Er las den Kindern jeden Wunsch von den Augen ab und war immer für sie ansprechbar. Wir waren unzertrennlich.

Wenn Frank von der Arbeit nach Hause kam, spielte er geduldig mit den Kindern. Tommy war ein guter Schüler und spielte am liebsten mit Autos, der kleine Michael hörte gern Musik und sang immer laut mit.

Michael brauchte auch kaum etwas zu essen, nur geistige Nahrung und noch weniger Schlaf. Fast jede Nacht stieg er gegen 2 Uhr, bepackt mit Bilderbüchern, zu seinem Vater ins Bett und wollte vorgelesen bekommen. Wenn mein Mann etwas nicht korrekt vorlas, bemerkte es der Kleine sofort. Unermüdlich hielt er seinen Vater auf Trab und der begehrte auch nicht auf. Beide Jungs waren richtige »Papakinder«. Er wurde sogar mit ihnen krank. Sobald einer der Jungs ein Wehwehchen hatte, dauerte es nicht lange, und alle drei lagen zusammen im

Bett. Unsere Kinderärztin lachte immer, wenn sie zu Hausbesuchen kam.

Ich war überaus glücklich, diesmal einen besseren Vater für Tommy und seinen kleinen Bruder gefunden zu haben. Auch war er ein besserer Ehemann. Meine Mutter hielt er auf Distanz, was uns, besonders mir, gut tat. Ich fühlte mich in meiner kleinen Familie rundherum geborgen.

Mit meinen Kindern konnte ich meine eigene Kindheit nachholen. Ich machte mit ihnen all die schönen Dinge, über die ich mich als Kind sehr gefreut hätte.

Unserer Familie fehlte es auch materiell an nichts, denn Handwerk hatte immer noch goldenen Boden, der allerdings verbunden war mit harter Arbeit. Da die kleinen privatwirtschaftlichen Betriebe in den staatlichen Betrieben eine riesige Konkurrenz hatten, mußten sie viel besser sein als diese.

Es galten die orientalischen Prinzipien: Freude gegen Freude und Hand wird nur von Hand gewaschen. Diese Freude kostete die Kunden auch etwas mehr, aber da es sich lohnte, zahlten sie es gern. Außerdem war es weit schwieriger, gute volkseigene Handwerker zu finden als private. Diese Lücke füllten die Privaten, und sie arbeiteten fleißig für die bedürftigen Staatsbürger.

Das bedeutete auch, daß die Arbeiter im Handwerksbetrieb viel mehr arbeiten mußten als ihre volkseigenen Kollegen. Für meinen Mann gab es selten einen Tag, an dem er nicht 12 und mehr Stunden arbeitete. An größere Urlaubsreisen war in den Anfangsjahren nicht zu denken. Aber zum Glück besaß Franks Vater einen eigenen, 60 Morgen großen See in der Nähe von Eberswalde, und so hatten wir auch unsere Wochenendidylle.

Diesen See hatte der pfiffige Opa gleich nach dem Krieg, als die Enteignung der Bauern anstand, am Kneipentisch beim Würfeln gewonnen. Der Bauer war damals froh, weniger Besitz durch Enteignung zu verlieren, und Opa, daß er einen eigenen See auf Lebenszeit pachten konnte, in dem die Bauern weiterhin baden und angeln konnten.

Den Nachbarsee hingegen hatte das Zentralkomitee der SED für seine angestellten Kraftfahrer zu deren Wochendvergnügen bestimmt. Der See wurde mitsamt den umliegenden Wiesen eingezäunt und für die ehemaligen Besitzer und die anderen Dorfbewohner gesperrt. Dort fühlte sich dann leider auch keiner verpflichtet, die Natur zu achten.

Anders bei unserem Opa. Der See und seine Ufer blieben in ihrer Ursprünglichkeit erhalten, und Opa hütete ihn gewissenhaft. Er hatte sich eine kleine Hütte ohne Strom und Gas mit einem kleinen Bootssteg für seinen Angelkahn gebaut. Das Wasser holte er sich aus dem See. Er ließ sich zu keinerlei neuer Technik oder zu Anbauten überreden. Sein See war so etwas wie das letzte Paradies.

Opa, ein riesiger Mann mit kräftiger Stimme, duldete keine Verschmutzungen oder am Ufer parkende Autos. Er war bei den Leuten bekannt als der gefürchtetste und unnachgiebigste Naturschützer der Gegend.

An diesem See hatte mein Mann seine glücklichsten Kindheitstage verlebt. Seinen Söhnen sollte es ähnlich ergehen.

Papa und Opa angelten stundenlang mit den Kindern, oder sie fuhren gemeinsam im Boot hinaus, wenn ihr Vater tauchte und mit seiner großen Angel, wie er seine Harpune vorsichtshalber getauft hatte, räuberische Hechte und manchmal auch uralte, moosbewachsene Karpfen aus der Tiefe heraufholte, nachdem er sie unter Wasser geschossen hatte. So, wie er es am Schwarzen Meer von unseren russischen Brüdern gelernt hatte.

Eines Tages kam sogar plötzlich die Maräne, ein Fisch, der nur in reinem Wasser gedeihen kann, in den See zurück, und Opa schaffte es, daß sein See zum Naturschutzgebiet erklärt wurde.

Die Jungs lernten, wie man Fische ausnimmt, wie man ein

Lagerfeuer baut, wie man Fischernetze spannt und auslegt. Und die Oma zeigte ihnen, wie man den Fisch zubereitet. Und sie brachte ihnen mit ihrer Kittelschürze, in der sie die Kinder hielt, am Steg das Schwimmen bei. Diese Wochenenden konnte sicher keine Urlaubsreise aufwiegen, und wir vermißten nichts, im Gegenteil.

*

›Verachtet mir die Meister nicht.‹ Diesen Spruch beherzigte zunehmend auch die Regierung. Es war nicht verborgen geblieben, daß sich unter den Handwerkern eine nicht zu unterschätzende Geldaristokratie herausgebildet hatte, denn die Handwerker verdienten mit das meiste Geld im Land.

Das kann für einen sozialistischen Staat von Schaden sein, wußte das Politbüro. Diese Lehre hatte es aus dem Putsch von 1973 in Chile gezogen. An diesem waren die mittelständischen Betriebe mit als auslösende Kraft beteiligt, weil sie nicht gebührend in das System der Regierung Allende integriert worden waren. Sie standen hinter den Putschisten und unterstützten diese finanziell. Den Fehler wollten die Macher um Honecker nicht begehen, und so wurden plötzlich die vorher eher abseits stehenden Handwerksmeister der kleinen und mittelständischen Betriebe öffentlich zur Kenntnis genommen.

Auch die Parteien blieben nicht untätig. Besonders die Blockpartei LDPD fühlte sich den Handwerkern und Gewerbetreibenden gegenüber verantwortlich, und sie kreierten den neuen Typus »Vorzeigehandwerker«.

Einer davon wurde eher unfreiwillig mein Mann. Seine gute Arbeit hatte sich herumgesprochen, und so stieg er zum Vorzeigehandwerker Berlins und sogar zum Stadtverordneten auf. Es kamen immer mehr Prominente, die sich ihre Badezimmer von ihm gestalten ließen.

Für viele Menschen in unserem Land waren die eigenen vier

Wände die beste Geldanlage. Sie investierten in ihre Wohnungen, Bungalows und Häuser, in ihr privates Rückzugsgebiet.

Parallel zu seinem gesellschaftlichen und finanziellen Erfolg entwickelte sich leider auch sein Erfolg bei Frauen. Ein Kostverächter war er zwar noch nie, aber nun begegneten ihm zum Seitensprung bereite Frauen, ohne daß er nach ihnen suchen mußte.

Herumgesprochen hatten sich nicht nur seine handwerklichen Fähigkeiten, und so bezahlten manche Kundinnen auch gern mal in Naturalien. Duschen, die er einbaute, probierte er mitunter gleich selbst mit den Hausherrinnen aus.

Gelegentlich erfuhr ich von den Affären und war immer stolz, wenn ich über eine gesiegt hatte. Das Ende des Kurzvergnügens bekam ich meistens mit, sie riefen dann mit ängstlicher Stimme abends zu Hause an, wollten ihn eines angeblichen Auftrags wegen sprechen. Er aber machte Zeichen, daß er nicht da sei, und ich wußte, daß er diese Dame nun satt hatte.

Manchmal gab er mir sogar die Namen der Frauen, für die er nicht zu sprechen war. Und wenn ich dann doch mal eifersüchtig wurde, beruhigte er mich mit einem schönen Geschenk und der Bemerkung: »Diese Frauen haben mit dir nichts zu tun, ich brauche nun mal mein Abenteuer, und wenn es in der DDR Bordelle gäbe, würdest du nichts davon merken. Du bist die Mutter meiner Söhne, das ist etwas ganz anderes.«

Ich glaubte ihm, weil ich ihm glauben wollte. Ich wollte diese neue Seite an ihm nicht sehen. Sie paßte nicht in mein Bild.

In seiner Werkstatt hing noch von seinem Vater ein gerahmter Spruch an der Wand: »Ohne Arbeit früh und spät, wird dir nichts geraten. Der Neider sieht dein Blumenbeet, aber nicht den Spaten!«

Na gut, es gibt eben verschiedene Arten von Spaten, tröstete ich mich, und andere Männer gingen statt dessen in die Kneipe.

Ganz ungefährlich war es allerdings nicht für ihn. Beim

Sprung in das Bett einer Fernsehansagerin brach er sich sogar mal eine Rippe.

Seine Abenteuer tangierten auch unser Familienleben kaum. Er blieb, trotz seiner vielen Affären, ein aufmerksamer Ehemann und ein fürsorglicher Vater. Beides wollte ich um keinen Preis verlieren.

Ich dachte an meine Oma und überlegte, wie sie es formulieren würde, damit es nicht weh tat.

Tatsächlich fand ich eine entschuldbare Erklärung für sein Verhalten. Er und seine Nebenfrauen nutzten halt einfach die einzige persönliche Freiheit, die es für DDR-Bürgerinnen und Bürger gab.

In der DDR gab es nun einmal offiziell keine Bordelle, und die sexuelle Freiheit war die einzige, die alle Staatsbürger in Anspruch nehmen konnten. Wirklich alle, denn bis vor kurzem durften die SED-Genossen das nicht. Sie bekamen für einen Seitensprung, der nicht geheim blieb, ein Parteiverfahren angehängt, bei dem sie sich entscheiden mußten. Im wahrsten Sinne des Wortes mußten sich manche tatsächlich scheiden lassen, auch wenn sie es vielleicht gar nicht vorhatten. Wahrscheinlich wegen zu vieler Seitensprünge der Genossinnen und Genossen wurde das Verfahren gegen sie aufgrund des ungeheuren Arbeitsaufwands zu Gunsten wichtigerer Parteiarbeit schließlich eingestellt.

Auch den Mitgliedern der SED war endlich ein straffreies Verhältnis mit irgendeinem Mann oder einer Frau, einer Sekretärin mit ihrem Chef, einem Arzt mit seiner Nachtschwester, einer Lehrerin mit ihrem gewählten Elternaktivvorsitzenden, einem vielgefragten Außendienstmonteur mit seiner Kundin, einem Nachbarn mit seiner Nachbarin, oder einem dienstreisenden Westler mit einer Kellnerin, möglich. Klappte es nicht mit dem einen oder der einen, dann eben mit einer oder einem anderen. So einfach war das.

Das Auskosten der sexuellen Freiheit wurde sogar staatlich

unterstützt. Was den Amerikanern mit ihrem Woodstock-Festival vergönnt gewesen war, hatten wir jährlich mit den Pfingsttreffen der Jugend und den Jugendfestivals oder den Weltfestspielen der Jugend und Studenten, wie zuletzt 1972.

Aber anders als in Woodstock ging es hygienischer zu, es gab überall bewachte Versorgungszelte mit Sanitäranlagen und täglich neue Verpflegungsbeutel. Auch bequemer, denn rund um den Alex und den Fernsehturm wurde eigens für die Jugend frischer Rollrasen für die Dauer der Festspiele ausgelegt. Das größte Wunder vollbrachte bei den Festen der Wettergott Petrus, denn es regnete, wie auch am 1. Mai, so gut wie nie. Noch ein Unterschied zu Woodstock.

Außerdem diente jedes dieser Festivals der Erhaltung des Weltfriedens und der allgemeinen Völkerverständigung. Das war ein guter Zweck. Und der Zweck heiligt bekanntlich die Mittel.

Genau wie in meiner Ehe. Warum sollte ich also wegen der paar Frauen nebenbei meine mir heilige Familie aufgeben, zumal Frank das auch gar nicht beabsichtigte. Unsere Kinder bekamen davon nichts mit und die Welt war in Ordnung.

*

Eines Tages besuchte uns eine Verwandte von Frank, deren Mann verstorben war. Ihnen gehörte im Berliner Randgebiet ein schönes, großes Waldgrundstück mit einem kleinen Holzhaus, das sie nun allein mit ihren kleinen Kindern nicht länger halten konnte. Wir sollten es ihr abkaufen.

Was wir auch taten, nachdem wir es gesehen hatten. Es war idyllisch gelegen, und Frank hatte sofort riesige Lust, es für uns umzubauen. Mir gefiel es dort ebenfalls, und so begann eine neue Etappe in unserem Leben, der Ausbau einer eigenen »Sommerresidenz«.

Frank sprühte vor Ideen und wollte sie alle sofort in die Tat umsetzen. So kam es, daß an diesem Haus ständig gebaut wurde und wir nie zur Ruhe oder zum beschaulichen Wohnen kamen. Kaum war eine Ecke fertig, wurde die andere verschönert. Tommy half, so gut er konnte, und lernte auf diese Weise mauern und vor allem Gräben ausschachten. Er war sehr fleißig. Bevor er nicht seine Maulwurfmeter, wie er sie nannte, geschafft hatte, ging er nicht mit seinen Freunden zum Spielen.

Ich mußte ständig höllisch auf Michael aufpassen, konnte ihn auf dem Grundstück nie aus den Augen lassen, denn die Gefahren lauerten überall, und er war sehr lebendig und flink wie ein Wiesel.

Trotz Dauerbaustelle wurde es dann abends doch gemütlich, und Frank war glücklich, sich durch diesen Hausbau und die unkonventionelle Inneneinrichtung selbst verwirklichen zu können.

Nach und nach entwickelte sich das Haus zu einem wirklich schönen individuellen Wochenendhaus. Es war auch etwas westlich angehaucht, weil er viele Materialien verwendete, die von seinen Promi-Baustellen übriggeblieben waren.

Ich lebte auf der richtigen Seite, denn wir kamen durch Frank in den Genuß vieler Annehmlichkeiten, die unserem Umfeld verwehrt blieben. Er erhielt Eintrittskarten für jedes Kulturereignis Berlins. Jeder Theater- oder Opernpremiere wohnten wir bei und auch auf den großen Bällen gehörten wir zu den geladenen Gästen. Uns fehlte es an nichts. Auch meiner Leidenschaft, Schuhe, Handtaschen und tolle Klamotten zu kaufen, konnte ich frönen. Frank half mir gern bei der Kleiderwahl, denn er liebte es, eine schicke Frau an seiner Seite zu haben.

Schick allein reichte mir dann aber doch nicht, und obwohl ich eigentlich mit den Jungs voll ausgelastet war, wollte ich wieder etwas für meine kleinen grauen Zellen tun. So nahm ich das Angebot an, die Handwerker und Gewerbetreibenden, die sich der LDPD angeschlossen hatten, in Rhetorik und im

Umgang mit Behörden zu schulen. Ich hielt Seminare, und manche Themen, zu denen ich referieren sollte, waren auch politisch angehaucht. Dabei ging es vorwiegend darum, wie sich die Selbständigen gut und nützlich in die Gesellschaft, die sich nun realsozialistisch nannte, einbringen konnten. Also wie ihnen der Spagat zwischen den Wirtschaftsformen gelang.

Es machte mir viel Freude, wieder zu lehren, denn die Arbeit in der Schule fehlte mir langsam doch.

Nach ihrem Mann, der nur noch selten zu uns kommen durfte und dem es deshalb aus eigener Kraft nicht mehr gelang, seinen Tablettenmißbrauch zu stoppen, wurde nun auch meine Mutter mit einer guten Rente in Ruhestand versetzt.

Damit verbunden war für sie jetzt die Möglichkeit, in den Westen zu reisen, als Auszeichnung für ihre lange gründliche Arbeit. Sie entsann sich plötzlich der blonden, schönen Westtanten und stellte über Opa den Kontakt zu ihnen wieder her. Den Einfluß des Westens fand sie mit einemmal gar nicht mehr bedrohlich, sondern reizvoll. Darüber war ich doch sehr verblüfft.

Als sie von ihrer ersten Reise aus Bayern zurückkehrte und ihren Mann mit Schlaftabletten vollgepumpt vorfand, ließ sie ihn ins Krankenhaus schaffen und reichte kurzerhand die Scheidung ein, damit er auf Staatskosten in einem Pflegeheim untergebracht werden konnte. Wäre sie verheiratet geblieben, wäre dies nicht möglich gewesen. Die Ärzte kurierten ihn mühsam. Noch vor seiner Genesung hatte sie die Scheidung durchgezogen und für ihn einen Heimpflegeplatz in einem weit entfernten Neubaugebiet der Stadt erlangt. Dorthin wurde er entlassen, als seine Auszeichnung für viele Ehejahre mit ihr. Sie war nun frei zu reisen, genoß sozusagen individuelle Reisefreiheit.

Mein Mann erhielt am 7. Oktober 1979 auf einer Festveranstaltung anläßlich des 30. Jahrestages der Gründung der DDR eine Auszeichnung der Nationalen Front für seine besonderen Verdienste im Rahmen der Aktion »Schöner unsere Städte und Gemeinden, mach' mit!«

Diese hohe Ehre, die ihm unerwartet zuteil wurde, veranlaßte ihn, in der gleichen Nacht einen schönen neuen Helden zu zeugen. Die Nachwelt hatte verdient, daß er sich vervielfältigte, getreu seinem Auszeichnungsmotto. Das sah ich ein und war froh, als ich dann auch tatsächlich wieder schwanger war.

Ich begab mich erneut in die Obhut des Frauenarztes, der mich schon bei Michael betreut hatte.

Bei unserem Wiedersehen freuten wir uns beide. Ich mochte ihn immer noch und er war, obwohl inzwischen zum Oberarzt befördert, herrlich schüchtern geblieben.

Als eine Ironie des Schicksals erhielt dann auch ich für meine gute Schulungsarbeit eine Auszeichnung der Nationalen Front, eine bunte Keramikmedaille »Für hohe patriotische Leistungen!« verliehen.

Unsere Kinder nahmen die Nachricht, ein Geschwisterchen zu bekommen, unterschiedlich auf. Tommy, der inzwischen 11 Jahre alt war, heulte, er wollte keine schreienden Babys mehr um sich haben. Michael, fast 4 Jahre alt, freute sich sehr, »weil dann Mutti auch ein kleines Kind hätte und er seinen Papa für sich alleine behalten könne«.

Ich verlebte eine glückliche Schwangerschaft, hielt mich viel in unserem Waldgrundstück an der frischen Luft auf. Mir ging es während dieser neun Monate prächtig, und mein Doktor war auch zufrieden.

Wir bauten an unserem Waldhaus einen Kamin an, und nachdem ich mitgeholfen hatte, Ziegel zu tragen, fuhren wir wieder nach Berlin zurück. Im Auto wurde ich schon unruhig, wir brachten die Kinder schnell in die Wohnung, dort fiel mir eine Vase runter, an deren Splittern ich mich verletzte. Dann fuhr Frank mich im Eiltempo mit Wehen und blutendem Finger in die Frauenklinik. An der Pforte telefonierten wir schnell mit meinem Arzt, damit er mir wieder bei der Entbindung beistand.

Nebenbei mußte meine Fingerwunde versorgt werden, ich wußte nicht, was mir mehr Schmerzen bereitete, die Wehen oder der Finger, der ohne Narkose geklammert wurde.

Unser dritter Sohn wurde am 2.6.1980 um 22:55 Uhr geboren. Ihn auf die Welt zu holen, gestaltete sich etwas schwierig, denn er war so stürmisch und wollte gleich mit seiner Nabelschnur in der Hand auf die Welt preschen. Er hielt sie fest umschlossen, und mein erfahrener Geburtshelfer hatte große Mühe, die Nabelschnur behutsam aus seiner kleinen Faust zu lösen.

Doch alles ging gut, und die anwesenden Studenten klatschten Beifall, nachdem er diese nicht eingeplante Demonstration einer für das Kind schwierigen Geburtssituation gemeistert hatte. Ich war sehr erschöpft und konnte ihn nur müde anlächeln. Als er mich ansah, verbot er mir, in den nächsten zwei Tagen in den Spiegel zu schauen.

Ich überbrachte meinem Mann vom Kreißsaaltelefon aus die gute Nachricht, nun drei Söhne zu haben. Dann mußte ich noch für zwei Stunden im Kreißsaal verbleiben, denn mir ging es ziemlich schlecht, und ich wurde an einen Tropf gehängt.

Der Oberarzt blieb bei mir und trank genüßlich eine Riesenflasche Coca Cola, die wir extra für ihn aus Westberlin hatten mitbringen lassen.

Am nächsten Morgen betrachtete ich mein Baby, das ganz braun war und pechschwarze Haare hatte, und ich dachte, daß ich wohl damals auch so ausgesehen haben mußte.

Seinem Vater zu Ehren nannte ich meinen Neugeborenen kurz und bündig Frank jr. Darüber freute sich mein Mann sehr.

Irgendwann kam ich doch in die Nähe eines Spiegels und erschrak fürchterlich. Ich sah aus wie ein Stück Streuselkuchen. Mein Gesicht und meine Augen waren übersät mit geplatzten Äderchen.

Meine Mutter kam zur Hilfe und Unterstützung nach Berlin. Sie konnte doch ihren Vorzeige-Schwiegersohn mit der vielen Arbeit nicht allein lassen. Außerdem wollte sie den neuen Erdenbürger begrüßen und begutachten.

Als sie den Neugeborenen zum ersten Mal sah, rief sie aus: »Der sieht ja aus wie ein Ausländerkind!« Dabei warf sie mir einen prüfenden Blick zu.

Ich drückte das kleine Mullwindelbündel mit seinem dunklen Gesichtchen fest an mich und flüsterte ihm trotzig ins Ohr: »Du siehst eben aus wie ich.«

Alle feierten meinen Mann, da er drei Söhne zustande gebracht hatte, und er genoß es.

Ich verbrachte den Sommer mit den Kindern zusammen in unserem Waldhaus und war voll beschäftigt. Das Baby konnte den ganzen Tag im Freien stehen und frische Waldluft einatmen. Der Papa kam abends, manchmal aber auch nicht.

Der geschiedene Mann meiner Mutter, der sich in seinem Pflegeheim merklich erholt hatte und in den normalen Seniorenbereich übersiedeln durfte, kam auch zu uns. Er half mir beim Heizen und Einkaufen.

Seit der Scheidung und der Unterbringung auf der Pflegestation war er in ein normales Leben zurückgekehrt, und er wußte, daß er das seiner neuen Umgebung zu verdanken hatte. Stolz berichtete er uns, wie viele Aufgaben er dort zu erfüllen hatte und wie beschäftigt er nun wieder war.

Später brachten wir ihn zurück. Wir waren beruhigt, wie gut er untergebracht war. Meiner Mutter verschwiegen wir sowohl seinen Besuch als auch die Tatsache, daß wir sein Heim kannten. Sie wollte nicht, daß wir Kontakt zu ihm hatten. Er gehörte nicht mehr zu ihrem Leben, folglich auch nicht mehr zu unserem.

Ihrem Ex-Mann allerdings schenkte das Leben noch zwei glückliche Jahre.

Meiner Mutter erzählten wir dann, daß wir gekommen seien, um meinem Opa, dem Uropa meiner Söhne, das neue Baby vorzuführen.

Opa fiel das Leben ohne seine Frau sehr schwer, und er war sichtlich in sich zusammengefallen. Er verließ nur noch sonntags das Haus, um bei meiner Mutter zu essen. Sie besuchte ihn mehrmals in der Woche und betreute ihn.

Als ich mich diesmal von ihm verabschiedete, hielt er mich lange fest. Und dann weinte er vor Freude, uns alle noch einmal gesehen zu haben. Drei Wochen später starb er ganz friedlich an Herzversagen. Oma hatte ihn bestimmt schon sehnsüchtig erwartet, und nun waren sie wieder vereint.

Meine Mutter, nunmehr dreifache Großmutter, nutzte die Gunst der Stunde. Nach Opas Tod hatte sie in ihrer Heimatstadt keine Verpflichtungen mehr. Sie tauschte ihre Wohnung gegen eine in Berlin. Da sie nach Lichtenberg in ein Wohnhaus des MfS ziehen wollte, mußte sie ewige Überprüfungen und Behördengänge auf sich nehmen, weil sie nicht dem MfS angehört hatte und somit nicht versorgungsberechtigt war. Ich hoffte, daß sie dies abschrecken würde. Aber nein, es klappte.

Ich fühlte mich bei dem Gedanken, sie wieder so dicht an meiner Familie zu haben, nicht wohl. Und richtig: Tommy, der Große, der durch das Baby und den äußerst wißbegierigen und wilden Michael nie richtig seine Ruhe zum Fernsehen und Spielen fand, wanderte an den Wochenenden zu ihr ab. Den vierjährigen Michael durfte er aber nicht mitbringen, der war ihr zu anstrengend.

Kam sie zu uns, bemängelte sie meine Ordnung in den Zimmern, meine Wäscheberge, die ich ihrer Meinung nach zu lange stapelte, oder den Staub, der auf den Möbeln lag. Meinem Mann bereitete sie öfters ein tolles Essen zu, aber die Töpfe und das Geschirr mußte ich abwaschen, und zwar sofort nach dem Essen. Für diese niederen Arbeiten war sie nicht geschaffen.

Wieder mischte sie sich, allerdings nur in Franks Abwesenheit, in meine Erziehung ein und empörte sich, daß ich den

Kindern zu viele Freiheiten lassen und sie zu teuer einkleiden würde. Kaufte ich mir etwas Neues zum Anziehen, war es ihrer Meinung nach nur Verschwendung, wie ich mit Franks Geld umging. Zumal er mir doch von sich aus so viele teure Dinge schenken würde.

Michael kritisierte sie, weil er ihr nie ein Küßchen gab, was sie natürlich auf meine Beeinflussung zurückführte. Als wir ihn später nach dem Grund fragten, sagte er, daß sie so böse Augen hätte. Anderen Frauen, die ihn so anschauten, gäbe er noch nicht mal die Hand. Jetzt wußten wir auch, warum er sich bei manchen Leuten hinter seinem Vater versteckte.

Eines Tages geriet ich endlich so in Wut, als sie wieder nur meckerte, daß ich sie anbrüllte und aus der Wohnung wies. Für kurze Zeit hatte ich Ruhe. Dann schlich sie sich jedoch wieder durch die Hintertür in mein Leben und traf mich am richtigen Nerv, meiner Vorliebe für schöne Kleidung und italienische Schuhe.

Sie kam von einer Reise von der anderen Seite zurück. Diesmal hatte sie edle gebrauchte Kleidungsstücke dabei, von denen sie mir welche verkaufen wollte. Mir gefielen einige Sachen, und so war ich froh, etwas derartiges bekommen zu können, und ihr dankbar, daß sie an mich gedacht hatte.

Mit den Kindern und dem großen Haushalt war ich voll ausgelastet. Gemeinsam hatten wir aber auch viel Freude an unseren Söhnen. Frank konnte sich vor Aufträgen nicht retten und war neuerdings auch an den Abenden oft unterwegs. Donnerstags kam er sogar immer erst nachts nach Hause. Wie Mackie Messer aus der »Dreigroschenoper«, dachte ich.

Er wurde zusehends nervöser, und irgendwann stellte ich ihn zur Rede, denn das jetzige Abenteuer schien tiefer zu gehen und ihm viel Zeit abzuverlangen. Wie erlöst gab er alles zu, und statt Wut bekam ich Mitleid mit ihm.

Er hatte sich etwas zu weit aus dem Fenster gelehnt und ein

Verhältnis mit einer höheren Tochter angefangen. Da sie alles haben konnte, wollte sie nun auch ihn. Er hatte keine andere Wahl und mußte sich entscheiden. Nachdem er mir glaubhaft versichert hatte, seine Kinder nie zu verlassen und sich immer um sie zu kümmern, willigte ich in die Scheidung ein. Kurz vor dem 2. Geburtstag unseres Jüngsten wurden wir blitzartig geschieden.

Kaum einer bekam es mit und die, denen wir es erzählten, wollten es nicht glauben. »Du hast zu hoch gepokert«, war ihr Kommentar zu Frank. Den Kindern erzählten wir es nicht. Ihre heile Welt sollte nicht so plötzlich auseinanderbrechen. Es reichte, was mit meiner geschehen war.

Trotz Scheidung kam er täglich nach der Arbeit nach Hause und ging erst, wenn er die Kleinen nach dem Sandmännchen ins Bett gebracht hatte.

Er unterstützte mich auch finanziell, aber ich wollte lieber wieder arbeiten, um abgelenkt zu sein. Tommys Schuldirektorin stellte mir in Aussicht, zu Beginn des neuen Schuljahres an der Schule arbeiten zu können. Ich war ihr sehr dankbar. Die Zeit bis dahin brauchte ich aber auch zur Vorbereitung auf mein neues Leben.

Ich fühlte mich wie amputiert. Wieder so verdammt allein auf der Welt.

Ich fand mich zuerst überhaupt nicht zurecht, nur die Freude an meinen Kindern hielt mich aufrecht. Ich konnte mich mit diesem schnellen Ende und der Unmöglichkeit, meine Ehe retten zu können, nicht abfinden. Ihm gelang es auch nicht so ganz, und er kam weiterhin täglich.

Ich konnte mit niemandem reden, selbst in dieser schlimmen Situation nicht mit meiner Mutter. Im Gegenteil, sie beschimpfte mich auch noch, wie ich diesen guten Mann verlassen konnte. Sie hatte nichts begriffen.

Im Herbst folgte die Umstellung für die Kinder. Michael kam in die erste Klasse, und Frank jr., den wir Frankie nannten, zu einer Nachbarin. Ihm gefiel es da, und ich konnte in Ruhe arbeiten, fand mich schnell in den Lehrstoff ein und packte es, nach außen zumindest.

Da wollte ich niemals wieder eine Geschiedene sein, und war es nun doch. Meinen Söhnen erklärte ich, daß sie jetzt, wo Mutti wieder arbeitet, die »Drei Musketiere« seien, die immer zusammenhalten müßten, weil man nur gemeinsam stark ist. Daß ich diese Stärke von ihnen brauchte, verschwieg ich. Ich kaufte ihnen drei kleine Plastikschwerter und schrieb für sie ein Märchen.

Langsam schickte ich mich in die Gegebenheiten und beruhigte mich. In meinen Kindern konnte ich Frank weiterlieben. Sie waren die allerschönste Erinnerung an unsere Ehe.

Ich schrieb mir den Spruch, der im Korridor meiner Mutter hing, in den Kalender:

Glückliche Stunden, nicht weinen,
daß sie vergangen, sondern lächeln,
daß sie gewesen!

›Alleinstehende, kinderreiche Lehrerin‹ war mein neuer sozialer Status. Kinderreiche hatten bei uns zwar viele Vorteile, aber ich war nicht kinderreich genug, um sie auszukosten, vielleicht aber auch zu stolz.

So unglaublich das klingen mag, die beiden kleinen Jungs merkten von der Scheidung nichts. Der Große wußte es, aber da mein Mann viel zu Hause war, fehlte auch ihm nichts. Außerdem gingen er und Michael öfters mit zu der Freundin meines Mannes und spielten dort mit deren Sohn.

Meine neuen Lehrerkollegen bildeten eine lustige und feierwütige Truppe. Es gab einen harten Kern, der stets neue Anlässe zum Feiern fand. Sie nahmen mich immer mit, und so war ich selten allein. Nach kurzer Zeit wurde an meinem schulfreien Tag meine Wohnung zum Treffpunkt. Dann kochten wir abwechselnd oder nähten, was gerade in Mode war, oder hörten einfach nur Musik. In der Vorweihnachtszeit backten wir Plätzchen und trafen uns an den Adventsonntagen zum gemeinsamen Singen. Sie versuchten auch, mich mit irgendeinem Mann zu verkuppeln, damit ich meinem geschiedenen nicht länger nachtrauerte.

Auch gemeinsame Freunde schleppten öfter mal einen Kandidaten für mich an. Alle Versuche scheiterten jedoch, denn an einen Mann traute ich mich nicht mehr heran. Mir reichte es.

Außerdem würde mich sicher mit den drei Kindern auch keiner mehr nehmen. So einen Mutigen müßte ich lange suchen. Die Vaterrolle könnte ohnehin niemand einnehmen, so wie die Jungs an ihrem Vater hingen. Das redete ich mir jedenfalls ein.

Ich erinnerte mich aber auch an eine der vielen Lebensweisheiten meiner Oma, die besagte, daß man Frauen ansehen könne, ob sie befriedigt sind. Lieber sollten sich Ehefrauen einen Liebhaber zulegen, damit es ihnen gut geht, als leidend auszusehen. Alle, die sich das Zusammensein mit einem Mann im Bett versagen würden, würden sich auch andere Dinge versagen, und für lebenslustige Menschen, wie sie einer ist, wäre es schwierig, mit ihnen auszukommen.

Einer unserer Freunde, ein gern medizinische Metaphern verbreitender Gynäkologe, hatte auf einem Fest einmal das gleiche nur schärfer formuliert. »Verschont mich bloß mit vaginal vergrämten Frauen, die sind ein Alptraum!« Damals hat mich diese Äußerung tierisch aufgeregt, aber nun schlich sie sich warnend in meinen Hinterkopf.

Ich grübelte, ob es einen Kompromiß gab zwischen allein mit Kindern lebend und dennoch nichts Negatives auszustrahlen.

Das Ergebnis war: Es mußte ein Mann nur für mich sein, der mein Seelenleben und meinen Hormonhaushalt in Balance halten konnte, jemand, der ausschließlich zu meinem Wohlbefinden beitrug. Mehr nicht.

Also, logische Folgerung, suche dir einen verheirateten Liebhaber, der auch nichts anderes als Spaß haben will. In so einer Beziehung würde ich außerdem mal die andere Seite des Fremdgehens kennenlernen. Die Rolle der hintergangenen Ehefrau hatte ich lange genug durchlebt.

Ich sah mich sorgfältig nach einem geeigneten Kandidaten um, erinnerte mich an die eine oder andere Begegnung mit Männern und erinnerte mich auch an den richtigen, mit dem es klappen könnte. Und es klappte. Mit ihm war alles wunderschön, neu und vor allen Dingen geheim. Weder seine noch meine Familie bekamen etwas mit.

Später, viel später, wenn seine und meine Kinder aus dem Haus sein würden, wollten wir unser Verhältnis legitimieren. Wenn wir Rentner wären und reisen dürften, wollte er mit mir meine Traumstadt Venedig besuchen. Die Ewigkeit dieses Verhältnisses war vorprogrammiert.

Nur, so einfach war das Leben als Geliebte, wenn auch auf Dauer, nicht. Immer, wenn ich ihn wirklich gebraucht hätte, war er mit seiner Familie beschäftigt. Ich mußte mich seinem Zeitplan unterordnen, und spontane Begegnungen waren darin nicht vorgesehen. Irgendwann pegelte es sich aber ein.

Mitte des darauffolgenden Jahres, fast zum Jahrestag unserer Scheidung, machte die Freundin meines geschiedenen Mannes einen für sich selbst entscheidenden Fehler. Sie verlangte von ihm, den Kontakt zu seinem jüngsten Sohn einschlafen zu lassen, damit dieser sich erst gar nicht so sehr an ihn gewöhnte wie die beiden älteren. Mein Ex-Mann brachte das aber nicht über sein Herz, und so erschien er eines Morgens mit Sack und Pack wieder bei uns in der Wohnung. Er ging zum Kinderbettchen, in dem sein Jüngster stand und vor Freude kreischte, und versprach ihm, daß er seinen Papa ganz bestimmt behalten würde.

Am gleichen Tag beendete er die Beziehung, wegen der wir uns hatten scheiden lassen müssen. Das Familienleben ging weiter, als wäre nichts gewesen. Alles lief fast normal, wäre da nicht seine ungetrübte Abenteuerlust gewesen.

Ich behielt deshalb auch vorsichtshalber meine Arbeit in der Schule und meinen Liebhaber. Wer weiß, ob ich beides so schnell wieder gefunden hätte, wenn ich es erneut brauchen würde. Ich traute seiner Rückkehr als Vater schon, aber der Verwandlung zum treuen Ehemann eher weniger.

Die Entwicklung unserer Kinder war eine einzige Freude, aber ich kümmerte mich auch viel um sie und förderte ihre Talente.

Obwohl sich die drei sehr ähnlich sahen, waren sie total unterschiedlich. Frankie, der Kleinste, tanzte zu jedem Lied, das er im Radio hörte. Er war sehr fröhlich, ständig in Bewegung und hatte 3000 Volt Energie. Tommy, der älteste, war eher ruhig, er konnte stundenlang mit Matchboxautos spielen. Er war sehr sportlich und spielte leidenschaftlich gern Fußball, deshalb meldeten wir ihn auch in einem Sportverein an. Um seine beiden jüngeren Brüder kümmerte er sich zuverlässig, obwohl sie ihn mitunter ganz schön nervten. Aber wir konnten sie abends manchmal auch allein lassen und etwas unternehmen.

Tommy lernte gut, war bei seinen Lehrern beliebt und erhielt zahlreiche Auszeichnungen.

Michael, vom Temperament her eine Mischung aus den beiden anderen, wurde ebenfalls ein sehr guter Schüler, er unterschied sich aber in seinem Hobby von seinem großen Bruder. Mit Sport und Fußballspielen hatte er nichts im Sinn, er spielte lieber Theater. Wenn er in der Schule Gedichte aufsagte, waren alle Kinder ganz still, ebenso, wenn er vorsang. Der Musiklehrer nahm ihn in seinen Kinderchor auf und ließ ihn Soli singen. Zusammen mit seinem Opa, einem Berliner Original, studierte er zum Geburtstag den Song vom »Zickenschulze aus Bernau« ein, ein uraltes ellenlanges Lied im Berliner Jargon.

Anfang der 3. Klasse konnten Schüler, wenn sie sehr gute

Zensuren hatten, auf Spezialschulen für Musik, Naturwissenschaften oder auf Russischschulen wechseln. Sie dienten der Talent- und Begabtenförderung, und ein Platz auf einer solchen Schule war heiß begehrt.

Michael hatte nur Einsen und durfte deshalb sogar die »Spezialschule für Fremdsprachen« besuchen. Dort lernte er Französisch, ab der 5. Klasse sollte noch Englisch dazu kommen. Es war die einzige Schule dieser Art, eine Eliteschule. Hier sollte unter anderem der diplomatische Nachwuchs herangezogen werden. Die Kinder lernten gleich in Sprachkabinetten und bei Muttersprachlern. Michael bekam eine sehr aufgeschlossene Französischlehrerin, die mit den Kindern französische Kinderlieder einstudierte und Theater spielte, denn die musische Bildung war dieser Schule neben der fachlichen gleichermaßen wichtig. Das gefiel unserem Sohn und uns auch.

Er blieb aber auch im Knabenchor seiner alten Schule und sang am Heiligabend im Vorabendprogramm des Fernsehens. Es war zu ergreifend für uns, als er ganz allein vor einem festlich geschmückten Tannenbaum ein Weihnachtslied auf französisch sang. Ich konnte ihn vor Tränen der Rührung kaum erkennen, mein Mann war ebenso ergriffen, und wir waren froh, wieder als Familie zusammen zu sein.

Nach diesem Auftritt besorgte ihm mein Mann ein kleines Keyboard aus Westberlin, und der Musiklehrer unterrichtete ihn darauf.

Auf den Elternversammlungen gestalteten die Kinder stets Kulturprogramme, und so sang er nicht nur, sondern spielte auch gleich dazu.

Kurze Zeit später wurde er durch die Vermittlung Bekannter in das in seiner Art einzigartige Kinderrevueensemble, das des Berliner »Friedrichstadtpalastes«, aufgenommen. Dort erhielt er eine kostenlose Ausbildung in Schauspiel, modernem Tanz und Gesang, er spielte in den Weihnachtsrevuen für Kinder, die eine schöne Tradition waren, von Anfang an Hauptrollen, in denen er singen und tanzen konnte. In dem Saal saßen bei jeder Vorstellung bis zu 2000 Besucher, und er meisterte das, genau wie die anderen Kinder, souverän.

Bei jeder Premiere fragten wir uns, woher er bloß das Talent hatte, mein Mann und ich konnten weder das eine noch das andere. Meine Mutter, die stets neben uns saß, hatte dafür auch keine Erklärung.

*

Es vergingen drei Jahre, und das Familienleben blieb intakt. Die Arbeit als Lehrerin machte mir nach wie vor Spaß, mein Liebhaber in Abständen auch; währenddessen entwickelte sich der Sozialismus immer weiter und nannte sich nun real existierend.

Die Reisebedingungen für Leute mit Westverwandtschaft wurden gelockert, und jeder in unserem Bekannten- oder Freundeskreis, dem es gelang, irgendeinen Verwandten auszugraben, der einen runden Geburtstag zu feiern hatte, konnte für ein paar Tage in den Westen, auf die andere Seite reisen.

Viele, die aus Karrieregründen angegeben hatten, keine Westverwandtschaft zu besitzen, bereuten dies nun.

Wir selbst fanden beim besten Willen leider auch keinen einzigen Verwandten im Westen. Meine schönen blonden Westtanten, zu denen meine Mutter immer noch regelmäßig fuhr, fielen zur Freude meiner Mutter unter keinen richtigen Verwandtschaftsgrad, und ob man schummeln konnte, wußten wir nicht. Mutter jedenfalls riet mir davon ab, und ich hörte immer noch auf sie.

In unseren Zeitungen wurde viel über den sterbenden Kapitalismus berichtet, aber alle Freunde und Bekannte, die vom Westbesuch zurückkamen, meinten, daß es ein sehr schöner Tod sei, den der Kapitalismus dort erleide.

Manche kamen von ihren Besuchsreisen aber auch nicht

mehr zurück und überließen ihre Wohnungen den Entrümpelungskolonnen der Staatssicherheit.

Eine Freundin, die anläßlich des 80. Geburtstages eines Onkels reisen durfte, hatte mir ihren Schlüssel zum Blumengießen dagelassen. Sie rief mich vor Ablauf ihrer Besuchserlaubnis aus Köln an. Ich könnte mir aus ihrer Wohnung alles mitnehmen, was ich wollte, bevor sie geräumt werden würde. Diese Information hat mich aber so verängstigt, daß ich mich, feige wie ich war, nicht mal mehr zu den Blumen traute, damit ich auch ja nicht bei der Beihilfe zur Republikflucht erwischt wurde. Man hörte ja so einiges …

Dabei hätte ich mir wirklich gern das eine oder andere abgeholt. Jedenfalls schielte auch ich nun wieder zunehmend zur anderen Seite.

»Forum handelt es sich?« war eine beliebte Witzfrage, wenn jemand vom Einkauf flüssiger und überflüssiger Konsumartikel westlicher Produktion schwärmte.

Forumschecks waren in dieser Zeit die überaus begehrte Zweitwährung der DDR. Es waren kleine Papierscheinchen, die gegen harte Devisen wie Westgeld, eingetauscht werden konnten. Wer sie besaß, dem standen die zahlreichen Intershops und Luxushotels offen.

Mein Mann wurde von seinen Kunden manchmal in Westgeld bezahlt, und so konnten wir dort auch vieles kaufen. Die Intershops waren für mich die kleine Reisefreiheit der Westverwandtschaftslosen.

Da sie sehr kundenfreundliche Öffnungszeiten hatten, abends bis 22 Uhr und an Sonnabenden, Sonn- und Feiertagen geöffnet, konnte der Umsatz enorm in die Höhe schnellen. Manche Familien veranstalteten an den Wochenenden eine Reise durch die Intershops als Ausgleich zu ihrem Festsitzenmüssen im Osten.

Die Intershops hatten auch einen sozialen Aspekt, ›man‹ traf sich dort. Die einen waren nicht froh, dort beim Einkauf gesehen zu werden, andere hielten ihre erstandenen Waren wie Trophäen für alle sichtbar bis auf die Straße, glücklich, ein Stück von der anderen Seite zu besitzen. So war ich auch.

Apropos sozial. Viele Rentner, die in den Westen fahren konnten, erlebten in diesen Jahren eine Aufwertung ihres sozialen Status. Sie besorgten für ihre Hausnachbarn, Kinder, Kindeskinder und andere Bekannte heiß begehrte Konsumartikel und waren so gern gesehene Zeitgenossen, die über die günstigsten Preise und Läden der anderen Seite Bescheid wußten und billig und gut einkauften. Sie hatten damit eine wichtige Funktion innerhalb der Gesellschaft übernommen, wurden gebraucht und standen niemals abseits.

Ich hatte manchmal Mitleid, wenn ich am Bahnhof Friedrichstraße die alten Leute sich an ihren riesigen Einkaufsbeuteln abschleppen sah.

»Stellt euch vor, die Aufsichtssoldaten auf den Bahnsteigen helfen uns nicht einmal beim Aussteigen, obwohl sie uns so schleppen sehen!« beklagten sie sich mitunter bei denen, die sie am Berliner Tränenpalast (so hieß der kleine Glaspavillon für den Weg in und aus dem Westen) erwarteten.

Meine Mutter kaufte ebenfalls für ihre Nachbarn und andere Bekannte ein und fühlte sich dabei wohl. Ihr Rücken tat ihr dann erst bei anderer Gelegenheit wieder weh.

Einige Rentner entwickelten auch ein enormes Potential an krimineller Energie, um verbotene Sexzeitungen, Bücher, »Schundromane«, Medikamente, mehr Zigaretten und Nutella als erlaubt oder manch anderes einzuschleusen.

1987 beging Berlin seine 750-Jahrfeier. In diesem Jahr wurde Frankie, der Kleinste, eingeschult. Zur Schulanfangsfeier gab es eine Erinnerungsmedaille aus Porzellan, eine handsignierte Gratulationsurkunde von Erich Honecker und viele andere Souvenirs an dieses denkwürdige Jubiläum. Er war stolz, endlich auch ein Schulkind zu sein, und kam in meine Parallelklasse zu einer Kollegin. Sein Vater wurde zum Elternvertreter ins Elternaktiv gewählt. Darüber freute sich der Junior, denn Papa war nun bei allen Klassenveranstaltungen anwesend.

Ich hatte auch gerade eine erste Klasse übernommen und deshalb den gleichen Stundenplan wie er, so daß er nicht in den Schulhort gehen mußte. Er, der kleine Pfiffikus, konnte im Nu lesen und wurde aufgrund seiner großen Klappe im Jungpionierrat, den Bestimmern in der Klasse, gleich zum Agitator gewählt.

Seine Aufgabe bestand darin, am Dienstagmorgen in der ersten Schulstunde den anderen Kindern zu erklären, was in unserem Land passierte, was in der Zeitung stand und was darüber hinaus in der Welt wichtig war. Die Pionierleiterin gab dazu die Anleitung. Frankie nahm seinen Posten sehr ernst.

Zum Beispiel das Thema Westfernsehen. SAT 1 hatte gerade sein halbstündiges Frühstücksfernsehen eingeführt, weshalb die Schüler, auch die der ersten Klasse, an diesen Tagen zu spät zum Unterricht kamen. Die Lehrer und die Jungpioniere mit Agitatorfunktion sollten dagegen vorgehen, und so drohte er seinen Mitschülern, niemals gute Zensuren zu erhalten, wenn sie diese dumme Sendung anschauen würden. Er selbst kannte sie nicht.

Einige erschienen daraufhin eingeschüchtert pünktlich zu seiner Agitation.

Damit er sich nicht nur um die Schule und seine politischen Befehle kümmerte, suchte ich für ihn nach einem körperlichen Ausgleich. Ich meldete ihn im Friedrichstadtpalast zur Aufnahmeprüfung für das Kinderensemble an. Die Leiterinnen kannten ihn bereits durch seinen Bruder Michael und freuten sich, noch einen von dieser Sorte zu bekommen. Allerdings kam er nicht wie sein Bruder in die Sprechergruppe, sondern in die Kinderballettgruppe, weil die Ballettmeisterin ihn sich als außerordentlich begabt für den Tanz gleich herausgepickt hatte. Eine richtige Entscheidung, wie sich bald herausstellte, denn er hatte wirklich die besten Voraussetzungen für einen Tänzer.

Als er dann in der nächsten Weihnachtsrevue schon ein kleines buntes Vögelchen tanzen durfte, fragten wir uns abermals, von wem er nur dieses Talent hatte. Meine wenigen Ballettstunden hatten dafür sicher nicht ausgereicht. Die Oma saß zur Premiere wieder neben uns und wußte es auch diesmal nicht.

Die Ensemblemitglieder der Kinderrevue bildeten eine enge Gemeinschaft. Ihre gemeinsamen Bühnenauftritte hatten sie gelehrt, sich aufeinander zu verlassen, sich auch auf den Nebenmann zu konzentrieren, das war alles in allem gut fürs Selbstbewußtsein. Regelmäßig wurden die Zeugnisse vorgelegt, denn gute Zensuren waren notwendig, um im Kinderensemble verbleiben zu können. Das spornte die Kinder auch in der Schule an. Keiner wollte darauf verzichten, jedes Jahr in der Weihnachtszeit im Fernsehen bewundert zu werden.

Für mich war die Welt, so wie sie war, wieder in Ordnung, ich hatte meine Familie, die Kinder ihren liebevollen Vater, und seine Abwesenheit an manchen Abenden ignorierte ich eisern.

Daß ein bißchen Trennen nicht geht, zu dieser Erkenntnis gelangte ich leider kurze Zeit später. Die Chancen, die mein zwar Ex, aber doch nicht ganz Ex bei Frauen hatte, waren nicht weniger geworden. Um ungestört sein zu können, nahm er sich eine kleine Wohnung in unserer Nähe, ohne jedoch ganz bei uns auszuziehen.

Als er zur gleichen Zeit zwei jüngere Freundinnen hatte, die ihn wechselseitig bei mir suchten, reichte es mir endgültig. Ich hatte keine Lust mehr, seine Freundinnen zu verwalten.

Es waren für mich längst keine Siege mehr, wenn eine Affäre beendet war. Ich wurde immer älter, während die 25jährigen nachwuchsen. Ich wollte nicht als Alte gegen zwei Junge eingetauscht werden und bat ihn, ganz in seine Wohnung umzuziehen.

Diesmal erzählten wir es jedoch unseren Söhnen, die kleineren verstanden die Welt nicht mehr. Wieder versprach er ihnen, sie niemals zu verlassen, und wieder glaubten wir es.

Erst als er kurze Zeit später mit einer neuen hübschen und klugen jungen Frau richtig zusammen war, kam er nicht mehr so oft zu Besuch nach Hause.

Ein Jahr darauf, 1988, heiratete er sie, samt ihrer kleinen Tochter, und hatte nun eine neue Familie.

Da war ich wirklich getrennt und hatte nicht nur den Ehemann, sondern auch den Vater meiner Kinder verloren. Diese endgültige Trennung verkraftete ich nicht, und ich wurde für einige Monate krank.

Mir fiel es sehr schwer, die Kinder an den Wochenenden in die neue Familie ihres Vaters gehen zu lassen. Sie kamen immer so fröhlich zurück, das ertrug ich nicht. Ich bekam Angstzustände, daß ich sie an seine neue Familie verlieren könnte, und schickte sie zu ihrem wie zum Leidwesen ihres Vaters immer seltener dorthin. Ich wollte meine Kinder nicht teilen. Sie waren das einzige, was mir an Familie blieb. Sie gehörten zu mir.

Später wollte er dann nur noch seine beiden leiblichen Söhne sehen, aber ich wollte meine ›drei Musketiere‹ nicht trennen. Sie gehörten zusammen, so hatte ich sie erzogen.

Ich ließ mir nicht mehr reinreden, auch nicht von meiner Mutter, zumindest nicht bei diesem Thema.

Ihren großen Bruder Tommy bestimmten seine Brüder zu ihrem Ersatzvater. Ich war jetzt nicht mehr die Frau meines Mannes, sondern nur noch die Mutter meiner Kinder. Das war jetzt meine Identität, und ich fühlte mich so wohl, zumindest nach außen. Innerlich ging es mir immer schlechter, und ich war ständig krank, hatte laufend etwas anderes.

Ich konnte mich mit dem Alleinsein und der alleinigen Verantwortung für die Kinder einfach nicht abfinden. Ich hatte stets Angst, etwas falsch zu machen. Geld hatte ich auch nicht viel, denn die Alimente für die Kinder waren lächerlich, wie bei uns üblich.

Es war mir sogar egal, ob ich eine glückliche Ausstrahlung in Omas Sinne hatte. Ich begab mich freiwillig in »erotische Quarantäne«.

Das paßte auch gerade, denn mein heimlicher Hormonhaushaltsregulierer ging für ein Jahr nach Afrika, und einen anderen wollte ich nicht. Seine Ehefrau nahm er mit, und ich blieb »Jenseits von Afrika«, wie der zu der Zeit im Kino angelaufene Film hieß, den ich mir öfters ansah.

Während dieses Jahres verließen viele meiner Freunde und Bekannten legal und illegal unser Land. Meine engste Kollegin im Lehrerkollegium, Frankies Klassenlehrerin, stellte ebenfalls einen Ausreiseantrag wegen ihrer kranken Mutter und mußte genau an dem Tag, als die Kinder ihre ersten Zeugnisse bekommen sollten, die Schule verlassen. Wer in den Westen ging, war unwürdig, sozialistische Zensuren zu verteilen, auch wenn er diese selbst mit den Kindern erarbeitet hatte. Na ja, vielleicht hätte sie später die besten Schüler abwerben können, wie es mit einigen Spezialisten bei uns wohl geschah.

Daß unter den scheinbar Abgeworbenen auch ganz andere Vertreter waren, wollte ich meiner alten Schulfreundin in meiner Heimatstadt zunächst nicht glauben. Allerdings wurde auch sie wenig später »abgeworben«, und ihr neuer, von der DDR gut bezahlter Job befand sich in Mannheim ...

Zwei andere Freundinnen fanden je einen heiratswilligen Westmann, verlobten sich, stellten einen Ausreiseantrag und konnten dann nach der Eheschließung ebenfalls auf die andere Seite ziehen.

Von ihnen behielt ich Möbelstücke zur Erinnerung, denn sie nahmen nicht viel mit und mir war nicht viel in meiner Wohnung verblieben.

Am liebsten wäre ich mit in den Westen gegangen, aber wohin, allein mit drei Kindern? Und würden sie noch eine gravierende Umstellung ihrer Lebensgewohnheiten verkraften? Das stellte ich mir schwierig vor.

»Für Frieden und Sozialismus: Seid bereit!« Mit diesem täglichen Morgengruß waren die Kinder aufgewachsen. Die Großen riefen morgens immer »Freundschaft!« Das war der Gruß der Schüler, die ab der 8. Klasse der FDJ angehörten und das Blauhemd trugen.

Zudem fühlte sich mein Jüngster, der Politikverkünder seiner Klasse, sehr wohl in der sozialistischen Schule. Er wurde ständig für irgend etwas ausgezeichnet.

Den vorläufigen Höhepunkt seiner politischen Karriere bildete seine Teilnahme an der Jubelrunde zum »Tag des Lehrers« am 12. Juni. Unsere Schule stellte immer die Pioniere, die vor dem Haus des Ministerrates den ausgezeichneten Lehrerinnen oder auch Lehrern mit Winkelementen, wie die DDR-Fähnchen hießen, und Blumen gratulieren durften.

Wie immer erschien dann auch die grauhaarige, mit Blauspülung getönte Genossin Minister für Volksbildung, die nebenbei die Gattin von Erich Honecker war. Sie plauderte mit den Kindern und fragte sie, ob sie auch gut für ihre sozialistische Heimat lernen würden, was alle Kinder bejahten, um ihr dann feierlich zu versprechen, weiterhin fleißig für den Sieg des Sozialismus zu lernen. Sie fragte auch, welche Fächer sie gerne mochten. Die Kinder entschieden sich für Mathematik und Heimatkunde. Dann erkundigte sie sich noch nach anderen Fächern, unter anderem nach Geometrie, woraufhin ihr einer der Jungen erklärte, daß diese bei ihnen zur Mathematik gehören würde, und darüber hätten sie bereits gesprochen. Die ausgezeichneten Lehrer wagten nicht zu lachen, aus Angst, die staatlich verliehene Anerkennung wieder zurückgeben zu müssen. Dafür setzte der Schüler noch eins drauf: »Wußtest du das denn nicht?«

Ein Pressefotograf rettete die Situation, indem er zum Gruppenbild aufrief. Frau Genossin Margot Honecker plazierte er in die Mitte, die kleinen Pioniere umringten sie, und alle sollten in die Kamera lächeln. Der Junge mit der schwierigen Frage wurde von seiner Pionierleiterin nach hinten gestellt, und so stand dann mein Sohn fast neben ihr. Dieses Foto hatte für ihn Kultcharakter.

Zu Beginn des nächsten Schuljahres wechselte er, nachdem er ebenfalls nur Einsen hatte, wie sein Bruder auf die Spezialschule für Fremdsprachen.

Michael sprach inzwischen schon gut französisch und seit zwei Jahren lernte er auch Englisch. Außerhalb der Schule konnte er die Sprachen jedoch nicht üben und ausprobieren. Aber in seinem Schulhaus hing der bekannte Spruch: »Nicht für die Schule, sondern für das Leben lernen wir!« Er wollte Diplomat werden, und dafür würde er dann später die Sprachen brauchen.

Tommy, der seinem Vater zuliebe ein Handwerk gelernt hatte, arbeitete bei ihm im Betrieb, was sich für ihn durch die nun wirklich konsequent vollzogene Trennung emotional schwierig gestaltete. Deshalb entschied er sich im Herbst für ein Abenteuer, das damals für junge Ost-Männer einfach zu haben war, und ging mit seinem Freund an die Erdgastrasse nach Kasachstan.

*

Aus gesundheitlichen Gründen wurde ich Ende 1988 für fünf Jahre aus dem Lehrerberuf beurlaubt.

Über Beziehungen wurde ich Anfang 1989 in den größten Dolmetschbetrieb der DDR, der seinen Sitz in der Mauerstraße mit Blick auf den Checkpoint Charly hatte, übergeleitet und als Disponentin für die Englisch- und die Spanischgruppe eingesetzt.

Dieser Betrieb hatte das Monopol für schriftliche Übersetzungen und die Dolmetschleistungen für Wirtschaft, Kultur und Politik. Es wurde in über 50 Sprachen übersetzt.

Meine Bekannten meinten dazu: »Dort, wo du jetzt arbeitest, überstehst du die fünf Jahre fern von deinem geliebten Lehrerberuf spielend. Die Arbeit wird dir Spaß machen und ist abwechslungsreich. Außerdem haben sie dort für die nächsten 100 Jahre zu tun.«

Als ich dort anfing, gaben Weltstars wie Bruce Springsteen, Joe Cocker, Tom Petty und Bob Dylan Konzerte bei uns, und eine ganz junge Vertreterin unserer Gruppe durfte deren Dolmetscherin sein. Wir gerieten darüber völlig aus dem Häuschen, und sie mußte uns über jede Kleinigkeit ihres Zusammenseins mit den Stars berichten.

Der Sommer gestaltete sich abenteuerlich. Ungarn hatte seine Grenze zu Österreich geöffnet, und die DDR-Bürger strömten zu Tausenden nach Ungarn und über die grüne Grenze, um so über Österreich nach Westdeutschland, auf die andere Seite zu gelangen. Einige aus meinem Bekanntenkreis verschwanden ebenfalls, mitunter begleitet von dramatischen Abschiedsszenen. Ich gelangte dadurch preisgünstig an ein neues Auto, Marke »Trabant«.

Die Szenen in der Botschaft in Prag sah ich mir im Fernsehen an wie schlechte Filme. Vieles konnte ich nicht nachvollziehen. Vielleicht auch deshalb, weil ich nie den Mut aufgebracht hätte, alles stehen und liegen zu lassen und meine Kinder über einen hohen Zaun zu heben.

Ich fand das alles sehr merkwürdig und konnte es für mich nicht einsortieren. Obwohl ich mich immer nach der anderen Seite gesehnt hatte, auf diese Weise wollte ich sie nicht erreichen.

Gespenstisch und nicht halb so lustig wie die Jahre zuvor ging es am 7. Oktober, dem 40. Jahrestag der Gründung der DDR, zu. Unser Betrieb hatte die Dolmetscher zur Liveübersetzung der Festrede in den Palast der Republik geschickt. Von dieser Festveranstaltung mit Michail Gorbatschow kamen unsere Leute später völlig aufgelöst zurück. Während der Rede, die sie in ihren Kabinen simultan übersetzten, wurden auf einmal die Mikrofone abgestellt, und sie bekamen vorbereitete Zettel, von denen sie die Texte ablesen mußten. Worte, die Gorbatschow nie gesagt hatte. Das erfuhren sie jedoch erst am Abend aus dem Westfernsehen. Dieser Vorfall verunsicherte uns alle sehr.

Als wir am gleichen Abend nach Hause fahren wollten, glichen die Straßen des Zentrums einer Geisterstadt, alles war abgesperrt. Irgend etwas Unheimliches bahnte sich an, soviel stand fest.

Dann ging es Schlag auf Schlag. Die Zeitungsmeldungen widersprachen sich ständig, unsere Politiker gaben ulkige und gänzlich neuartige Erklärungen ab, in unserem Wohngebiet, rund um die Zionskirche, fanden die verschiedensten Protestveranstaltungen statt, unsere Straße, in der einige Regimekritiker wie Bärbel Bohley, Ulrike Poppe und Gerd Fischer wohnten, wurde zum Wallfahrtsort. In Leipzig gingen die Leute auf die Straße, und am 4. November rafften sich dann auch endlich die verwöhnten Berliner zu einer Demonstration auf.

Da meine Kollegen alle mitgingen, wagte ich mich auch. Trotzdem hatte ich Angst, dafür vielleicht bestraft zu werden.

Dieser Sonnabend entpuppte sich dann als der erste Tag offen zur Schau getragener kollektiver Meinungsfreiheit, eine ganz neue Erfahrung für mich. Alles, was Beine hatte, war unterwegs, sowohl jene, die gegen die Politik der Regierung demonstrierten, wie auch die, die für die Regierung waren. Auf diesem langen Marsch tobte deshalb mitunter »der Klassenkampf«, zwar im kleinen, aber immerhin.

Überwältigend waren die mitgeführten bunten Transparente und Plakate, bei denen oft auf der Rückseite noch die ehemaligen Parolen zu erkennen waren. Sicher war es auch manchem Träger egal, daß auf ihren ›Sichtpropagandaelementen‹ jetzt andere Losungen standen, Hauptsache, sie durften Träger sein und bleiben. Funktionär bleibt Funktionär, und Dabeisein war alles.

Im Marxismusunterricht hatten wir ja gelernt, daß gesellschaftliche Verhältnisse nur durch Revolutionen verändert werden können.

Zum Glück fand diese Berliner Revolution doch nur einmal, aber dafür flächendeckend am 4.11.1989 in der Zeit von 10 bis 16 Uhr statt.

Daß in Berlin, praktisch vor ihrer Haustür, demonstriert wurde, fiel dem Politbüro schließlich auch auf, und sie erkannten Handlungsbedarf. Zumindest Genosse Schabowski, der am Abend auf der historischen Tagung die Grenzöffnung verkündete.

Der 9. November 1989 wurde so zum »Tag 0« unserer Zeitrechnung. Es begann ganz harmlos. Ich sah die groß angekündigte Sendung über die Tagung des Politbüros und traute meinen Ohren nicht, als dann von einem Zettel verfrüht die Grenzöffnung verlesen wurde. Kurze Zeit später klingelte bei mir unentwegt das Telefon, und jeder wollte wissen, ob er richtig gehört hätte. Die Hausnachbarn brüllten aus den Fenstern und fragten sich gegenseitig, ob sie richtig verstanden hätten. Es dauerte nicht lange, und die ersten Neugierigen begaben sich in Richtung des nahegelegenen Grenzübergangs Chausseestraße. Nach zwei Stunden quillten die Straßen rund um unser Haus über von Menschen, alles sang oder grölte und schwenkte Rotkäppchen-Sekt. Ich traute mich nicht raus und blieb stundenlang am Fenster stehen, parallel verfolgte ich das Treiben im Fernsehen. Ich traute dem Frieden nicht. Meinem Wohnungsnachbar erging es ähnlich, er hatte unsere Volkspolizei noch zwei Tage zuvor eine Demo auf der Schönhauser Allee auflösen sehen und wie die Leute bis in den Park vor unserem Haus getrieben wurden.

Erst als ich im Fernsehen die unglaublichen Szenen des

Grenzübertritts der vielen Berliner sah, begriff ich, was geschehen war, und weckte meine Söhne. Schlaftrunken wie sie waren, hörten sie kaum zu.

Erst am Morgen, als sie im Fernsehen die fröhlichen Menschen am Grenzübergang herumlaufen sahen, glaubten sie mir, daß wir jetzt nach Westberlin durften. Aber so richtig konnten sie mit dieser Information noch nichts anfangen.

Wie gewohnt machten sie sich gemeinsam auf ihren weiten Schulweg und fuhren mit der Straßenbahn Richtung Marzahn, weit weg von der Grenzmauer. Ich machte mich auf meinen Weg zur Arbeit, stieg in die völlig überfüllte U-Bahn Richtung Grenze, direkt an der Mauer.

Der Anblick war unglaublich. Dort, wo sonst nur Grenzsoldaten zu sehen waren, bildeten sich Menschenaufläufe in beiden Richtungen. Viele Leute kamen mit bunten Einkaufstüten aus dem Westen, alle lachten und sprachen aufgeregt miteinander. Viele waren betrunken.

Die Grenzsoldaten schauten irritiert oder wütend. Hier ließ sich niemand mehr aufhalten, sie durften sich lediglich pro forma noch den Ausweis zeigen lassen. Über Nacht waren sie Bewacher einer offenen Grenze geworden. Dafür hatten sie noch nicht einmal einen Dienstbefehl, wie im Radio berichtet wurde. Ihr Feindbild war seit Stunden in Auflösung begriffen, darauf waren sie nicht vorbereitet. Den vielen Reportern gaben sie deshalb teils witzige, teils bitterböse Antworten.

In der Mittagspause traute ich mich endlich gemeinsam mit ein paar Kollegen auch über die Grenze. Wir spazierten Richtung Kochstraße und sahen beim Blick zurück unser Dienstgebäude aus einer Perspektive, die für uns etwas Unfaßbares hatte.

Ich konnte überhaupt nicht verstehen, daß ich plötzlich wirklich auf meinen eigenen Beinen in Westberlin, auf der anderen Seite stand. Ich hätte, wie der Papst, den Asphalt küssen mögen. Mir liefen die Tränen.

In einem Café tranken wir dann noch eine Coca Cola, die wir mit unserem Ostgeld bezahlen konnten, bevor wir zurückgingen. Das war noch komischer. Nun lief ich freiwillig wieder von West nach Ost. Was, wenn die Regierung sich das mit der Maueröffnung wieder anders überlegte?

In unseren Büros gelang an diesem Tag kaum einem die Arbeit, und so beendeten wir nach Lust und Laune unseren Arbeitstag, und niemand hatte etwas daran auszusetzen. Manche weigerten sich auch hartnäckig, mal kurz aus Spaß nach Westberlin zu gehen. Sie wußten angeblich nicht, was sie dort sollten.

Ich ging ebenfalls früher nach Hause und nahm mir vor, sobald die Kinder aus der Schule da sein würden, mit ihnen bei uns in der Nähe über die Grenze zu gehen. Aber es kam anders:

Michael, der an diesem denkwürdigen Tag 13 Jahre alt war, hatte früher Schluß als der Kleine und saß schon zu Hause vor dem Fernseher. Er wartete bereits ungeduldig auf mich, um endlich auch mal in den Westteil zu gehen. So warteten wir nur noch auf Frankie, der damals 9 Jahre alt war.

Er kam aber nicht zu der Zeit, zu der wir ihn erwarteten. Das Telefon klingelte unaufhörlich, es waren immer Bekannte, die zur Feier des Tages anriefen. Vergeblich spähten wir aus dem Fenster. Es begann dunkel zu werden, und er kam immer noch nicht. Ich rief in der Schule an, aber alle Kinder hatten das Schulgebäude längst verlassen. Später rief ich bei den Eltern seiner Klassenkameradin an, mit der er immer gemeinsam mit der Straßenbahn zurückfuhr. Auch sie war noch nicht zu Hause. Daraufhin wollte ich mit dem Auto die Strecke absuchen, was sich schnell als auswegslos erwies. Denn es gab keine Straßen mehr, nur noch riesige Fußwege, auf denen unzählige Menschen entlangliefen. Meinen Sohn konnte ich nicht entdecken. Ich mußte zurück in der Hoffnung, daß er inzwischen eingetroffen sei. Aber das war nicht der Fall. Ich machte mir große Sorgen. Wir konnten nur zu Hause sitzen und warten.

Da klingelte es endlich an der Wohnungstür. Frankie stand völlig durchgeschwitzt und schrecklich weinend vor der Tür, er klammerte sich an mich und schluchzte unaufhörlich. Michael kam dazu, ihn umarmte er auch und rief: »Ihr lebt, ihr lebt, Gott sei Dank, ihr lebt!«

Ich erschrak bis ins Mark, zog ihm den Anorak aus, er ließ mich dabei nicht los und wimmerte weiter: »Ihr lebt, ihr lebt!«

»Was ist denn passiert?« fragte ich ihn immer wieder. Er zitterte am ganzen Körper und hielt mich umklammert.

So saßen wir eine Weile, dann brachte ihm sein Bruder eine Tasse heiße Milch mit Honig. Langsam beruhigte er sich und erzählte, was passiert war:

Die Straßenbahn hielt plötzlich auf dem Heimweg, alle Leute mußten aussteigen und sollten zu Fuß weiter. Der Fahrer hatte erklärt, daß die Bahn nicht weiterfahren könne, weil die Straßen durch die Öffnung der Mauer von riesigen Menschenmengen blockiert seien. Frankie mußte also auch aussteigen und sah nur aufgeregte Menschen, nichts als Menschen, die laut lärmten.

Er wußte weder, wo die alle herkamen, noch, wo sie hinwollten, oder wer sie waren. Er erinnerte sich nur daran, was er in der Schule gehört, was er im alltäglichen Heimatkundeunterricht gelernt und was er bei seinen Anleitungen als Agitator zu hören bekommen hatte.

So erzählte er uns: »Ich dachte, daß jetzt, wo die Mauer weg ist, alle Kriegstreiber mit ihren Panzern gekommen sind und Krieg machen, weil die Mauer uns doch vor dem Krieg geschützt hat. Dort, hinter der Mauer, wohnen nur böse Menschen, die uns nicht in Frieden leben lassen wollen. Und dann noch die ganzen Opferlosen (er meinte Obdachlosen), die mit Giftspritzen im Westen rumlaufen, die können ja jetzt auch zu uns kommen. Ich hatte so eine Angst, daß in unserer Wohnung schon Krieg ist und ihr nicht mehr lebt!«

»Daran habe ich noch gar nicht gedacht!« rief nun auch

Michael und begann ebenfalls zu weinen, er wollte auch nicht mehr mit mir über die Grenze gehen.

Jetzt war ich es, die am ganzen Körper zitterte. In mir kamen nie geahnte Schuldgefühle hoch. Was für ein Verbrechen haben wir Lehrer bloß an den uns anvertrauten Schülern begangen! Obwohl ich es besser wußte, habe ich den Kindern die Westthematik stets so vermittelt, wie es der Lehrplan verlangte. Der Gedanke, daß heute vielleicht auch noch andere Schulkinder Höllenqualen der Angst durchlitten, ließ mich nicht mehr los. Was haben wir den Kleinen bloß beigebracht? Wie gedankenlos auch von mir, einfach nachzuquatschen, was andere hören wollten. Warum habe ich meinen Sohn nicht gebremst, als er zum glühenden Politikverkünder seiner Klasse wurde? Warum habe ich den Dreien bei den Heimatkundehausaufgaben geholfen und kleine bunte Bildchen von uns tapfer schützenden Grenzsoldaten mit in ihre Hefte geklebt? Wie kann ich dem Jungen jetzt bloß seine Angst nehmen?

Ich war ratlos. Ich schämte mich furchtbar vor meinen Söhnen. Ich wollte zwar nur ihr Bestes und daß sie dort, wo wir lebten, ihren Weg gehen konnten, aber es war nicht das Beste, nicht mehr seit dem heutigen 9. November 1989. Aber daran, daß die Berliner Mauer jemals fallen würde, hatte ich nie geglaubt.

Von wegen: »Den Sozialismus wird es noch hundert Jahre geben und weder Ochs noch Esel werden ihn aufhalten!«

Und ich, immer überzeugt, nicht dazu zu gehören und auch nicht dazu gehören zu wollen, weshalb ich auch nicht in die SED eingetreten war, war trotzdem ein politischer Ochse, besser eine Kuh. Das konnte ich mir in diesem Moment nicht verzeihen.

Ich versuchte Frankie die angsterregenden Gedanken auszureden, aber es gelang mir nicht. Frankie beruhigte sich kaum und schaute unentwegt ängstlich zum Fenster.

Ich konnte ihm in dreißig Minuten nicht ausreden, was er in knapp drei Schuljahren gelernt hatte.

So rief ich unsere Kinderärztin an. Sie kam sofort, gab ihm Beruhigungstropfen und erklärte mir, daß es das Beste sei, wenn wir alle drei in den Westen fahren würden, damit er sieht, wie die Leute dort wirklich sind. Das fand ich eine gute Idee.

Noch während die Ärztin da war, rief eine meiner über Ungarn abgehauenen Freundinnen an und wollte, daß ich sie mit den Jungs sofort besuche. Das konnte kein Zufall sein!

So bepackten wir unseren Trabi mit dem Nötigsten, nahmen Kissen und Decken mit und fuhren noch am Abend gegen 21 Uhr von Berlin über Braunschweig nach Goslar.

Ab Magdeburg standen wir stundenlang »Trabi« hinter »Trabi«, zwischendurch mal ein »Wartburg«, in einer Abgaswolke der schlimmsten Sorte. Frankie war zum Glück eingeschlafen, Michael konnte vor Aufregung nicht schlafen, und ich war auch hellwach. Meine Nerven waren auf das Äußerste angespannt.

Nach 18 Stunden Fahrt erreichten wir endlich Goslar.

Für mich sah es in dieser Umgebung aus wie in einer Illustrierten, alles war bunt, hell und freundlich. Sogar das Gras erschien mir grüner und die Blumen leuchtender. Die Häuser und die Straßen wirkten so gepflegt. Die Läden waren für mich das reinste Werbefernsehen. Meine Freundin hatte sich in der kurzen Zeit erstaunlich gut eingelebt, sich schnell in das dortige Arbeitsleben integriert und an die Verhältnisse angepaßt. Sogar einen Mann fürs Leben hatte sie schon gefunden, nach dem sie bei uns vergeblich Ausschau gehalten hatte.

Sie beteuerte mir immer wieder, daß sie die ganzen Jahre auf der falschen Seite gelebt hatte, das habe sie jetzt begriffen. Sie bereue weder den spontanen Aufbruch noch, daß sie soviele Dinge zurückgelassen hatte. Ich glaubte ihr das gern.

Beim ersten Stadtbummel blieben beide Kinder dicht bei uns, Frankie hielt mich fest an der Hand. Vor jeder Straßenecke blickte er sich ängstlich um. Er traute der Idylle nicht.

In dem großen Kaufhaus, in dem meine Freundin arbeitete,

wurde mir fast schwindlig, als ich all die gefüllten Regale sah. Ich hätte mir alles kaufen mögen, kaufte aber nichts. Ich hatte noch nicht einmal die 100 DM Begrüßungsgeld abgeholt, sondern nur mein 1:10 getauschtes, eigenes Geld bei mir. Albern fand ich, daß sie uns überall Bananen anboten, und die Ostbesucher auch jede Menge davon kauften. Die meisten waren aber in all den Jahren auch nicht so verwöhnt worden wie die Berliner.

Die Einwohner und die Verkäuferinnen waren sehr nett. In jedem Geschäft bekamen die Kinder ein Geschenk. Langsam faßten sie Zutrauen, Michael schneller als der Kleine.

Ein besonderes Erlebnis war dann der Besuch eines Einkaufcenters. Die ausgelegten Fleisch- und Wurstwaren machten uns sprachlos. Solche Fleischertheken hatten wir noch nie zuvor gesehen. Meine Freundin amüsierte sich über mich, weil ich wie Alice im Wunderland über alles staunte. Für sie war es mittlerweile selbstverständlich, obwohl es ihr erst vor ein paar Monaten, die ihr jetzt wie Jahre erschienen, genauso ergangen war.

Am nächsten Abend blieben die Jungs bei der Nachbarin meiner Freundin, und wir beide gingen in einen »Beate Uhse Shop«. Den sollte ich auch noch unbedingt gesehen haben. Der Laden war gut besucht. Ich konnte mich vor Lachen kaum halten, so grotesk erschienen mir die Sachen. Manche Kunden blickten schon in meine Richtung, aber ich nahm weiterhin alles in die Hand, was rumstand, und amüsierte mich köstlich. »Das soll den Frauen weiterhelfen?« fragte ich die Verkäuferin und hob einen respektablen schwarzen Männerersatz hoch. Ich konnte mir nicht vorstellen, jemals etwas in diesem Laden zu kaufen.

Meine Freundin erklärte mir, daß es hier im Westen nicht so frei zuging, wie wir es erlebt hätten. Darüber dürfte sie aber mit niemandem hier sprechen, sonst wäre sie unten durch. Auf dem Heimweg gedachten wir deshalb ihrer zahlreichen Liebhaber im Osten.

Das Wochenende verflog im Nu, und wir mußten wieder nach Hause. Mit unseren unzähligen Eindrücken hatten wir Gesprächsstoff genug für die lange Heimfahrt.

Diesmal fuhr ich nicht gleich auf die Autobahn, sondern nahm die Landstraße durch den Harz. Erstmals durchquerte ich das Sperrgebiet um den Brocken, wo jahrelang keiner von uns hin durfte.

Plötzlich stieg eine Nebelwand vor uns auf, wie ich sie noch nie erlebt hatte. Von einer Minute auf die andere sah ich keine Straße mehr, nichts, nur Nebel. Und das im »Trabant«, dessen Scheinwerfer nicht mal genug Licht für eine beleuchtete Hauptstraße warfen. Erst recht verfügte er auch nicht über Nebelscheinwerfer. Es war gruselig, irgendwie wie in den Wolken. Nur Petrus erschien nicht, um uns den Weg zu zeigen. Ich bekam einen Schweißausbruch aus lauter Angst, weiterzufahren. Vor den Jungs wollte ich mir meine Panik nicht anmerken lassen. Ihnen erzählte ich was von Wolkenschäfchen auf Urlaub.

Schließlich hielt ich an und schaltete die zarten Lichter der Warnblinkanlage ein, damit mein kleiner nebelfarbener Schönwetterwagen nicht gerammt werden würde, falls ein anderes Auto vorbeikommen sollte, möglichst eines mit richtigen Scheinwerfern.

Ich sehnte mich nach einem großen Westwagen mit Richtungslaternen. Und plötzlich tauchte tatsächlich aus dem Nichts ein Auto auf. Es stoppte, ein junger Mann stieg aus und entdeckte uns Westlandreiter, grünbleich und angstverzerrt.

Nachdem er meinen Abenteuergeist, mit so einem »Auto« eine Fahrt durch die Harzniederungen zu wagen, ausreichend gewürdigt hatte, versprach er uns, die gerade in die Freiheit aufgebrochenen Ostler, auf die Autobahn zu lotsen.

Er fuhr langsam vor uns her, und ich mußte mich nur auf seine beiden dunkelroten Rücklichter konzentrieren, wie ein Schiffssteuermann auf das Licht eines Leuchtturms.

Die endlos erscheinende Fahrt kam mir vor wie ein Gleichnis. So wie diese Nebelwand erschien mir auch die ungewisse Zukunft, die nun vor mir und meiner kleinen Familie lag. Da wußte ich auch noch nicht, wo es lang gehen und ob ich jemals den richtigen Weg finden würde, ob ich dabei auf Lotsen treffen würde, die mir wenigstens die richtige Richtung weisen konnten. Fahren könnte ich dann schon allein, genau wie hier.

Während ich noch grübelte, schien plötzlich wieder die Sonne. Ich sah die Straße, erkannte den Weg, und ich war überglücklich und von tiefer Dankbarkeit erfüllt.

Ich nahm es symbolisch: Genauso würde ich auch durch den anderen Nebel kommen, ich würde es schaffen, und dahinter würde die Sonne scheinen. Die Fahrt gab mir allen Mut, den ich dafür brauchte.

Der junge Mann war froh, daß er uns helfen konnte, und er wollte nichts dafür, obwohl ich ihm alles Geld, das ich noch hatte, anbot.

Spätestens jetzt wußte Frankie, daß es im Westen auch gute Menschen gab.

Meine Kinder freuten sich, daß der Sonnabend jetzt schulfrei war, die Schüler hatten das selbst beschlossen. Es war die erste Anpassung an die andere Seite, und so konnten wir an mehreren Sonnabenden bei den Grenzöffnungen rund um unseren Kiez teilnehmen. Das war grandios, besonders bei der Grenzöffnung an der Bernauer Straße, da war sogar ein prominenter Politiker mit rotem Schal anwesend.

Die Aufmerksamkeit dieses Tages holte sich aber auch eine Freundin mit einer kleinen, individuellen Grenzöffnung.

Ihr Badezimmerfenster, das früher nach Westen zeigte, wurde 1961 zugemauert, damit sie und andere DDR-Bürger nicht nach dem Westen schauen und das Elend des Kapitalismus beobachten mußten.

An diesem Samstag nun halfen ihr Westberliner Freunde, das Fenster wieder aufzubrechen. Unter dem Beifall vieler

Passanten flogen die herausgehauenen Mauerteile auf das Dach der Grenzbaracke. Dann jubelten die Helfer aus dem neu eröffneten Fenster und schwenkten Sektflaschen. Einige Souvenirjäger, auch Mauerspechte genannt, sammelten heruntergefallene Teilchen des zerstörten antifaschistischen Fensterschutzwalls.

Von Tag zu Tag fiel der Eiserne Vorhang um ein Stückchen. Und mit ihm fielen die Masken, und es fielen die Kartenhäuser aus Lügen in sich zusammen, es fielen die Sicherheitsgurte der Menschen, und es verschwand ein ganzes Land, es verschwanden Arbeitsplätze, und es verschwanden die alten Politiker, die Sicherheitsnadeln konnten nichts mehr zusammenhalten, und es verschwanden Nachbarn und einige Lehrer, und schließlich verschwand auch mein Mut, das alles durchzustehen. Ich war unfreiwillig in eine chaotische Situation geraten.

Wie in einem aufgescheuchten Ameisenhaufen schwirrten wir alle umher. Tausend Leute wollten uns etwas geben oder verkaufen: Geld, Versicherungen, Billigware, weißes Klopapier, Teppiche, Wundermittel, Kraftbänder, Lamadecken, aufgepeppte Schrottautos, Pornofilme und vieles mehr.

Ich beobachtete eine Zeitlang alles aus der Ferne, dann fand ich zurück in die Realität.

Gut, ich war allein mit 3 Kindern, alles war anders, aber der Eiserne Vorhang war für immer weg. Von dem nahm ich mir dann ein Stück eiserne Kraft zum Weitermachen, traute mich zurück ins Leben und versuchte herauszubekommen, wie wir unser Leben nun organisieren müßten. Deshalb besuchte ich alle Freunde und Bekannte, die aus dem Osten nach Westberlin gegangen waren. Bei ihnen holte ich mir Rat. Ihnen fiel das Einleben in die westlichen Verhältnisse leichter, denn sie waren in einem fest etablierten Gefüge und lebten von Anfang an unter Westlern.

Ich aber war immer noch umgeben von den gleichen Leuten, und nur, weil jetzt Westprodukte in den Verkaufsregalen lagen, hatten sich die Verhältnisse noch lange nicht geändert. Ich wollte mich jedoch so schnell wie möglich in das neue System einfinden. Einen kleinen Einblick hatte ich schon in Goslar gewonnen, aber das reichte mir nicht.

Gern hätte ich auch meine schönen Westtanten besucht, da sie von jeher in Westdeutschland lebten, und das sollte noch anders sein als Westberlin. Meine Mutter gab mir aber die Adressen nicht. Sie wollte erst vorfühlen, ob die Frauen bereit seien, mich zu empfangen. Sie selbst war bereits über die Weihnachtstage nach Bayern eingeladen.

Für mich klang das nicht glaubwürdig. Die offenen Grenzen und daß wir nun alle in den Westen durften, gefiel ihr nicht.

Silvester feierten wir in Westberlin bei Freunden meiner ehemaligen Kollegin aus dem Kinderheim. Die Wohnung lag mitten in Kreuzberg, am Spreeufer. Eine riesige Dachgeschoßwohnung, die einen Rundblick über ganz Berlin gestattete. Es war überwältigend, als um Mitternacht überall Feuerwerksraketen hochstiegen und das Neue Jahr begrüßten. Ich fragte mich, was es mir und meinen Söhnen bringen würde. Die Sektkorken knallten und wir wünschten uns gegenseitig viel Glück.

*

Eines Tages, Ende Januar 1990, wartete ich an der Bushaltestelle am Wittenbergplatz, gegenüber dem Kaufhaus des Westens, auf den Bus Richtung Grunewald. Ich amüsierte mich über die vielen Damen, die stolz mit großen Plastiktaschen das KaDeWe verließen. Manche trugen riesige Beutel mit dem Logo der Feinschmeckeretage, andere hielten freudig erregt ihre Schnäppchen aus der Abteilung Damenkonfektion in der Hand. Eine dieser eleganten Damen, eine ältere, immer noch hübsche Blondine, setzte sich samt ihrer vier prallen Tüten im Bus auf den Sitz neben mich. Es machte mir nichts aus, daß ein

Teil ihrer Ausbeute auf meinen Schenkeln landete. Sie entschuldigte sich im schönsten Bayrisch und gab mir eine Kurzfassung ihrer erfolgreich verlaufenen Schnäppchenjagd. Im Moment sei alles so billig, damit sich die vielen aus dem Osten auch mal etwas leisten könnten. Sie mußten ja viele schöne Dinge lange Zeit entbehren. »Das stimmt«, seufzte ich. Dann erzählte sie mir, daß sie zwar schon seit zwei Wochen in Berlin sei, sich aber allein nicht in den Ostteil trauen würde, weil sie dort niemanden kennt.

»Das hat sich gerade geändert, nun kennen Sie mich!« Sie war verblüfft und musterte mich von oben bis unten.

»Sie haben sich Ostler wohl anders vorgestellt?« fragte ich, weil sie immer noch so skeptisch guckte.

»Ehrlich gesagt, ja. Sie sehen gar nicht so traurig aus, wie die aus dem Fernsehen.«

»Na, das liegt sicher daran, daß ich glücklich bin, endlich mal die andere Seite zu sehen. Heute zum Beispiel fahre ich mit diesem Bus den Kudamm entlang. Mit meinem Trabi traue ich mich nämlich nicht auf die breiten Straßen zwischen die schnellen großen Autos. Ich will ›Am Roseneck‹ einen Kaffee trinken, im Café Kranzler war ich bereits, immerhin vor meinem Rentenalter, damit hatte ich nicht gerechnet.«

»Wissen Sie was, ich komme mit, da können Sie mir bissel was von drüben erzählen.«

»Gern, ich zeige Ihnen auch Ostberlin, wenn Sie wollen.«

»Wirklich? Das wäre nett.«

Wir gingen gemeinsam in das Café, ich half ihr beim Tragen, und wir plauderten. Sie war sehr aufmerksam, ich auch. Zwischendurch fragte ich, wo sie denn herkäme. Sie erklärte mir, daß sie aus Augsburg stammt und es sie immer mal nach Berlin ziehen würde, weil sie hier früher getanzt hätte und Messemodenschauen gelaufen sei.

»Was, aus Augsburg? Da habe ich auch eine Tante. Sie hat eine Boutique am Markt.«

»Was, die Inge? Das ist meine beste Freundin. Wir haben früher zusammen gearbeitet. Ich habe jetzt das Café am Markt, gleich neben ihr!«

Nun hatten wir genug Gesprächsstoff. Sie wollte am nächsten Tag ihre Freundin anrufen und ihr erzählen, daß sie durch Zufall ihre Nichte getroffen habe.

Nun fühlte sie sich auch sicher, um mit mir für den nächsten Tag einen Stadtbummel durch den Ostteil zu verabreden. Ich freute mich ebenfalls darauf, ihr unsere schönen Ecken zeigen zu können.

Den Kaffee wollte sie mir ausgeben. Mir war das peinlich. Ich wollte nicht ausgehalten werden, so wie ich das von anderen Leuten aus dem Osten kannte. Wir einigten uns darauf, daß ich mich dann am nächsten Tag im Osten revanchieren würde. Als ich die Summe hörte, die sie beglich, war ich froh über meinen Vorschlag. Soviel Westgeld hatte ich gar nicht dabei. Wir tauschten ja immer noch 1:10.

Zu Hause angekommen, berichtete ich meinen Söhnen von der Begegnung. Nur wie ich mit der Behauptung, eine Nichte zu sein, umgehen sollte, war mir nicht ganz klar. Ich wollte das noch am Abend selber klären und rief meine Mutter an, um sie nach der Augsburger Telefonnummer zu fragen. Sie erschrak hörbar am Telefon und weigerte sich, mir die Nummer von ›Tante‹ Inge zu geben. Erst wolle sie ihre Freundin fragen, ob ihr das recht sei, denn diese wollte mit Ostlern nichts zu tun haben. Außerdem würde besser sie ihr von meiner Zufallsbegegnung erzählen, weil mich Inge doch gar nicht kennt.

Das kam mir eigenartig vor. Ich erinnerte mich daran, meine Mutter vor Jahren dort angerufen zu haben, und durchforstete meine Kalendersammlung nach dieser Telefonnummer. Ich wurde fündig, meldete gleich das Ferngespräch nach Augsburg an in der Hoffnung, nicht bis nach Mitternacht warten zu müssen, wie es üblich war. Meine Jungs wollten solange wach bleiben. Endlich, nach drei Stunden, bekam ich die Verbindung vermittelt. Am anderen Ende meldete sich eine freundliche Stimme, die mich an die Frau aus dem Bus erinnerte. Ich stotterte zusammen, daß ich die Tochter ihrer Freundin aus Ostberlin sei und ihr was Wichtiges sagen müßte, weil ich mich heute als ihre Nichte ausgegeben hätte und …

»Bist du närrisch«, rief sie, »erstens bist du tatsächlich so was wie meine Nichte, ich war schließlich bei deiner Taufe dabei, und außerdem, wie lange ist die Mauer weg? Schon fast drei Monate. Und ich hatte erwartet, daß du dich sofort meldest. Deine Mutter hat mir doch erzählt, wie verrückt du nach allem aus dem Westen bist.«

Ich war sprachlos. »Ja, aber Mutti hat mir gesagt, daß du keinen Kontakt zu Ostlern möchtest, weil in eurer Stadt schon soviele Arbeitsscheue angekommen wären …«

»Also, paß mal auf, wenn ich irgend jemanden aus dem Osten sehen möchte, dann dich. Deine Mutter spinnt. Also, setz dich in den Zug und komm her!«

»Wirklich?« konnte ich gerade noch flüstern, dann mußte ich heulen. Mein Ältester übernahm das Gespräch und versprach ihr, mich in den Zug zu setzen. Wir waren alle sehr aufgeregt.

Am nächsten Tag führte ich die bayerische Caféhausbesitzerin stundenlang durch den Ostteil. Auch im »Trabant« ließ ich sie mitfahren, was ihr einen Heidenspaß bereitete. Ich zeigte ihr viele unserer Sehenswürdigkeiten, auch sämtliche Theater. Überall wimmelte es von Westlern, die ich an ihrer Kleidung und ihrer Sprache sofort erkannte. Meine Begleiterin stellte fest, daß die alle allein herumliefen und keinen Stadtführer wie mich hatten.

Wir kehrten auch zweimal ein, unsere Gaststättenpreise waren noch sehr niedrig, und so konnte ich mich problemlos revanchieren. In unseren noblen »Exquisit«-Modegeschäften fand sie auch noch das eine oder andere »Schnäppchen«. Besonders Schuhe hatten es ihr angetan, und sie rechnete mir immer vor, wieviel sie gerade wieder im Verhältnis zu Augsburg gespart habe. Ich war schon ein bißchen neidisch. So einem Kaufrausch wäre ich auch gerne mal verfallen. Es war ein schöner Tag, und wir beschlossen, uns dann in Augsburg bei meiner »Tante« wiederzusehen.

Am darauffolgendem Sonntag, es war Tommys 22. Geburtstag, erzählten wir meiner Mutter von meiner bevorstehenden Reise. Sie reagierte cholerisch. »Was willst du denn dort? Die Preise in ihrer Boutique kannst du sowieso nicht bezahlen! Du brauchst das Geld, um deine Kinder zu ernähren. Und außerdem arbeitet sie auch den ganzen Tag, da mußt du nur im Laden rumsitzen. Du mit deinen miserablen Rechenkünsten kannst ihr ja nicht mal beim Verkaufen helfen, so wie ich. Überhaupt, weißt du, wie teuer eine Zugfahrt dorthin ist? Das kannst du dir nicht leisten.«

»Ach, da legen wir alle zusammen«, sagten Tommy und seine Freundin gleichzeitig.

»Und wer soll auf die Kinder aufpassen, ich habe keine Zeit, und alleine lassen kannst du sie nicht, das wäre Vernachlässigung der Aufsichtspflicht«, wetterte sie weiter.

»Ach, dann bleibe ich eben hier in der Wohnung bei Tommy und den Kindern, das regeln wir schon«, meinte Susanne, meine Schwiegertochter in spe, die auch am Lehrerbildungsinstitut studierte.

»Ich verbiete dir, dorthin zu fahren, sie ist schließlich meine Freundin«, war der letzte Versuch meiner Mutter, mich von der Fahrt abzuhalten.

»Das lasse ich mir aber nicht verbieten«, antwortete ich unbeirrt.

Wutschnaubend verließ sie die Geburtstagsfeier. Uns war klar, daß sie vor irgend etwas Angst hatte, und wir ließen unserer Phantasie freien Lauf. Vielleicht würde ich meine richtige Mutter treffen, oder erfahren, daß sie damals vergewaltigt wurde und sich deshalb so mir gegenüber verhielt?

Fest stand, daß ich nun erst recht fahren mußte.

Völlig aufgeregt bestieg ich den Zug, meine Kinder waren mit zum Bahnhof gekommen. Zum ersten Mal fuhr ich in einem sogenannten Interzonenzug, den wir früher nicht benutzen durften. Er unterschied sich mehr als deutlich von den mir bisher bekannten Reisezügen. Er war nicht nur insgesamt sauberer und gepflegter, sondern man konnte sogar die Toiletten ohne aufkommenden Brechreiz benutzen, eine ganz neue Erfahrung.

Unterwegs war ich ziemlich beklommen, hatte gemischte Gefühle, empfand Vorfreude wie auch Angst. Ich war auf alles gefaßt.

Die Boutique war unweit vom Bahnhof Augsburgs. Etwas unsicher betrat ich das Geschäft. Im Laden stand eine schöne, schlanke, blonde, nicht mehr ganz junge Frau, die bei meinem Anblick sofort zu einem Stuhl griff, ihn vor einen riesigen Spiegel schleppte, sich an der Lehne festhielt und in Positur ging.

»Also, Phil, guck her, ich habe den Rücken gerade, die Brust raus, die Arschbacken zusammengekniffen, einen geraden Hals und waagerechte Arme!«

Ich schaute verstört zu ihr.

»Na, du brauchst dich gar nicht vorstellen, du bist ja Phil noch mal! Nein, diese Ähnlichkeit!«

Ich verstand nichts.

»Na, glaubst du, ich vergesse jemals seinen Blick, wenn er den Ballettsaal betrat und uns alle musterte. Wehe, eine von uns stand nicht so da, wie er es sich wünschte!«

Ich wiederholte leise: »Den Ballettsaal?«

»Na, sag bloß, du weißt nicht, wer Phil ist. Der Feuerball, unser Ballettmeister bei den ›Battle Stars‹ damals, dein Vater! Deine Mutter wird dir doch von ihm erzählt haben!«

»Nein, ich weiß nur, daß er tot ist, Philipp Kent hieß, und ein Soldat aus Amerika war.«

»So ein Quatsch, der und Soldat. Er war ein begnadeter Sänger, Solotänzer, Choreograph und unser Ballettmeister. Der hat nie ein Gewehr angefaßt, seine einzige Waffe war eine Reitpeitsche, die er schwang, wenn wir in der Girlreihe unsere Beine nicht hoch genug warfen. Und Kent hieß er übrigens auch nicht!« sagte sie leiser werdend. Sie kam auf mich zu. Wir setzten uns auf die goldlackierten Stühle, die im Geschäft herumstanden, und ich wußte nicht, ob ich lachen oder weinen sollte.

»Du weißt das alles nicht?« Ich schüttelte den Kopf, dann rannen mir die Tränen. Ich dachte an meine beiden Söhne und ihr Talent.

»Aber, deine Mutter hat mir doch erzählt, daß deine Kinder nach ihm kommen und in Berlin auf der Bühne stehen und sogar schon im Fernsehen zu sehen waren!«

»Ihnen hat sie es nie erzählt, obwohl alle rätselten, woher sie das können.«

Die »Tante« war sichtlich ergriffen und schloß gleich ihren Laden. Ins Schaufenster hing sie ein Schild: ›Geschlossen wegen dringender Familienangelegenheiten.‹

Wir fuhren mit einem großen Ford zu ihr nach Hause. Unterwegs fragte ich sie, wer denn die vielen blonden Westtanten waren, die uns früher immer besucht hatten.

»Na, alle, die du kennst, waren seine Tänzerinnen, wir waren seine Girltruppe. Deine Mutter war unser guter Geist. Sie organisierte alles, erledigte den Schriftkram, nähte mitunter sogar unsere Kostüme, paßte auf uns wilde Horde auf und so weiter … Dein Vater war von Anfang an ihr Geliebter, die beiden waren unzertrennlich. Die haben sich innig geliebt, ein Traumpaar.«

»Das hat sie mir nie erzählt, und die Westtanten haben auch nie mit mir darüber gesprochen.«

»Sag mal, deine Mutter in ihrem Osten hat wohl nie gedacht, daß die Mauer mal fallen könnte?«

Während des Abendessens bekam ich keinen Bissen runter, hörte nur mit großen Ohren zu, wie es damals war.

Meine »Tante« war fassungslos, daß ich gar nichts wußte,

obwohl ich meinem Vater so ähnlich sei, der Blick, die Haare, das Aussehen, sogar die Hautfarbe und das Temperament. »Du siehst doch genauso sizilianisch aus wie er. Seine Großeltern waren nämlich von Sizilien nach Amerika ausgewandert, und du trägst doch sogar den Vornamen seiner Mutter. Das wollte er damals so.«

Sie konnte es nicht glauben, ich auch nicht.

Was wäre denn dabei gewesen, wenn meine Mutter mir alles erzählt hätte? Ich wäre mit ihr glücklich gewesen, daß sie so eine große Liebe erlebt hatte, deren Erinnerung ich war. Ich hätte mich sicherer gefühlt, hätte gewußt, warum ich anders aussehe, meine Söhne hätten von Anfang an gewußt, wem sie ihre künstlerischen Fähigkeiten zu verdanken haben.

Jetzt wußte ich es zwar, aber ich konnte all das nicht verarbeiten, meine Gedanken rasten.

Meine »Tante« war auch ziemlich durcheinander und überlegte, was meine Mutter berichtet hatte bei ihren Besuchen. Sie hatte beispielsweise erzählt, daß ich zu ihrem größten Leidwesen so gar nicht nach ihr käme, sondern nach meiner Großmutter und nach meinem Vater. Sie hätte an mir überhaupt keine Freude. Ich würde immer nur Ärger machen. Selbst die Männer würden es bei mir nicht aushalten, obwohl ich zweimal soviel Glück gehabt hätte, ich wäre von ihnen so verwöhnt worden. Die Kinder allerdings würden an mir hängen wie die Kletten.

»Tante« Inge hatte das nie so ernst genommen und sie gefragt: »Hast du etwa gedacht, du kannst aus einem Sizilianer einen Preußen machen?«

Nachdem wir stundenlang zusammengesessen hatten, beschloß sie, mir zu helfen, mehr über meinen Vater in Erfahrung zu bringen. Vor uns lag ein langes Wochenende, und das wollten wir dafür nutzen.

Morgen, gleich nach Ladenschluß, würden wir gemeinsam zu ihrer Schwester fahren, die mehr Kontakt zu den anderen ehemaligen Girls hätte.

Nach diesem aufregenden Tag versuchte ich vergeblich einzuschlafen. Ich sprach seit Jahren mal wieder mit meinem Schutzengel, fragte ihn, warum er mir nie ein Zeichen gegeben und nicht einmal versucht hätte, mich zu finden.

Am nächsten Tag fuhren wir nach Nürnberg zu ihrer Schwester. An sie konnte ich mich schwach erinnern. Sie kam früher öfters zu meinen Großeltern, meist in einem schicken Pelzmantel und immer gut nach Parfüm duftend.

Sie umarmte mich herzlich und war ebenfalls verblüfft, wie ähnlich ich als erwachsene Frau meinem Vater sähe. Als sie die Fotos von meinen Söhnen betrachteten, fanden beide »Tanten«, daß selbst sie wie er damals aussehen würden.

Von der Schwester erfuhr ich außerdem, daß meine Mutter allen streng verboten hatte, mit mir oder meiner Oma über meinen Vater zu sprechen. Das würde nur die Situation verkomplizieren und ihre Entwicklung beeinträchtigen. Für mich sei er tot, und das genügt. Da die »Tanten« nicht einschätzen konnten, wie gefährlich es im Osten wirklich war, hielten sie sich an die Bitte meiner Mutter, sie wollten ihr nicht schaden.

Aber immer, wenn sie mich bei meinen Großeltern gesehen hatten, berichteten sie davon einer anderen ehemaligen Tänzerin, die mittlerweile im Schwarzwald wohnte, und diese wiederum stand in Briefkontakt mit Tänzerinnen, die in Amerika lebten. So hielten sie es viele Jahre, bis zum Tod meiner Oma.

Nun tat es der Schwester leid, daß sie mir nie etwas erzählt hatte, aber daß ich so gar nichts wußte, hätte sie niemals vermutet. Beide gaben zu, meine Mutter in dieser Hinsicht nicht zu verstehen. Die hätte immer schon ihre Prinzipien gehabt, schon damals, als sie nicht mit nach Amerika ging. Daß sie statt dessen mit mir in den Osten ging, hätte ohnehin niemand verstanden. Sie hätten oft gesagt, daß sie sich für die falsche Seite Deutschlands entschieden hätte.

Da man nun keine Angst mehr vor dem Osten zu haben

brauchte, wollte auch sie mich bei meinen Nachforschungen unterstützen.

Sie gab mir die Adresse der anderen »Westtante«, mit der zusammen sie öfters bei uns war und an die ich mich besonders gut erinnern konnte. Die sei nämlich, nachdem sie mit einem Major einige Jahre in Florida gelebt hatte, zurück in Deutschland und würde nun in Westberlin leben.

Dann rief sie bei der Tänzerin im Schwarzwald an, erzählte ihr von meinem Besuch und fragte, ob sie uns empfangen könnte. Diese willigte sofort ein, obwohl sie sehr krank war, aber mich wollte sie unbedingt noch einmal sehen. Sie war ganz aufgeregt am Telefon, und meine beiden »Tanten« versprachen, sie gleich morgen mit mir zu besuchen.

Einen Tag später fuhren wir nunmehr zu dritt in den Schwarzwald. Diese ehemalige Tänzerin meines Vaters war wirklich sehr krank und konnte sich vor Rheumatismus kaum mehr bewegen. Als sie mich sah, fiel sie mir um den Hals und weinte bitterlich. Sie sei so froh, daß sie mich doch noch einmal sehen würde.

Sie führte uns in ein Zimmer. Dort hatte sie drei verschnürte Stapel mit Briefen, Fotos, ein Kriegstagebuch, ein Fotoalbum und einen alten US-Army-Seesack mit einer aufgedruckten Nummer bereitgelegt.

Ich zitterte beim Anblick dieser Sachen am ganzen Körper und brachte kein Wort heraus.

Beim Tee erzählte sie mir, daß sie damals, 1946, meinem Vater versprochen hatte, wenn ich groß sei, mir von ihm zu erzählen und mir seine Sachen zu geben. Meine Mutter hatte sie nicht mitnehmen wollen. Auch die Briefe, die er meiner Mutter aus den Staaten geschrieben hatte und die allesamt zu ihm zurückgekommen waren, sollte sie für mich aufbewahren. Er hatte ihr jeden einzelnen in den Schwarzwald geschickt, zum Beweis, daß er versucht hatte, sich um mich zu kümmern, falls ich einmal fragen sollte.

Sie wußte auch, daß er meiner Oma, die ihm Fotos von mir geschickt hatte, ein-, zweimal geschrieben hatte, aber sie hätte sich nach 1947 auch nicht mehr gemeldet, weil es ihre Tochter nicht wünschte, wie sie ihm zuletzt schrieb. Für ihn war ich also wirklich im Osten verschwunden. Daß ich sogar hinter einer Betonmauer verschwinden würde, und so die Briefe nie lesen konnte, damit hatte er nicht gerechnet, diese »Tante« aber ebensowenig. Den Rest der Briefe habe er ihr im Sommer 1970 bei ihrem letzten Besuch in New York gegeben.

»Wann?« schrie ich. »Wann?« Ich faßte mich an den Kopf und lehnte ihn schluchzend gegen die Fensterscheibe. »1970? Da hat er noch gelebt?«

Ich weinte bitterlich und alle drei ehemaligen Tänzerinnen meines Vaters weinten mit mir. »Warum hat er sich nicht weiter um mich bemüht?« fragte ich sie.

»Na, er hat dir doch über Fanny zur Hochzeit ein Service geschickt und zur Geburt deines Sohnes einen Babydress. Hast du denn die Sachen nicht bekommen?« fragte die Dritte nun.

»Und ich habe dir doch, als du noch ganz klein warst, aus ganz weichem Leder rosarote Ballettschuhe mitgebracht, und später eine Jeans, erinnerst du dich nicht?«

»Doch, aber ich wußte nicht, daß die Sachen von ihm waren, ich wußte es einfach nicht! Woher auch? Mutti hat mir immer erzählt, daß er gleich nach meiner Geburt gestorben sei, deshalb sei sie auch mit mir zurück in den Osten gegangen.«

»Hat sie dir denn auch nicht erzählt, daß sie sich jedes Jahr, seitdem sie in den Westen fahren durfte, mit Fanny oder Ulla, den Tänzerinnen, die in Kalifornien leben, hier bei mir getroffen hat?« fragte die Dritte zaghaft.

Ich wurde ganz still. Warum nur? Warum macht jemand so etwas? Warum macht eine Mutter so etwas?

Wir begannen nun die Fotos durchzusehen, vor Tränen konnte ich kaum etwas erkennen. Ich sah nur, daß er eine große Nase und eine beeindruckende Figur hatte.

Plötzlich versiegten die Tränen, und ich wurde wütend. »Ich werde ihn suchen! Vielleicht lebt er noch? Und wenn er noch lebt, werde ich ihn finden, verlaßt euch drauf!«

»Ja, such ihn!« meinten alle drei.

Später kramte die Dritte noch einmal in ihren Sachen und fand seine New Yorker Adresse von 1970, die aber leider nicht mehr vollständig war. »Schreib einfach an die US Army«, rieten sie mir. »Auf dem Armysack ist seine Registriernummer von der Armee. Vielleicht hilft sie dir weiter.«

»Was wirst du denn nun deiner Mutter sagen«, wollten sie wissen.

Ich wußte es nicht. Sie war für mich im Moment unwichtig.

Vielleicht lebte mein Vater noch, und wir in der DDR sind jetzt frei, wir können reisen, vielleicht, vielleicht ..., das waren die einzigen Gedanken, die mich beschäftigten.

Beim Abendessen erzählte ich ihnen ein wenig davon, wie ich meine Mutter erlebt hatte. Sie konnten es nicht fassen. In ihrer Erinnerung und bei ihren Besuchen war sie ein völlig anderer Mensch.

»Der Osten hat die Menschen ja wirklich kaputt gemacht«, bemerkten sie. Ich stimmte ihnen zu. »Aber nun haben diese Menschen ihren Osten selbst kaputt gemacht, das hat er nun davon«, fiel mir dazu spontan noch ein. In diesem Moment hätte ich Michail Gorbatschow zu Boden knutschen können, daß er die Mauer hatte fallen lassen. Ich hätte sonst nie diese drei Frauen getroffen und erfahren, was sie über mich wußten. Dankbar umarmte ich sie zum Abschied.

Auf der Rückfahrt vom Schwarzwald nach Augsburg dröhnte mir der Schädel. Ich hielt den Rucksack mit seinen Sachen krampfhaft umklammert. Ich sprach kein Wort, und die beiden Frauen schimpften während der ganzen Fahrt auf die Politik, auf den Osten und auf meine Mutter, die sie seit ihrem Rentnerdasein bei sich ohne jeden Vorbehalt empfangen hatten und die seit acht Jahren jedes Jahr hier ihre 100 Mark Besuchsgeld kassiert hatte.

In Augsburg verlebte ich dann noch drei schöne Tage, die brauchte ich auch zur Erholung. Zuviel war auf mich eingestürzt. Und ich fand es lustig, im Laden mit auszuhelfen.

»Aber so dick sind Sie doch gar nicht, wie Ihre Mutter behauptet«, stellte schließlich eine der Verkäuferinnen fest. Auch meine »Tante« hatte mir das schon gesagt. »Wir haben deiner Mutter immer Garderobe für dich mitgegeben, aber sie meinte dann, daß dir die Sachen nicht passen würden, sie würde jedoch anderen jungen Frauen damit eine große Freude machen.« Ich stutzte erneut. Ich hatte ihr doch öfter nach ihrem Aufenthalt in Augsburg Kleidungsstücke abgekauft. Ich beschrieb ihnen zwei Blusen und einen Blazer, und sie erkannten darin ihre Sachen wieder. Dann nannte ich ihnen noch den Preis, den ich meiner Mutter dafür gezahlt hatte. Da wunderten sie sich.

Später kleidete mich meine »Tante« schick ein, ganz in Wollweiß. Ich gefiel mir sehr und brauchte auch nur den Einkaufspreis zu bezahlen.

Am Abend vor meiner Heimreise riefen wir meine Mutter an. Ich war so weit, ich wollte ihr unter Zeugen von meinen Erlebnissen berichten.

Sie glaubte aber, ich sei schon wieder zu Hause und hörte gar nicht zu, sondern fragte gleich: »Und, hast du dir was von Inges überteuerten Sachen gekauft? Hat sie dich auch übers Ohr gehauen, wie all ihre Kunden, indem sie dir angeblich Nachlaß gewährt?«

Meine »Tante« hatte das Telefon auf Mithören gestellt, um bei Bedarf dazwischenreden zu können, und fiel fast vom Sofa. »Was meinst du denn?« fragte ich nach, da nahm mir Inge schon den Hörer aus der Hand und fragte meine Mutter selbst, wie sie das verstehen sollte. Eine Antwort bekam sie aber nicht, denn meine Mutter hatte aufgelegt. Nun reichte es auch ihr. Gleich morgen würde sie ihr einen langen Brief schreiben.

Die ganze Rückfahrt über schaute ich gedankenverloren aus dem Fenster und freute mich an der herrlichen Landschaft, den schönen gepflegten Häusern, den ordentlichen Städten und vor allem Bahnhöfen, die der Zug passierte. Auch ohne sichtbare Grenze sah ich sofort, wann ich wieder durch den Osten fuhr.

Meine drei Söhne und die Freundin meines Ältesten holten mich zusammen in unserem Trabi vom Zug ab. Sie waren sehr neugierig, was ich auf der anderen Seite denn so alles erlebt hatte.

»Darüber muß ich mit euch in Ruhe reden. Laßt uns erst einmal nach Hause fahren«, bat ich sie. Während ich kochte, natürlich Spaghetti mit Tomatensauce, räumten sie meine Geschenketasche aus und freuten sich wie die Schneekönige über das noch so kleine Mitbringsel. Es bereitete mir sehr viel Freude, ihnen beim Auspacken zuzusehen. Da ihnen, genau wie mir, die Verpackungen so gut gefielen, rissen sie diese nicht entzwei, sondern öffneten sie vorsichtig, damit wir das schöne Papier und die Schleifchen nochmal verwenden konnten.

Sie probierten die schicken neuen Sachen an und kosteten von den Süßigkeiten. Endlich saßen wir alle um den Mittagstisch, und ich erzählte ihnen jedes Detail, das ich über ihren amerikanischen Opa erfahren hatte. Da vergaßen sie mitunter weiter zu essen.

Über die Tatsache, daß mein Vater vielleicht noch lebte, gerieten sie ebenfalls fast aus dem Häuschen, erst recht, als ich ihnen sagte, was er von Beruf war. Das wollte Frankie gleich im Friedrichsstadtpalast erzählen, wer hatte dort schon einen Opa mit eigenem Revueballett?

Tommy wollte nun mit seiner Freundin auf eine Reise nach New York sparen, und Michael wollte noch schneller und besser englisch lernen, damit er die Briefe meines Vater lesen konnte.

Als wir gemeinsam die alten Fotos anschauten, sahen wir

gleichzeitig auf die langen Nasen und mußten unwillkürlich lachen. Schönes Erbstück, das wir da hatten! Nun brauchten wir uns darüber auch nicht mehr zu ärgern, sondern waren stolz, unser Familienwappen mitten im Gesicht zu tragen.

Ihre Oma konnten sie nicht verstehen. Was wäre denn dabei gewesen, wenn wir das alles vorher gewußt hätten?

Als wir an diesem Abend schlafen gingen, kam keiner richtig zur Ruhe. Aus den Kinderzimmern hörte ich es noch lange schnattern.

Am nächsten Morgen kamen die beiden »Kleinen« zu mir ins Bett und redeten unentwegt weiter, was wir jetzt alles machen könnten, ohne die Mauer, und wie toll das wäre.

Gleich am nächsten Tag ging ich zu meiner Mutter. Ich wollte wissen, was die ganze Geheimniskrämerei um meinen Vater bedeuten sollte. Sie wollte mit mir zunächst nicht darüber reden, das sei ihre Privatangelegenheit. Damit gab ich mich aber nicht zufrieden, ließ nicht locker.

Mit versteinerter Miene erklärte sie mir schließlich, daß sie nie vorhatte, bei meinem Vater und all den leichtlebigen Menschen um ihn herum zu bleiben. Dieser Lebenswandel, die vielen flüchtigen Beziehungen, die diese Menschen eingegangen wären, seien nicht ihr Niveau. In einem solchen Milieu sollte auch ihre Tochter nicht aufwachsen. Sie wollte wirklich nur ein Kind von einem gutaussehenden Mann. Von einem Mann, den sie unter den deutschen Männern der Nachkriegszeit nicht hätte finden können. Sie hatte schließlich schon damals ihre Prinzipien. Und sie habe nur mein Bestes gewollt.

»Und genau das hast du dir auch selbst genommen. Hattest du je vor, es mir irgendwann einmal wiederzugeben?« fragte ich. Sie verzog nur spöttisch den Mund.

Während sie zu mir sprach, sah ich in ihre eiskalten Augen, und ich wußte, daß sie damals wirklich so empfunden hatte, und auch heute noch so denkt. Kein Wort des Bedauerns oder der Entschuldigung kam über ihre Lippen. Sie sah nur sich. Nur ihre Maßstäbe zählten. Was sie bei mir angerichtet hatte, wollte sie gar nicht hören. Im Gegenteil, sie warf mir vor, sie am Telefon hintergangen zu haben, als ich aus Augsburg anrief.

Wenn diese Frauen damals wirklich so ›ordinäre Dinger‹ gewesen waren, warum hatte sie es dann als überzeugte Sozialistin nicht erwarten können, sie im Westen zu besuchen? Ich erhielt keine Antwort. Vielleicht war es ihr wirklich nur um das Begrüßungsgeld gegangen.

Daß sie mit den Dreien noch ein ernstes Wort reden würde, konnte ich mir gut vorstellen. »Sie werden es noch bereuen, daß sie dir das alles erzählt haben«, eröffnete sie mir.

Plötzlich fragte ich mich, was ich mir eigentlich von ihr erwartet hatte. Was glaubte ich zu bekommen? Mitleid, Reue? Wie oft hatte ich das schon erhofft. Ich wußte wieder einmal nicht, warum ich sie immer noch um irgendeine Form der Zuwendung anbettelte. Wie lange wollte ich ihr noch hinterherrennen, um mein Defizit an Mutterliebe ausgeglichen zu bekommen?

Langsam stieg Haß in mir auf, und ich verließ grußlos die Wohnung.

Als ich an diesem Tag nach Hause kam, ging es mir zunehmend schlechter. Ich fühlte mich ausgebrannt und hilflos. Langsam begriff ich, was passiert war, ich wußte mit all den neuen Informationen nichts anzufangen. Ich konnte nicht einmal mehr weinen, nur noch den Kopf schütteln.

Ich nahm ein heißes Bad und ging ins Bett. Dort brach es dann aus mir heraus, als würde der Stöpsel aus einer Flasche explodieren. Ich bekam einen Weinkrampf. Meine Kinder hörten es. Sie schlichen zu mir ins Bett und streichelten mich. Das half.

Am nächsten Tag startete ich die Suche nach meinem Vater. Es war der 16. Februar 1990.

*

Ich wußte, daß seit vielen Jahren um den 8. Mai Kriegsveteranen aus den USA zur Gedenkfeier nach Torgau an der Elbe reisten, einem kleinen Städtchen in Sachsen, um mit russischen Kriegsveteranen eine Wiederholung der ›Begegnung an der Elbe‹ zu zelebrieren. Sie hatten schon vor Jahren eine Vereinigung gegründet, die sich »Elbe Alliance – Partner im Sieg, Partner im Frieden« nannte.

In diesem Jahr sollte das Treffen im freien Osten besonders festlich begangen werden. Darüber berichteten alle Tageszeitungen. Vom Rat des Kreises Torgau besorgte ich mir die Adresse der Elbe-Alliance. Vorsichtshalber hatte ich mich am Telefon als Westberliner Journalistin ausgegeben. Ich konnte nicht einschätzen, ob ich als DDR-Bürger Erfolg gehabt hätte. Da aber unsere kleine Republik von westlichen Journalisten und anderen Abenteurern mittlerweile übersät war, sah ich in dieser Behauptung eine Chance.

Nun bat ich noch einen unserer Englisch-Sprachmittler aus dem Betrieb zu mir nach Hause, zeigte ihm das Material, über das ich nun verfügte, und gemeinsam formulierten wir die Anfrage. Wir verwendeten alle Angaben aus dem blauen Kriegstagebuch und nannten seine Registriernummer vom Rucksack. Wir konnten seinen Weg durch Europa, alle seine Stationierungen, nachzeichnen. Dann berichteten wir von meiner Geburt und dem Umstand, wie es mich in den Osten verschlagen hatte. Nun, nach dem Fall der Mauer, wollte ich meinen Vater suchen und ihn über die Elbe-Alliance mit nach Torgau einladen. Die Kosten dafür wollte ich übernehmen. Der Brief umfaßte sechs Seiten, und die Schreibmaschine schaffte drei Durchschläge. Wir brauchten die halbe Nacht.

Am nächsten Tag fuhr ich mit dem Kollegen weit in den amerikanischen Sektor von Westberlin, um den Brief dort auf der Post abzugeben. Wir wollten ganz sicher sein. So schnell trauten wir unserer Post nicht zu, den Brief nach Amerika zu befördern. Außerdem wollte ich nicht riskieren, daß er in falsche Hände gelangte. Denn falsche Hände packten immer noch an allen Ecken und Enden kräftig zu. Das wußten wir aufgrund unserer Arbeit.

Jetzt hieß es warten auf die Antwort aus Amerika. Inzwischen ging das wilde Durcheinander in Berlin weiter.

Keiner wußte so richtig, was jetzt passieren würde. Viele tauschten ihr Ostgeld für das Zehnfache in Westgeld um und kauften sich Konsumartikel. Für einen Videorecorder bezahlte man 10.000,- Ostmark. Alle Modeboutiquen boten Schnäppchen an. Sie senkten die Ostpreise, und so konnten auch wir uns das eine oder andere leisten. Am meisten nutzte das allerdings den Westberlinern. Auch Lebensmittelläden, die nahe an der Grenze lagen, waren voll von Westberlinern, da das Fleisch dort um die Hälfte billiger war. Das exquisite Meißner Porzellan, für das nun keine Zollerklärung mehr nötig war, wanderte ebenfalls in den Westteil.

Dafür gelangten lang entbehrte Waren wie Nutella, Barbie-Puppen, Wolle aller Kategorien, Fernseher, bunte Zeitschriften, Waschpulver, Modeschmuck, bedruckte T-Shirts und vor allem Levis in den Ostteil. Irgendwie herrschte eine Stimmung wie auf einem Basar, und ganz Berlin schien dem Kauf- und Verkaufsrausch verfallen.

Vor allen Dingen wurden Autos gekauft. Mitunter die größten Schrottkisten, aber wenigstens saß man nun endlich in einem Westwagen. Mir fiel auf, daß vor allem ältere Männer sich große teure Autos kauften. Für sie erfüllte sich ein Lebenstraum. Es war eine helle Freude, den Familien beim sonntäglichen Autoputzen zuzusehen. Endlich lohnte es sich.

Mit meinen Kindern ging ich sonnabends zwei Straßen weiter in den Westen, einen Döner-Kebab essen. Er kostete 35 Ostmark, das war viel Geld, da ich nur 900,- Mark im Monat verdiente. Das hatte bislang immer gereicht, aber bei den neuen gewaltigen Verführungen mußte ich schon rechnen. So konnten sie sich immer nur einen Türkenbroiler teilen, wie die Berliner sagen. »Lieber jede Woche einen halben als gar keinen«, meinten sie.

Ich empfand, daß es in diesem Frühling nur glückliche Berliner gab. Alle Leute wirkten entspannt und waren freundlich zueinander.

Glücklich waren auch mein ältester Sohn Tommy und seine Freundin Susann. Eines Tages besuchten sie mich mit leicht betretener Miene. Ich hatte mir gerade Ohrringe gekauft, die ich ihnen stolz vorführte. Plötzlich sagte mein Sohn: »Apropos, kleine Ohren, Mutti, du wirst Oma.«

Während all der Aufregung in jener Zeit war Susann schwanger geworden. »Das ist ja ein toller Zeitpunkt, jetzt, wo es so herrliche Babysachen und Kinderwagen gibt und auch so tolle Glückwunschkarten«, rief ich aus.

Dann hielt ich inne, wir schauten uns an und lachten. »Schön, daß du keine anderen Sorgen hast«, meinte Susann.

»Stellt euch vor, ein neues Kind in unserer neuen Zeit, das ist doch toll! Und daß du noch im Studium bist, trifft sich gut. Da kannst du dir die Schule aussuchen, wenn du fertig bist«, sprudelte ich weiter.

Mit meiner Begeisterung hatten sie offenbar nicht gerechnet, denn sie schauten sich bloß groß an. Wir wurden uns aber schnell einig, daß das Schicksal es so gewollt hatte, und besprachen, wie wir damit umgehen würden.

Noch etwas wollte das Schicksal: Meine anderen beiden Söhne kamen von einem Wochenendbesuch bei ihrem Vater zurück und erklärten mir, daß Papa und seine neue Frau auch ein Baby erwarteten.

Na, lustig, wie das Leben so spielt, ich werde Großmutter und er Papi!

Anfang März kam endlich ein Antwortschreiben aus Amerika. Ich war so aufgeregt und öffnete den Brief erst, als meine Familie komplett um den Tisch versammelt saß. Meinen Kollegen aus der Englischgruppe hatte ich ebenfalls dazu bestellt, und so las er vor:

»Entschuldigen Sie, daß ich Ihnen heute erst antworte. Ich habe mit der Veteranen-Administration in Washington DC gesprochen, und sie sagten zu, den Brief, den Sie an uns geschickt haben, an Ihren Vater weiterzuleiten, falls sie eine aktuelle Adresse haben. Es wird allerdings dauern, bis wir von der VA eine Nachricht erhalten, so daß ich es leider nicht schaffen werde, Ihren Vater für die ›Elbe-Wiederbegegnung‹ mit nach Berlin zu bringen.

Hier bei uns ist die Hoffnung groß, daß wir den Aufenthaltsort Ihres Vaters ausfindig machen. Lassen Sie mich abschließend Ihnen und Ihrem Land zu Ihren ersten freien Wahlen gratulieren, mögen diese zu Frieden, Wohlstand und Freiheit führen.«

Wir waren begeistert und schmückten uns aus, was mein Vater wohl antworten, ob er sich freuen und wo er wohnen würde. Ob er vielleicht auch seine Familie mitbringen könnte, zumindest seine Kinder. Michael, der als einziger von uns Englischunterricht hatte, wünschte sich gleich zum bevorstehenden Geburtstag ein besseres Wörterbuch, das schon einige in seiner Klasse besaßen und wir uns bislang nicht leisten konnten. Er wollte dolmetschen. Falls mein Vater aber zu alt war, um diese weite Reise anzutreten, wollten wir all unser Geld zusammenkratzen und gemeinsam zu ihm fahren. Wir erkundigten uns, was eine Reise in die USA kosten würde, was wir benötigten, und ich beantragte vorsichtshalber gleich einen Reisepaß, denn so einen besaßen wir DDR-Bürger nicht, wozu auch?

Unseren Träumereien waren keine Grenzen mehr gesetzt. Voller Schadenfreude fuhr ich zu meiner Mutter, um ihr den Antwortbrief aus Kansas zu zeigen.

»Was du dir davon versprichst, möchte ich wissen«, war ihr einziger Kommentar. – »Was? Einmal in meinem Leben in die

Augen meines Vaters schauen und von ihm umarmt werden, damit ich weiß, wer ich bin – und ihm seine Enkelsöhne auf der Bühne präsentieren, damit er sich freut, welch würdige Nachfolger er hat.«

Sie zuckte nur mit den Achseln und preßte ihre Lippen fest aufeinander.

Drei Wochen später erhielten wir erneut Post von der Elbe-Alliance aus Kansas. Voller Vorfreude versammelte ich wieder meine Familie und den Dolmetscher um den Tisch. Wir öffneten den zweiten Brief und er übersetzte:

»Ich bedaure, Ihnen mitteilen zu müssen, daß Ihr Vater vor fünf Jahren, am 7. März 1985, verstorben ist. Es tut mir sehr leid, daß Sie nicht mehr die Möglichkeit hatten, ihn zu treffen. Der Eiserne Vorhang und der Kalte Krieg verursachten mehr Tragödien, als wir je wissen werden. Glücklicherweise zeichnet sich nun ein Ende ab.

Anbei sende ich Ihnen den Brief von der Veteranen-Administration. Sie haben möglicherweise mehr Informationen über Ihren Vater, und wenn Sie daran interessiert sind, sollten Sie ihnen schreiben.

Die besten Wünsche für die Suche nach Ihren Wurzeln …«

Unfaßbar! Er hat bis 1985 gelebt! Konnten sie die Mauer nicht ein paar Jahre früher einreißen?

Wir waren alle sehr traurig, insbesondere ich. So ein Pech. Erst die großen Hoffnungen, und nun? Es wäre ja auch zu schön gewesen, endlich, nach 44 Jahren meinen tot geglaubten Vater zu sehen. So etwas gibt es wohl nur im Kitschfilm, und nicht im wahren Leben.

Und in meinem Leben gibt es nur eine Mutter, die mich einfach nicht in ihr Herz schließen kann. Mein Vater hätte es gekonnt, wenn er mich und meine Söhne gesehen hätte. Davon war ich überzeugt.

Nicht weinen, Agnesa, ein DDR-Bürger weint nicht.

Es hieß, weiter zu kämpfen. Ich hatte ja noch die Adresse in Washington, DC. An diese Abteilung wollte ich nun schreiben, um etwas über sein Leben zu erfahren: Hatte er Verwandte, vielleicht Geschwister, die noch leben? Gab es Angehörige, die mir etwas über ihn erzählen könnten? Hatte er noch mehr Kinder und lebte seine Witwe noch? Wo hatte er zuletzt gewohnt, was gearbeitet? Und als Wichtigstes, wo lag er begraben, damit ich irgendwann einmal Blumen auf sein Grab legen könnte.

Mit Hilfe meines unermüdlichen Kollegen formulierte ich einen zweiten Brief. Diesmal direkt an das Department of Veterans Affairs. Auch dieses Schreiben warfen wir wieder in Westberlin in den Briefkasten.

Wieder warteten wir geduldig auf Antwort.

Währenddessen stand mir und meiner Familie ein neuer Höhepunkt bevor.

In der 8. Klasse erwartete Michael, meinen zweiten Sohn, trotz Mauerfall die sozialistische Jugendweihe. Alle Schüler aus seiner Klasse nahmen teil, wir, die Eltern, waren gespannt, wie das diesmal ablaufen sollte. Das Gelöbnis, für die DDR und den Sozialismus zu lernen, konnten sie ja nun nicht mehr ablegen, die trockenen Festredner, die sonst parteideutsche Ansprachen voller Floskeln schwangen, konnten sie auch nicht mehr aufbieten. Was würde also passieren?

Es wurde richtig schön. Die Festrede hielt eine bekannte Chansonsängerin, deren Sohn ich früher einmal in Mathematik unterrichtet hatte. Sie gefiel mir schon damals, wenn sie in Elternversammlungen sprach, aber diesmal war sie überwältigend. Eine so aus dem Herzen kommende Rede, die die Weihlinge und deren Eltern unmittelbar berührte, und die so treffend die veränderte gesellschaftliche Situation beschrieb, dabei optimistisch auf die Zukunft der 14- und 15-jährigen blickte, hätte ich nicht erwartet. Auch die Musik war klassisch, ohne revolutionäre Klänge. Zum Schluß wurden die Weihlinge mit vielen guten Wünschen in eine ungewisse, freiheitliche Zukunft entlassen, denn keiner wußte zu diesem Zeitpunkt, wie es in Berlin und unserem Land weitergehen würde.

Gefeiert wurde mit allen Schülern der Klasse und deren Verwandten in einem riesigen Kultursaal. Jede Familie hatte eine lange Tafel, und es gab eine Bar und eine große Tanzfläche. Die frisch in den Kreis der Erwachsenen Aufgenommen waren, außer bei den Mahlzeiten, unter sich, und die Kapelle spielte im Wechsel für jede Generation etwas.

Unsere Familientafel war für viele anscheinend am interessantesten, hatten wir doch zwei junge, hübsche langhaarige schwangere Frauen dabei. Unsere Schwiegertochter und die Frau meines geschiedenen Mannes, den die anderen Eltern von vielen Veranstaltungen her noch gut kannten. Auf der Feier wurde ich mehrmals gefragt, wie ich diese Konstellation ertragen würde. Diese Frage wollte und konnte ich nicht beantworten.

Meine Mutter umgarnte meine Nachfolgerin, die sie zum ersten Mal sah, mit Schmeicheleien und der Feststellung, daß sie viel besser zu meinem Ex-Mann passen würde als ich. Ihr war das schrecklich peinlich, aber ich beruhigte sie damit, solche Äußerungen von meiner Mutter gewohnt zu sein. Dafür wich mir die angeheiratete Tochter meines Ex-Mannes nicht von der Seite, und wir verstanden uns gut.

Am nächsten Tag fuhren meine jüngeren Söhne mit der Familie ihres Vaters nach Südfrankreich in Urlaub. So etwas ging jetzt, einfach so, wir staunten trotzdem noch.

Während meine Söhne in den Ferien waren, lief in unseren Kinos »Dirty Dancing« an, es war das Ereignis. Mit zwei jüngeren Mitarbeiterinnen ging ich drei Tage hintereinander ins Kino. Der Film war Balsam für unsere durch das politische Chaos verwirrten Seelen. Ich sah in dem jungen Tänzer Johnny meinen Vater und verstand »Baby«, die sich in ihn so heroisch verliebte. Am Schluß rannen mir jedesmal die Tränen.

Es war momentan alles so schön, in den Mittagspausen schlenderten wir durch Westberlin und probierten Klamotten an, oder wir aßen Salat beim Italiener. Das war romantischer als in der Kantine. Es war die Ruhe vor dem Sturm.

Um unseren Dolmetschbetrieb ging es bald heiß her. Die Zeitungen hatten entdeckt, daß es ein direkt der Partei unterstellter Betrieb war. Viele Privatkunden aus dem kapitalistischen Ausland hatten das nicht gewußt und waren nun empört. Mir war allerdings schleierhaft, was sie erwartet hatten.

Was mich noch mehr belustigt hat, war die Enttarnung der Büroetage unter uns als ebenfalls Partei zugehörig, das Unternehmen »GENEX«. Dieses Unternehmen hatte Westdeutschen, Ausländern und Diplomaten oder Künstlern im Tausch gegen Devisen ermöglicht, teure und hochwertige Geschenke, bis hin zu Autos (allerdings nur Wartburg, Trabant, Lada und Skoda) sich und ihren Verwandten in der DDR zukommen zu lassen.

Die Angestellten blickten immer abfällig auf unsere Wettbewerbstafeln und Losungen und erklärten öfters, daß sie sehr froh sind, bei ihrer Arbeit nichts mit Politik zu tun zu haben. Unfaßbar für mich, daß einige dieser »Verkäuferinnen« tatsächlich geglaubt hatten, direkt für die Bundesrepublik zu arbeiten. Mir ging es nicht in den Kopf, daß einzelne Angestellte nichts über ihre Auftraggeber wußten. Offenbar war im Sozialismus auch so was möglich.

Unser Betrieb wurde bald aufgelöst, und wir wurden auf den Dolmetschbetrieb, der für das sozialistische Ausland zuständig war, aufgeteilt. Das schaffte Probleme, denn die bislang privilegierten Kollegen kamen zurück an die Front und waren ihren Kollegen dort nun gleichgestellt.

Einige ertrugen das nicht und machten sich sofort selbständig. Manche davon in der Hoffnung, daß die Aufträge ihnen weiterhin auf den Tisch gelegt werden würden, so wie wir Disponenten das taten.

Dann wurde das Vermögen des Betriebs, weil Parteivermögen, eingezogen und wir in eine Genossenschaft umgewandelt. Wir konnten Mitglieder werden, ich allerdings nicht, weil mich die Volksbildung nicht freigab, ich war noch vertraglich gebunden.

Gleichzeitig begannen die Entlassungen. Einige konnten sich in den Vorruhestand flüchten, andere in eine Funktion, beispielsweise in den Betriebsrat, manche flüchteten auch in den Westteil Berlins oder in die alten Bundesländer. Ich konnte vorläufig bleiben und war darüber sehr froh.

Im Juli erreichte mich dann endlich ein Brief aus Washington, DC. Darin schrieben sie mir, daß mein Vater auf einem Künstlerfriedhof auf Long Island, NY, beigesetzt worden war. Sie teilten mir auch die Grabreihe und die Platznummer mit.

Meine Anfragen könnten sie leider nicht beantworten, aber sie hätten meine Korrespondenz an seine Verwandten weitergeleitet und diese würden sich dann melden, oder auch nicht. Die Veteranen-Administration könne dies nicht beeinflussen. Der Brief schloß wieder mit allen guten Wünschen und ihrem Bedauern, mir nicht weiterhelfen zu können.

Für mich hieß es, erneut warten. Was in meiner Macht lag, hatte ich getan, was jetzt folgen würde, lag außerhalb dieser. Ich stellte es mir auch schwierig vor, was die Verwandten mit meinen Briefen und vielleicht auch mit meiner Existenz anfangen sollten. Es könnte immerhin sein, daß sie nichts von mir wußten, dann wäre es ein Schock.

Sollten sich die Verwandten wirklich nicht melden, nahm ich mir vor, irgendwann das Grab aufzusuchen und dort einen Kranz niederzulegen. Mit diesem Vorsatz konnte ich mich ein wenig trösten. Befriedigen würde mich das allerdings nicht. Schade, wo ich schon so weit gekommen war.

*

Die ersten demokratischen Wahlen standen an. Viele unserer ewig zu kurz gekommenen Weltverbesserer kandidierten. In meinem Wahllokal fehlte nur das Bild von Erich Honecker, der helle Fleck an der Wand, wo es vorher hing, war gut zu sehen. Hinter den Tischen saßen die gleichen Helfer, die mir schon früher geholfen hatten, die Kandidaten der Nationalen Front zu wählen. Alles war wie immer. Deshalb wählte ich, auch wie immer, die Regierungspartei, ohne lange zu überlegen. Ich dachte, die haben wenigstens Erfahrung. Die anderen sollen erst mal Demokratie lernen und ein bißchen üben, ihnen traute ich noch nicht.

Als ich am Abend im Fernsehen die Wahlergebnisse und das ängstlich überraschte Gesicht von Lothar de Maizière sah, der nun plötzlich regieren sollte, hoffte ich nur, daß er es nicht wirklich tun müßte. Aber weil die CDU, die Regierungspartei, gesiegt hatte, wußte ich, daß viele andere genau so gedacht hatten wie ich. Ich war beruhigt.

Die Turbulenzen hörten nicht auf. Gorbatschow traf sich mit Bush auf einem Boot in Malta, beide beschlossen die Wiedervereinigung, die Deutschen zogen sie durch, und wir wurden im Schnellverfahren am 3.10.1990 ein Deutschland, ein wiedervereinigtes.

Wir Hinterbliebenen aus der DDR waren von einem Tag auf den anderen freie Bürger der Bundesrepublik Deutschland, ohne über eine Mauer zu klettern, durch eine ungarische Wiese zu schleichen, ohne in Prag auf dem Hof der Botschaft zu campieren und ohne irgendwelche Besitztümer veräußert oder Ausreiseanträge gestellt zu haben. Bequemer ging es wirklich nicht.

Wenig beruhigend war, daß sich die Miete für meine große Fünf-Zimmerwohnung von 111 DM auf 444 DM erhöhte. Ich verdiente 980 DM im Monat, bekam für jedes Kind 220 DM Alimente und hatte kaum Erspartes. Meine kleine Truppe würde ich dennoch durchbringen. Außerdem war der Vater meiner

Kinder in der Nähe, und der half schon mal mit einem Scheinchen aus.

Aus Amerika kam keine Post, aber ich gab die Hoffnung nicht auf. Was kam, war die Währungsunion mit spektakulären Tauschbedingungen. Da ich die Möglichkeit hatte, für mich und die beiden Kinder einen hohen Freibetrag 1:1 zu tauschen, aber nicht soviel Geld besaß, wollte ich meine Mutter ein gutes Werk für ihre Enkelkinder tun lassen. Sie jammerte, daß ihr Geld halbiert werden würde, was eine Schande sei, und war nicht bereit, ihr Geld auf unsere Konten zu verteilen und uns somit ein wenig Geld zukommen zu lassen, nämlich die Hälfte, die ihr ohnehin verloren ging. Sie hätte ihr Geld nur aufgeteilt, wenn ich ihr anschließend dafür den ganzen Tauschbetrag ausgezahlt hätte. Das aber wollte ich nicht.

Leider war ich nicht schlau genug, Geld von anderen Leuten mit einzutauschen. Das haben viele Bekannte und Nachbarn, die mehrere Kinder hatten, gemacht und kamen so zu einer schönen Zusatzeinnahme.

Von meinem ersten eigenen Westgehalt kaufte ich mir in Westberlin einen riesengroßen, bunten Blumenstrauß.

Das Westgeld in der Lohntüte hatte die Wende weiter voran gebracht.

Da viele Leute nicht so schnell verkrafteten, was ihnen alles »aufgehalst« wurde, kam eine kleine Neuerung in unser Straßenbild: champagnerfarbene, dick gepolsterte Halswirbelstützen. Ich meinte, zu DDR-Zeiten nie so viele gestützte Hälse gesehen zu haben, obwohl es sie gab, wie mir ein befreundeter Arzt bestätigte. Eine meiner Bekannten, eine frisch entlassene Rundfunkmoderatorin, taufte diese Halskrausen Wendehalskorsette.

Ich bekam wegen meiner Nackenschmerzen auch eine verpaßt und lag nun voll im Trend. Und ich bekam noch etwas viel Schöneres: Philipp, mein erstes Enkelkind.

Er wurde am 11.10.1990 geboren, und von meinem Vater hatte er seinen Namen.

Mein Sohn durfte bei der Entbindung dabei sein, auch eine Neuerung seit dem Mauerfall. Ich hatte mitten in der Nacht seine entbindungsbereite Freundin und ihn in die Klinik zu dem Doktor gebracht, der schon meine beiden letzten Kinder auf die Welt geholt hatte. Die Hebamme meinte, ich könnte auf dem Flur warten, um den frischgebackenen Vater bald wieder mit nach Hause zu nehmen, denn das Baby hätte es sehr eilig.

Ich erinnerte mich an meine erste Entbindung und war skeptisch. Trotzdem ließ ich mich auf einer Wartebank nieder, hielt ein Schwätzchen mit der keimfreien Schrubberkolonne, die den Flur wischte, und wenig später wurde bereits die glückliche Mama mit ihrem süßen Baby auf die Station gebracht.

Der stolze Papi weckte zu Hause seine Brüder, um ihnen zu erklären, daß sie nun »Onkels« seien. Sie freuten sich, daß es ein Junge war, weil es sich mit ihm besser spielen ließe.

Mit mir, der frisch gekürten Großmutter, leerte er dann noch zwei Flaschen Sekt. Dabei stießen wir vor jedem Schluck auf etwas an: auf die Mutter des Babys, auf die Geburt, auf die Oma und keinen Opa, auf die Wiedervereinigung, auf seine Vaterrolle, auf die vielen Jungs, auf die verschwundene Mauer, auf Westautos, auf die niedlichen Babysachen, die es jetzt gab, auf meinen Ex-Mann, der vor vier Wochen Vater geworden war, und je beschwipster wir wurden, auf Gott und die Welt.

Gegen Morgen gingen wir zu Bett, und ich dachte über mein Leben als Großmutter nach. Das war schon komisch, Oma zu sein, zumal mein jüngster Sohn gerade 10 Jahre alt war.

Sicherlich würde es auch schwieriger werden, einen neuen Mann für mich zu finden. Wer will schon eine Großmutter?

Meinem immer noch heimlich amtierenden Liebhaber machte das glücklicherweise nichts aus.

Und einen neuen Mann hätten mir meine Kinder in unserer

Wohnung ohnehin nicht »erlaubt«, hatten sie mir erklärt. Da sie schon ihren Vater teilen müßten, könnten sie nicht auch noch mich teilen.

In dieser Zeit probten sie fleißig ihre Rollen in der Kinderrevue. Michael spielte einen bösen Diener des großen Zauberers Gru Gru und Frankie kleinere zu tanzende Nebenrollen, wie Spatz und Wolkenschäfchen.

Parallel zur Kinderrevue begannen im Friedrichstadtpalast die Proben für die große Abendrevue »Kiek mal an!« Thema dieser Revue: die DDR und das müßige Leben der Politprominenz. Mit feiner Ironie betrachtet und in die Zeit des Rokoko verlegt. Erich Honecker wurde von Helga Hahnemann, der beliebtesten Ulknudel und großen Entertainerin dargestellt, ihr Partner war, wie schon so oft, Alfred Müller, der Harald Juhnke des Ostens, ohne Alkoholproblem. Es wurde fast alles auf die Schippe genommen, was so passiert war. Wunderbar für Menschen, die über sich selbst lachen können.

Diese kabarettistische Aufarbeitung der Vergangenheit betraf auch besonders meinen jüngsten Sohn.

Einige aus der Kinderrevue, so auch er, durften in der großen Revue mitwirken. Sie bekamen kleinere Rollen.

Frankie wurde zusammen mit einem Mädchen als ›Ehrenpionier der Jubelordnung‹ an der Seite von Margot Honecker, der Bildungsministerin eingesetzt. Er spielte in den Palastszenen den ausgewählten Jungpionier an ihrer Seite. Sie wurde frivol dargestellt, und die Kinder waren ihre kleinen Pagen.

Frau Ex-Minister weilte da schon im Exil in Chile und mußte das nicht mit ansehen.

Es war unglaublich, denn es war genauso wie zwei Jahre zuvor, 1988, wie Frankie es erlebt hatte.

Ich fotografierte die Szene und hielt dann dieses Foto neben den Schnappschuß mit Margot Honecker. Der Regisseur konnte es kaum fassen. Der Einsatz von Frankie war dem puren Zufall zu verdanken gewesen – falls es den überhaupt gibt.

Frankie liebte diese Rolle und erzählte auch allen, wie es damals in Wirklichkeit war.

Auch auf dem Heimweg vom Friedrichstadtpalast gab es nun etwas zu erleben. An der Straßenbahnhaltestelle Oranienburger Straße und die ganze Straße entlang standen verteilt junge Frauen mit falscher Lockenpracht, hohen Stiefeln mit spitzen Absätzen, engen Trikots und knallbunten Tangas. Ich hatte nicht mitbekommen, daß die Oranienburger Straße zum Straßenstrich geworden war.

Ahnungslos, wie die anderen Mütter, die ihre Kinder abholten, war ich meinen gewohnten Weg gegangen. Die Kinder glaubten, diese Mädchen seien auch aus der Revue und hätten sich nur noch nicht umgezogen, sie sprachen sie darauf an. Darüber freuten die Mädchen sich und grüßten fortan abends die Kleinen immer mit einem freundlichen Hallo. Zu meiner Verblüffung war unter ihnen auch eine ehemalige Schülerin, eines unserer braven Chorkinder von damals, die mich ebenfalls freundlich grüßte.

Zum Jahreswechsel 1990/1991 mußte mein Unternehmen den größten Teil seiner Mitarbeiter entlassen, denn durch den Zusammenbruch des politischen Systems 1989 und der ostdeutschen Wirtschaft 1990 fielen sowohl die einen als auch die anderen als Auftraggeber für Übersetzungen und Dolmetschleistungen gänzlich aus.

Da ich nie Mitglied der SED war, laut Vertrag noch zur Volksbildung gehörte und als letzte in das Unternehmen eingestiegen war, wurde ich, obwohl alleinerziehend mit zwei schulpflichtigen Kindern, zum 31.12.1990 ohne eine Mark finanzielle Abfindung entlassen und somit arbeitslos zum 1.1.1991.

Ich meldete mich sofort bei der Volksbildung zurück. Es gab aber einen Einstellungsstop, zumindest, wie sich später herausstellte, für ehemalige Nichtgenossen. Die Genossen Lehrer, die die gleichen Überleitungsverträge hatten wie ich und in Pionierhäusern, Pionierlagern oder politischen Funktionen des

Ministeriums oder der Kinder- und Jugendorganisationen eingesetzt waren, wurden noch schnell vor dem 3. Oktober, dem Tag der Wiedervereinigung, zurück in die Schulen geholt und die Verträge annulliert. Manche von ihnen wußten zwar gar nicht mehr, was Unterricht bedeutet, aber sie hatten einen sicheren Arbeitsplatz. Das gestürzte System konnte seine Getreuen auf diese Art und Weise vor der Arbeitslosigkeit retten. Andere erhielten die Chance, eine Bildungsfirma, die wie Pilze aus dem Boden schossen, zu gründen, in der sie dann ihre arbeitslos gewordenen Mitbürger umschulen sollten.

Laut Vertrag konnte ich erst zum 24.8.1994 in den Lehrerberuf zurück. Ich mußte also die Jahre bis dahin überbrücken, bloß wie?

Zuerst ging ich zum Arbeitsamt Mitte. Ich war der erste arbeitslos gemeldete Lehrer in der Kartei dieses Amts. Mit Stolz konnte mich dieser Status nicht erfüllen.

Furchtbar war auch, daß ausgerechnet das für mich zuständige Arbeitsamt im ehemaligen Stasihauptquartier in der Gotlindestraße untergebracht war. An den Fenstern waren keine Griffe zum Öffnen, und die ehemaligen Diensträume, schnell in Beratungsräume umgewandelt, verströmten mit ihren alten Tapeten und den hellen Flecken der abgenommenen Fotos und Wandzeitungen eine triste Atmosphäre. Es wimmelte vor Arbeitslosen und die Wartezeiten beliefen sich meistens auf fünf bis sechs Stunden.

Die Mitarbeiter waren fast alle unfreundlich, bei manchen hatte ich den Eindruck, daß sie schon vor der Wende auf diesem Stuhl und in diesem Zimmer gesessen hatten. Es war erniedrigend, sich dort melden zu müssen und dann nur eine Nummer zu sein.

Ich bewarb mich ständig auf irgendwelche Stellen, auch immer noch bei der Abteilung Volksbildung, aber jedesmal scheiterte es am Einstellungsstop.

Bekannte wollten mich für Jobs werben, wie zum Beispiel

Versicherungsvertreter und Amway-Berater. Das war jedoch nichts für mich.

Da war der Wochenendjob als Barfrau auf Stundenbasis besser, zu dem mich die Mutter eines ehemaligen Schülers mitnahm.

Ich arbeitete tief dekolletiert und ziemlich flott. Das meiste Trinkgeld bekam ich nicht für das flotte Mixen der Drinks, sondern für mein pralles Dekolleté. In seinen Tiefen versanken die Blicke trauriger Männer. Sie waren unglücklich, weil in Scheidung lebend oder bereits geschieden, und sie schütteten mir ihr Herz aus und ließen sich von mir mit Worten trösten. Es sprach sich sogar irgendwie herum, daß Mann mit mir reden konnte. Soviel männliche Traurigkeit ging mir wirklich zu Herzen, und ich hätte am liebsten eine Organisation gegründet, die sich für die Emanzipation der Männer engagiert. Ich fühlte mich wie Jeanne d'Arc auf der Barrikade.

Ich empfand das westdeutsche Scheidungsrecht als männerfeindlich und vergaß darüber, daß unseres, zumindest für mich und meine Finanzlage, frauenfeindlich war.

Die beste Erfahrung bei dieser Arbeit war, daß ich auch mit bloßem Zuhören Geld verdienen konnte. Vielleicht eignete ich mich als Kummerbriefkasten einer Zeitung?

Leider wurde die Bar bald geschlossen und meine zusätzliche Einnahmequelle mir so entzogen.

Weg war auch der Vater meiner Kinder und seine Geldspritzen, die, im Unterschied zu denen der geschiedenen Westmänner, freiwillig waren. Er hatte mit seiner neuen Familie genug zu tun. Aber ich wollte schließlich meine Kinder für mich allein, und da brauchte ich nicht zu jammern, sondern da mußte ich durch. Aus einem blöden Stolz heraus wollte ich mir beweisen, daß ich es auch allein schaffen würde.

Mit meiner Mutter konnte ich ebenfalls nicht rechnen, im Gegenteil. Sie machte mich sogar verantwortlich für meine Arbeitslosigkeit, die ich ihrer Meinung nach selbst verschuldet hatte, weil ich aufgrund meiner ewigen Krankheiten von meinem geliebten Beruf als Lehrer beurlaubt werden mußte. Sie war der Meinung, daß, wer arbeiten will, auch Arbeit findet.

Es war wirklich nicht schwer, eine Arbeit zu finden, davon gab es genug, aber du mußtest auch jemanden finden, der dich für diese Arbeit bezahlt oder einstellt.

Ich wollte arbeiten und fand welche, nur eingestellt wurde ich nicht.

Ehemalige Kollegen aus meinem Dolmetschbetrieb hatten sich in ein renommiertes Spracheninstitut aus den alten Bundesländern eingekauft und lehrten Deutsch für Ausländer, fast alle ohne die Spur einer pädagogischen Ausbildung, einfach aus ihrem eigenen Sprachverständnis heraus, mit beeindruckenden Sprachbüchern, die der neue Buchmarkt bot. Selbst die Leiterin hatte nie etwas von Didaktik oder Methodik gehört.

Sie hatten einfach nur Glück, der SED, die nun PDS hieß, angehört zu haben oder noch anzugehören.

Zu dumm für mich, daß es jetzt nach der Wiedervereinigung so wichtig war, SED-Mitglied gewesen zu sein, da hätte ich leichter eine Anstellung gefunden. Denn Mitglieder wurden noch immer nicht hängengelassen, im Gegenteil. Sie wurden wie durch Geisterhand in neu gegründete Unternehmen, Institutionen oder gemeinnützige Vereine legal untergebracht, viele sogar in den alten Bundesländern. Das war gut möglich, denn die Treuhand hatte längst nicht alle Parteigelder gefunden und einkassiert. Und so fanden sich in dieser Zeit immer wieder mutige Genossen, die mit einem Koffer voller Geld in den Gründungsrausch aufbrachen und ihre ehemaligen Weggefährten mitnahmen und versorgten. Die Presse nannte diesen nebulösen Arbeitsmarkt »Seilschaften«.

Meine ehemaligen Kollegen beschäftigten mich aus Mitleid dann zumindest auf Honorarbasis in ihrem Sprachinstitut, um ausländischen Jugendlichen, meist aus Frankreich und Italien, die deutsche Sprache nahezubringen. Ich war glücklich über jede Stunde, die ich geben konnte. Es machte mir unheimlich viel Spaß. Den Schülern sicher auch, denn ich bekam von nun an viele Weihnachts- und Ansichtskarten von ehemaligen Schülern zugeschickt.

Für meine Honorare nahm ich die Nebenverdienstregelung des Arbeitsamtes in Anspruch. Ein undurchsichtiges System, bei dem kaum Geld übrigblieb. Ich verdiente leider zu wenig, um ausschließlich von diesen Honoraren meine Familie ernähren zu können, und suchte weiterhin nach einer Arbeit.

Schließlich wollte ich auch meinen Kindern etwas bieten können. Zum Beispiel eine Sprachreise. In Michaels Klasse gingen fast alle Schüler in die USA, um dort an der High School das Abitur abzulegen.

Das wurmte mich am meisten, da hatte ich nun einen amerikanischen Vater und sicherlich Verwandte dort, aber die meldeten sich nicht. Sollten meine Kinder etwa die nächste Generation sein, die nicht auf die andere Seite kann?

Michael hatte dennoch Glück und gewann bei einem Leistungsausscheid eine kostenlose Sprachreise nach Brighton, England, während seiner Sommerferien.

Noch ein glücklicher Umstand kam mir zugute: meine große Wohnung. Viele Schüler, die zu den Sprachkursen anreisten, brauchten eine Unterkunft bei einer Familie.

Ich hatte ein freies Zimmer und beherbergte fortan Sprachschüler. Die Aufwandsentschädigung war zwar nicht hoch, dafür der immaterielle Gewinn. Meine beiden Söhne konnten ihre Sprachkenntnisse anwenden, wenn wir französische Gastschüler hatten, und ich lernte kochen, wenn es italienische Schüler waren. Schließlich floß in meinen Adern italienisches Blut, und deshalb wollte ich mich nun auch um eine italienische Ernährung bemühen. Meine Kochkünste mußte ich total umstellen. Olivenöl und Fenchelknollen waren mir bis dahin unbekannt gewesen, ebenso die vielen verschiedenen Salat-

und Nudelsorten. Ketchup aus der Flasche durfte ich dann nicht mehr verwenden.

*

Ein besonderes Erlebnis bescherte uns ein Sprachschüler aus Mailand. Sein Vater, der irgendeinen wichtigen Posten bei Alfa Romeo innehatte, war leidenschaftlicher Sammler von Autos. Er hatte seinen Sohn beauftragt, einen Trabant für ihn zu finden. Mit Originallack und DDR-Kennzeichen, möglichst neuwertig, also genau so einen, wie ich ihn hatte. Er wollte ihn mir auch tatsächlich abkaufen.

Üblicherweise gab es nicht viel Geld für einen Trabi, aber Sammlerwert ist etwas anderes. Hocherfreut willigte ich ein. Zwei Wochen später, nachdem sein Sohn wieder in Italien war, erschien der Vater in einem großen Alfa Romeo mit Anhänger. Auf diesen Hänger luden wir unseren lieben Trabi. Ich mußte mitfahren, weil Italiener nicht mit einem Zweitakter über die Grenze fahren durften. Das hatte ich zu erledigen. Und es wurde ein wahres Abenteuer.

Dieser schöne Italiener mit seinem schönen Auto und mein schöner kleiner Trabi auf dem rollenden Tablett. Auf den Autobahnen winkten uns viele Vorbeifahrende freundlich zu. Die Fahrt bei strahlendem Sonnenschein durch zauberhafte Gegenden bleibt mir unvergessen. Auch meine Überfahrt im Trabi über die Europabrücke zwischen riesigen Lastzügen. Mir rann dabei der Angstschweiß in Strömen, wegen meiner kleinen widerstandsunfähigen Rennpappe. Aber alles ging gut.

Unterwegs erzählte ich dem Italiener, der mir gut gefiel, von meiner sizilianischen Herkunft, er war ganz ergriffen. Er wollte gleich dafür sorgen, daß ich mit den Kindern in den Ferien nach Sizilien fahren konnte. Er hatte einen Freund, der einen Neffen hatte, dessen Mutter und Schwester auf Sizilien lebten, dort wollte er uns unterbringen. Die verwandtschaftliche Verknüpfung verstand ich nicht ganz, aber nach Sizilien fahren, das klang super.

Vielleicht gab es da noch ein paar Leute aus der Familie meines Vaters? Die aus Amiland hatten sich immer noch nicht gemeldet, und ich hatte kaum mehr Hoffnung, daß sich das ändern würde.

In Mailand angekommen, fand mein Trabant einen würdigen Platz neben anderen Autos, meist Alfas, für ihn eine würdevolle Pensionierung.

Ich verbrachte einige Tage bei den Eltern meines Sprachschülers. Sie zeigten mir Mailand, das mich faszinierte, und ich fühlte mich dort sehr wohl.

Das Leben in dieser Familie war so, wie ich es aus italienischen Filmen kannte, nichts schien mir fremd. Und ich lernte, was ich bei zukünftigen Gastschülern aus Italien zu beachten hatte, besonders bei den Jungen, den kleinen Machos. Meine Erziehung war nicht italienisch, meine Söhne hatten ihre Pflichten und mußten essen, was auf den Tisch kommt.

Der Hausherr telefonierte unentwegt, um uns einen Aufenthalt in Sizilien zu ermöglichen. Leider waren die Fremdenzimmer dieser Familie für den Sommer bereits vergeben. Mit Urlaub dort würde es also nichts werden. Mir war das sogar ganz lieb, denn ich hatte ohnehin nicht das Geld, um mit beiden Kindern verreisen zu können.

Er aber bestand darauf, daß ich das Land meiner Ahnen sehen sollte und buchte kurzerhand für sich und mich einen Flug nach Sizilien, und wir flogen tatsächlich für drei Tage und zwei Nächte in den tiefen Süden.

Seine Ehefrau war einverstanden, darüber wunderte ich mich sehr, aber offensichtlich stellte ich in meinem Alter und als Mutter von drei Söhnen keine Gefahr für sie dar.

Dennoch wohnten wir natürlich nicht bei diesen Verwandten, sondern in einem Hotel, mit zwei offiziell getrennten

Zimmern, die jedoch über eine offene Verbindungstür verfügten.

Es war die erste Nacht, die ich im Bett mit einem stürmischen Mann unter einem Kruzifix verbrachte. Ob er das wohl hatte beichten müssen?

Jedenfalls freute ich mich dabei auch über den Fall der Mauer, denn sonst hätte ich diese sündhafte Nacht mit Blick auf den gekreuzigten Jesus und den überall an den Wänden hängenden Marienbildern nie erlebt.

Auf Sizilien fühlte ich mich nicht nur des erotischen Intermezzos wegen sehr wohl. Schon als ich beim Landeanflug wie auf der Landkarte aus meiner Schulzeit die Konturen der Insel erkannte, die rotbraune Erde und die winzigen Häuser sah, war mir ganz unheimlich zumute, auch, als ich in Palermo aus dem Flieger stieg und den Boden betrat.

Irgendwoher kannte ich die Gegend, was eigentlich nicht sein konnte. Dieses Gefühl hatte ich während der ganzen Zeit, auch in den Straßen und Läden und gegenüber den Menschen, die ich traf und denen ich sogar ähnlich sah. Eine ganz neue Erfahrung für mich, es war auch völlig anders als in Mailand.

Meinen Begleiter amüsierte das sehr, und er erklärte, daß ich hier gar nicht auffallen würde. Mitunter sprachen mich Leute an, um sich nach irgend etwas zu erkundigen. Es war verrückt, und ich war sehr froh, daß er mit mir dorthin geflogen war.

Zur Erinnerung an diese Reise suchte ich mir in einem kleinen Laden ein wunderschönes schwarzes Tuch mit dunkelroten Blumen aus, das ich mir kaufen wollte, was er nicht zuließ und es mir schenkte.

Die Suche nach Einwohnern mit dem Familiennamen meines Vaters gaben wir bald auf, es gab sehr viele, die so hießen, und ich wußte nicht einmal, aus welchem Ort genau seine Eltern stammten.

So verlebten wir einfach eine wunderschöne Zeit mit herrlichem Essen, Wein, Sonne, Meer und viel amore.

In Mailand brauchte ich mich dann glücklicherweise nur von seinem Sohn zu verabschieden, da die Mutter zu einem Krankenbesuch bei einer Tante war. Ich war froh, ihr nicht in die Augen schauen zu müssen. Denn bestimmt hätte ich mich verraten, so wie ich strahlte.

Vater und Sohn brachten mich zum Flughafen. Beim Abschied liefen die Tränen. Ich war sehr ergriffen von dem, was ich erlebt hatte.

Auf dem Heimflug sah ich die Alpen und den Bodensee und wurde plötzlich sehr traurig wegen meiner Arbeitslosigkeit. Gerade jetzt, wo mir die Welt offenstand, hatte ich kein geregeltes Einkommen.

Ich zählte heimlich mein Geld, das ich für mein Auto bekommen hatte. Mit meinen Söhnen wollte ich daheim beraten, was wir uns davon später kaufen würden. Zunächst würde ich es aber in meine Kassette legen und jeden Tag nachzählen.

Ich suchte weiterhin überall nach einer Arbeit, und plötzlich kam mir der Zufall zu Hilfe. Im Rathaus entdeckte ich ein Fortbildungsangebot für Arbeitslose mit pädagogischen oder psychologischen Vorkenntnissen. Sofort fuhr ich zu meiner Arbeitsvermittlerin ins Arbeitsamt und fragte, ob sie mich dort unterbringen könnte. Sie wußte es nicht genau, weil diese Fortbildung für den ehemaligen SED-Kader für Agitation und Propaganda vorgesehen war, deren Mitglieder unter dem »Aufschwung Ost«-Konzept zu Ausbildern, die im Westen Trainer hießen, umgeschult werden sollten. In diese Kategorie fiel ich nicht. Sie gab mir dennoch die Telefonnummer, damit ich mein Glück versuchen konnte.

Ich erkundigte mich sofort, ob noch Plätze frei wären. Da die Teilnehmer nicht so zahlreich wie erwünscht erschienen waren und der Kurs bereits begonnen hatte, war man für Zugänge offen. Ich wurde also aufgenommen, der Leiter war ein entlassener Offizier der NVA, seine Frau die Sekretärin, der Oberchef saß im Westen, und das Arbeitsamt willigte ein, nachdem ich schon zwei Wochen an der Ausbildung teilgenommen hatte.

Damit begann ich im Herbst 1991 an der ›Europäischen Akademie für Kommunikation und Ausbildung‹ eine dreijährige Fortbildung zum Kommunikations- und Verhaltenstrainer.

Was das eigentlich war, wußte anfangs keiner von uns. Schon die Themen, mit denen wir uns während der Ausbildung beschäftigen sollten, waren für mich und die anderen böhmische Dörfer. Wir sollten mit TA, TZI, NLP und anderen uns unbekannten Modellen der Kommunikation vertraut gemacht werden. Ich nahm mir vor, mich auf alles einzulassen, was ich dazulernen konnte.

Daß ich in der Gruppe von ehemaligen Parteisekretären, entlassenen Schuldirektorinnen und Politoffizieren der Volksarmee umgeben war, bekam ich erst nach und nach mit. Außer mir gab es nur noch einen Nichtgenossen.

In der Gruppe war das nicht unbedingt von Vorteil, jedoch bei den Profitrainern, die aus den alten Bundesländern anreisten. Ihnen waren manche ostdeutsche Sprachmuster und Befindlichkeiten innerhalb der Gruppe überhaupt nicht verständlich. Sie waren gekommen, um ihren Beitrag zum Aufbau Ost zu leisten, waren offen und motiviert und stießen anfangs immer wieder auf eine Mauer aus Ablehnung. Die Teilnehmer beschimpften sie, daß sie Gehirnwäsche betrieben, während die Trainer gar nicht wußten, wovon die Rede war.

Ich fand die neuen Inhalte spannend und saugte alles auf wie ein Schwamm. Ich war so glücklich, mit meinen 45 Jahren noch einmal soviel lernen zu können. Am Anfang konnte ich den ganzen Stoff gar nicht so schnell verarbeiten, und ich mußte nach dem Unterricht erst einmal schlafen.

Es ging nicht allen Teilnehmern meiner Gruppe so gut wie mir. Sie fühlten sich nur von den ausgedienten Dozenten der

Ost-Hochschulen verstanden, die zwischendurch auch mal Seminare gaben, weil sie billiger waren als die Westtrainer.

Ich fand diese Dozenten ganz schön tapfer und mutig, da sie sich Themen stellten, über die sie selbst kaum etwas wußten. Manche waren nur zwei Lehrbuchseiten weiter als wir.

Mich faszinierten diese Kommunikationsmodelle, von denen ich zuvor noch nie etwas gehört hatte, zumal wir renommierte Trainer hatten. Die Ausbildung in Themenzentrierte Interaktion (TZI) erhielten wir von einer Schülerin von Ruth Cohn, der Erfinderin dieser Methode. In Transaktionsanalyse (TA) bildeten uns die Verfasser der entsprechenden Lehrbücher aus. Moderationsmethode lehrte uns ebenfalls ein Schüler des Erfinders, und Sprecherziehung gab uns eine Stimmtrainerin aus Köln, die Fernsehmoderatoren ausbildete. Gehirngerechtes Arbeiten erläuterte uns Vera Birkenbihl höchstpersönlich, deren Lehrbücher über Kommunikation grundlegend für unsere Ausbildung waren.

Das Erlernen all dieser Kommunikationsmodelle war mit viel Selbsterfahrung verbunden, die mitunter tief an unser »Eingemachtes« ging und mich gründlich auf- und durchrüttelte. Insbesondere die Themen aus der Kindheit und das Mutterthema, das bei mir nun jenseits der 40 erstmals angegangen wurde, bedeuteten eine innere Heilung für mich.

Noch intensiver ging es beim Erlernen der Veränderungstechniken des Neuro-Linguistischen Programmierens (NLP) zu. Wieder war Selbsterfahrung notwendig, um später mit anderen Menschen arbeiten zu können. Darin bildete uns ein Lehrtrainer aus, der als Psychotherapeut auch über eine Praxis verfügte. Er war stets in der Lage, uns aufzufangen, wenn es zu schlimm wurde. Und bei mir spitzte es sich oft dramatisch zu. Viele Verletzungen, erlebte Ausgrenzungen und Verlas-senheitsängste kamen ans Licht.

Dieser Ausbildungsteil ging einigen aus meiner Gruppe zu weit. Sie fühlten sich wie im Kindergarten, als sie über bunte

Zettel, Raumanker genannt, laufen und dabei über sich selbst nachdenken sollten. Sie brachen die Ausbildung ab.

Ich hielt durch. Trainerin war inzwischen mein Traumberuf. Die Ausbildungszeit nutzte ich sehr intensiv, und die Zeit verging wie im Flug. Und gegen Ende der Ausbildung ergab sich noch ein Höhepunkt für mich.

Michael Birkenbihl, der unsere Ausbildungsbibel »Train the trainer« geschrieben hatte, ließ es sich nicht nehmen, uns persönlich zu unterrichten. Er hatte durch seine Tochter von uns erfahren und kam extra dafür nach Berlin. Er wurde zu meinem Trainervater, denn er hatte sich in den Kopf gesetzt, daß ich es sein sollte, die seine Ideen in den Osten trägt. Mir traute er dies auch deshalb zu, weil ich zur gleichen Zeit wie seine berühmte Tochter geboren worden war, dem maß er eine besondere Bedeutung zu. Ich war stolz darauf und versprach ihm, mein Bestes zu tun.

Noch aber lagen zwei Monate Ausbildung und ein Praktikum vor uns. Er blieb in ständigem Kontakt mit mir und schickte mir all seine veröffentlichten und noch nicht veröffentlichten Bücher und Videos, bis zu seinem plötzlichen Tod.

*

Im Frühjahr 1993 wurde mir, diesmal für drei Monate, eine neue Sprachschülerin zugeteilt. Sie wurde mir besonders ans Herz gelegt, und ich sollte ihr auch Einzelunterricht geben. Sie war 34 Jahre alt, kam aus New Jersey, USA, und hatte hier eine Stelle in einem amerikanischen Anwaltsbüro angenommen. Angeblich litt sie unter ziemlichem Heimweh. Sie fühlte sich sehr allein in Germany, war auch schon in einer anderen Gastfamilie gewesen, und nun sollten wir versuchen, ihr den Aufenthalt so angenehm wie möglich zu gestalten.

Sie reiste mit vier Koffern an. Mit ihren großen dunklen Augen, ihrer schneeweißen Haut und den dunkelbraunen Locken sah sie aus wie Schneewittchen. Sie war mir sympathisch, aber ich merkte auch, daß sie nicht der Typ war, der sich die Butter vom Brot nehmen läßt. Ihr Deutsch war schon erstaunlich gut und Michaels Englisch auch, so daß es keine sprachlichen Verständnisprobleme gab.

Sie lebte sich schnell ein bei uns und ich kam dahinter, daß ihr großer Kummer nicht das Heimweh, sondern ihr Arbeitgeber war.

Nur wegen ihm war sie mit nach Berlin gegangen und lebte gemeinsam mit ihm in einer großzügigen Wohnung im Zentrum. Er hatte aber nun seine Frau aus den Staaten für ein paar Monate zu Besuch kommen lassen, was ihr gar nicht gefiel, denn als seine Geliebte hatte sie für diese Zeit die Wohnung zu räumen. Damit hatte sie nicht gerechnet und war nun wütend auf ihn.

Um sie zu besänftigen, finanzierte er ihr einen Sprachkurs und die Unterbringung in einer Gastfamilie und Dinge darüber hinaus. Außerdem könnte sie, wenn seine Frau wieder abgereist sei, zurück in die Wohnung. Das Ganze sei nur eine vorübergehende Lösung, und sie könnte währenddessen ihre deutschen Sprachkenntnisse weiter verbessern.

Sie schwor dennoch, sich an ihm zu rächen, nur wie, wußte sie noch nicht.

Während sie uns am Abendbrottisch die ganze Geschichte erzählte, konnte sie ihr Temperament kaum zügeln. Sie entschuldigte sich dafür und meinte, das käme von ihrem sizilianischen Blut, denn ihre gesamte Familie stamme aus Sizilien. Ich lachte auf und berichtete ihr von meinen Vorfahren, von meinem Vater und meiner Suche, die offensichtlich im Sande verlaufen war.

Darüber geriet sie abermals in helle Aufregung, und sie wollte mein gesamtes Material sehen.

Nachdem sie alles gesichtet hatte, sagte sie, daß sie nun

ihren Vater in Michigan anrufen werde. Er sei der Präsident der italo-amerikanischen Kriegsveteranen und würde mir sicher weiterhelfen.

Wir schauten sie fassungslos an. Sie war nun nicht mehr zu bremsen, griff zum Telefon und wählte endlos viele Ziffern. Darüber gerieten wir wiederum in Panik, denn die Auslandsgebühren waren für uns im Ostteil immer noch wahnsinnig hoch. Ich sah schon meinen Monatslohn für dieses Telefonat draufgehen. Sie beruhigte mich jedoch, erzählte was von Credit card und Calling card, was nichts kosten würde, wir verstanden das aber nicht, weil wir davon noch nie gehört hatten. Dann sprach sie lange mit ihrem Vater, sehr laut und sehr schnell, so daß Michael gar nicht mitkam. Sie las ihm Stellen aus meiner Korrespondenz mit Washington D.C. vor und fühlte sich offensichtlich wie im Büro. Wir saßen um sie herum und staunten nur noch.

Nachdem sie das Gespräch irgendwann beendet hatte, lehnte sie sich zufrieden zurück und informierte uns, daß ihr Vater jetzt alles weitere regeln würde.

Drei Tage später rief ihr Anwalt bei uns zu Hause an, weil von ihrem Vater ein Telefax aus Amerika angekommen war.

Sie fuhr sofort es abholen, und wir stürzten uns anschließend gemeinsam auf die sechs Seiten. Es war der ganze verzweigte Stammbaum meines Vaters, seiner fünf Geschwister, der Kinder und Kindeskinder, zum Teil mit Telefonnummern, und immer mit Ortsangabe und den dazugehörigen Kirchen und Predigern.

Ich konnte nicht glauben, was ich sah, für meine Kinder hingegen war es spannend wie ein Krimi. Ich hatte auch meinen ältesten Sohn samt Familie angerufen, um dieser feierlichen Denkmalsenthüllung beizuwohnen.

Wir erfuhren, daß mein Vater verheiratet war, aus dieser Ehe einen Sohn Philip Nicolas, geboren 1948, und eine Tochter Keely, geboren 1952, hatte, Ende der 60er Jahre allerdings öfter allein den Aufenthaltsort gewechselt hatte, also nicht bei seiner Familie wohnte.

Dann folgten lange Erklärungen, an wen sich Linda telefonisch und brieflich zu wenden hatte, was sie der Verwandtschaft schicken und wie sie die ganze Sache auch mittels der Kirche angehen sollte. Mit einem Reverend hatte der Vater auch schon ein vorbereitendes Gespräch geführt, ebenso mit anderen aus dem Umkreis der Familie.

Wichtig sei, daß ich in der Anwaltskanzlei eine Erklärung hinterlegte, keine finanziellen Forderungen an die Familie zu stellen.

Das war für mich das geringste. Die Erklärung war schnell geschrieben und notariell beglaubigt. Ich fragte nicht danach, ob das richtig oder falsch, gut oder schlecht für mich war. Ich wollte nur Antworten, kein Geld.

Nun mußten die Briefe erstellt werden, damit lag ein Berg Arbeit vor Linda und mir. Zuerst suchte sie Familienfotos, alte und aktuelle, zusammen. Diese klebte sie auf DIN-A 4-Blätter, versah sie mit treffenden Beschreibungen und rührseligen Kommentaren.

Sie stellte eine chronologische Reihenfolge auf und fügte auch alle Zeitungsausschnitte, auf denen die Jungs zu sehen waren, dazu. Es wurde eine tolle Übersicht.

Diese schickte sie mit einem persönlichen Anschreiben an ihren Vater. Der wiederum leitete diesen Brief weiter an den Sohn meines Vaters, meinen Halbbruder, und an einen Bruder meines Vaters. Mir oder Linda nannte er die Adressen nicht.

Eine Woche später rief er Linda wieder an, gab ihr eine Telefonnummer und bat sie, von der Berliner Kanzlei aus dort anzurufen. Es war eine Schwester meines Vaters. Sie war die einzige, die sich auf Drängen des Predigers bereit erklärt hatte, mit uns in Kontakt zu treten. Alle anderen wollten nicht, wie Lindas Vater sagte. Dagegen konnte keiner etwas unternehmen. Das hatte ich zu respektieren, so traurig ich auch war.

Gespannt wartete ich auf Linda und auf das, was sie bei ihrem Telefonat hatte in Erfahrung bringen können:

Alle in der Familie wußten von meiner Existenz und auch davon, daß meine Mutter nicht mit mir nach Amerika gehen wollte. Mein Vater hatte dennoch meine Geburt beim Gericht angemeldet, falls meine Mutter es sich anders überlegen sollte. Sehr lange gewartet hatte er allerdings nicht.

Oberhaupt der Familie war nach dem Tod ihres Mannes bis zum Jahre 1956 die resolute, energische und schwergewichtige Mutter meines Vaters, deren Namen ich trug. Sie hatte die Familie fest im Griff und versammelte zu Weihnachten immer alle um ihren riesigen Wohnzimmertisch. Das kam mir sehr bekannt vor.

Mein Vater hatte seine Familie bereits in den 60er Jahren verlassen und traf nach alter Gewohnheit bis zu seinem Tod 1985 nur in der Weihnachtszeit kurzfristig dort ein. Darüber waren alle wütend und enttäuscht, verständlicherweise.

Seine Witwe hätte allen, auch ihrem Sohn verboten, auf meine Briefe zu antworten. Der respektierte den Wunsch seiner Mutter, sie seien eben Italiener. Trotzdem glaubte die Tante, daß sich dies ändern könnte, denn er sei frisch und glücklich verheiratet mit einer sehr netten klugen Frau und würde in Kürze Vater werden.

Seine junge Frau wäre mit der Entscheidung seiner Mutter, was mich betrifft, nämlich nicht einverstanden.

Wir erfuhren außerdem, daß es noch einen Bruder gab, der in New York ein Tanzstudio betreiben würde. Er hätte sich allerdings vor Jahren mit meinem Vater zerstritten und würde deshalb auch nichts für mich unternehmen wollen. Seine Adresse erhielt Linda trotzdem.

Sie, diese Tante, fände das alles sehr spannend und hätte an unseren Nasen auf den Fotos auch erkannt, daß wir ›echt‹ wären, sie wollte uns besuchen kommen. Sie träumte schon seit Jahren von einer Reise nach Europa und würde das jetzt wahr machen, falls ich sie einlade. Das hatte Linda ihr gleich zugesagt, und sie freute sich und versprach, sich bald auf die große Reise zu begeben.

Sie telefonierten noch ein paarmal miteinander, Lindas Vater sprach auch mit meinem Halbbruder, aber an der Entscheidung der Familie hatte sich nichts geändert.

Immerhin wußte ich nun einiges über meinen Vater und seine Familie. Ich nahm mir vor, diese Tante in Deutschland so zu verwöhnen, daß die anderen mich dann vielleicht auch kontaktieren wollten.

Linda war auch nicht richtig zufrieden. Sie wollte der Tante ebenfalls gut zureden, damit sich mein Halbbruder doch noch meldete.

Wir freuten uns nun auf den Besuch aus Amerika und malten uns aus, wie das sein würde und was meine Mutter wohl dazu sagt. Als ich ihr davon erzählte, zuckte sie nur mit den Achseln, preßte die Lippen aufeinander und meinte schließlich, daß sie mit dem Besuch nichts zu tun haben möchte. Ihre Reaktion war so, wie ich es erwartet hatte.

Die Tante wollte in zwei Monaten eintreffen. Linda würde dann nicht mehr bei uns wohnen, sondern wieder bei ihrem Chef, aber sie würde immer dabei sein wollen, versprach sie uns. Wir hatten nun wieder ein Ziel.

Irgendwann reiste nun die Gattin des Anwalts zurück in die USA, und Linda konnte wieder in seine Wohnung und in sein Bett. Dort holten die beiden erstmal einiges nach. Lindas Migräne und ihre depressiven Verstimmungen verschwanden. Er aber, da er nicht mehr der Jüngste war, bekam einen Bandscheibenvorfall. Ob das Lindas Rache war? Ich fragte sie lieber nicht danach.

Drei Wochen vor dem erwarteten Besuch der Tante kam Linda weinend zu uns. In der Hand hielt sie die Todesanzeige dieser Tante, abgeschickt von ihrem Sohn. Es hatte nicht sollen sein! Ich gab es auf. Was ich erreicht hatte, mußte wohl reichen. Wir waren alle enttäuscht und traurig.

*

1993 war die Fortbildung zu Ende, und wir Teilnehmer meldeten uns beim Arbeitsamt zurück. Der neu erworbene Beruf führte in die Selbständigkeit, und wer das sofort wollte, mußte die Ausbildungskosten zurückzahlen. Das konnten sich die meisten von uns nicht leisten, und so ging es zurück in die Arbeitslosigkeit. Was blieb, war die Hoffnung, so gut ausgebildet, wie wir waren, vermittelt zu werden.

Viel wußte man allerdings auf dem Amt mit meiner Berufsbezeichnung »Trainer« nicht anzufangen. Die veränderten Berufsbezeichnungen mußten noch eingeübt werden, zum Beispiel, daß die kaufmännische Sachbearbeiterin jetzt Bürokauffrau, der Diplomökonom Betriebswirt und die Fachkraft für Schreibtechnik plötzlich Sekretärin oder Assistentin der Geschäftsführung hießen. Das Wort Trainer bzw. Trainerin stand erfahrungsgemäß für Sport, und entsprechende Stellen gab es nicht, weil die Sportclubs im alten Stil nicht mehr existierten. Mir wurde empfohlen, mich einfach selbst bei einer Sportgemeinschaft vorzustellen. Anscheinend war es mir nicht gelungen, mein neues Berufsbild klar zu umreißen.

Auf meine Wiedereinstellung als Lehrer mußte ich aber noch ein Jahr warten. So ging ich jede Woche zum Arbeitsamt und denen dort auf die Nerven.

Aber es half. Kurze Zeit später erhielt ich zu meiner großen Freude tatsächlich vom Arbeitsamt eine befristete ABM-Stelle in einem neugegründeten gemeinnützigen Verein im Ostteil Berlins.

Ostteil war die treffende Bezeichnung für alles dort. Die Einrichtung, die Mitarbeiter, der Umgangston und insbesondere die beiden Chefinnen. Sie waren verdiente Parteifunktionäre, älter als ich, und ehemalige Kaderleiterinnen, ungefähr die schlimmste Berufsrichtung des Ostens. Aus ihren Betrieben entlassen, ihrer dortigen Machtausübung beraubt, beschäftigten sie nun ABM-Kräfte wie mich. Meine Aufgabe war es, 14 Frauen, die Senioren betreuten, zu koordinieren und zu schulen.

Ich war hoch erfreut, mein frisch Erlerntes anwenden zu können. Aber ich hatte wieder einmal die Rechnung ohne den Wirt gemacht.

»Sind Sie Ausländerin?« war das erste, was sie von mir wissen wollten. »Bis jetzt noch nicht!« antwortete ich und sah mich mit einem kalten Blick konfrontiert, wie ich ihn von meiner Mutter kannte, auch der Tonfall weckte Erinnerungen in mir. Das konnte ja heiter werden.

Sie erklärten mir meine Aufgaben und ihre Kontrollmechanismen. Auch sagten sie mir, wie ich meine Schulungen durchzuführen hätte. Ich wollte mich zwar daran halten, aber meine neuerworbenen Kenntnisse in bezug auf Teambildung und effektive Gesprächsführung ebenso einbringen.

Das war nicht möglich. Schon nach meiner ersten Anleitung über Gesprächsführung verbaten sie sich meine Lehrinhalte. Keine amerikanischen Methoden in unserer Einrichtung, lautete ihr Kommentar.

Und so blieb es. Sie schickten mich zur Sektenbeauftragten des Bezirksamtes und dort mußte ich wiederholt erklären, nicht der Scientology-Sekte anzugehören.

Sie stellte das aktuelle Feindbild, und ich, meinem Aussehen und meiner Rede nach, schien bestens geeignet, dort Mitglied zu sein. Sie wollten mich enttarnen, bevor ich Schaden anrichten könnte. Ich hatte keine Chance.

Außerdem war ich nicht, wie sie alle, in der SED gewesen, und das war bedrohlich genug. Ich war ihnen hilflos ausgeliefert und kam mir vor wie im falschen Film.

Drei Jahre waren seit der Wiedervereinigung vergangen,

meinem neuen Ausweis nach war ich Bundesbürgerin und hatte nun Arbeitgeber der schlimmsten Sorte, wie sie der Osten je hervorgebracht hat. Sie hielten stur an ihren alt eingeschliffenen Ostmethoden fest. Ich verzweifelte daran, sie machten mich fertig, ließen mir keinen Raum.

Wieder wurde ich wochenlang krank und mußte sogar operiert werden. Ich war ein Mobbingopfer geworden. Ausgerechnet jetzt, wo ich im Westen lebte, machte mir der Osten das Leben schwer. Keiner in meinem Freundeskreis konnte das fassen.

Aufgrund der langen Krankheit verdiente ich kaum noch Geld. Mir wurde der Unterschied zwischen der DDR und der BRD beim leidigen Thema Geld schlagartig klar. Im Osten regierte eine Ideologie, der du dich bis zum Ende deines Arbeitstages untergeordnet hast, danach konntest du machen, was du wolltest. Du konntest stets so tun, als ob du dazugehörst, brauchtest bloß zur Maidemonstration gehen und Fähnchen schwenken, brav die DDR-Fahne aus dem Fenster hängen und immer schön sagen, was die an der Macht hören wollten. Dann geschah dir nichts Böses.

Im Westen regiert das Geld, und da kannst du nicht so tun, als ob du welches hättest, nicht bei Tag und nicht bei Nacht. Du mußt es haben, um dazuzugehören, und wenn du es nicht hast, kann es böse für dich ausgehen.

Ich mußte also umdenken und mich mehr um das Geldverdienen oder um das Geldbeschaffen sorgen. Als erstes versuchte ich, mehr Alimente zu bekommen, und schaltete das Jugendamt ein.

Das Geschäft des Vaters meiner Kinder hatte sich zwar immens vergrößert, die Alimente stiegen jedoch trotz meiner Klage vor Gericht nicht nennenswert an. Dafür hatte er zu gute Berater.

Auf Anraten einer Freundin wandte ich mich an das Sozialamt und bekam so Zuschüsse für die Kinder. Die Jungs konnten dann auch über kirchliche Einrichtungen in Portugal, Italien und Spanien Ferien machen.

Für eine gemeinsame Reise mit mir reichte das Geld immer noch nicht, aber ich war froh, daß die Kinder zumindest etwas von der Welt sahen.

Mein Ältester, der auf dem zweiten Bildungsweg sein Abitur abgelegt hatte, kam mit seiner Familie gut klar. Beide hatten eine Arbeit, verdienten gut, so daß ich mich um sie nicht sorgen mußte. Im Gegenteil, er gab seinen Brüdern sogar jeden Monat Taschengeld. Meine Mutter, meine einzige Verwandte, bezog eine stattliche Rente, sie half mir dennoch finanziell niemals. Sie glaubte nicht daran, daß sie geliehenes Geld je von mir zurückzubekommen würde. Lieber investierte sie hohe Summen in Produkte, die ihr auf Kaffeefahrten schmackhaft gemacht wurden. Es war unglaublich, was sie und ihre Rentnerfreundinnen sich alles aufschwatzen ließen und wie unkritisch sie ihr Geld ausgaben für Lamakissen, Magnetband- und Rheumadecken, angeblich goldene Bestecke, Sprudelbäder mit Sauerstoff, chinesisches Porzellan und andere einmalig günstige Sonderangebote. Sie ließ sich weder von mir noch von den Kindern sagen, daß diese Sachen überteuert waren. In ihrer Wohnung häuften sich längst jenseits des Verkaufstermins befindliche Süßigkeiten und Konserven, sowie in Asien gefertigter Nippes. Und immer, wenn wir sie besuchten, bot sie alles wie auf dem Markt feil. Da wir nichts davon gebrauchen konnten, beschimpfte sie mich und die Kinder als undankbar und verwöhnt. »Geld verschenke ich nicht, nur nützliche Dinge«, war ihr Kommentar.

Das Jahr 1994 rückte näher und damit meine vertragliche Wiedereinstellung in die Schule.

Um bis dahin durchhalten zu können, mußte sich mein langjähriger Liebhaber mehr um mich sorgen. Einen neuen wollte ich mir immer noch nicht, auch nicht aus finanziellen Gründen, zulegen. Was hatte meine Oma gesagt? »Was man hat, weiß man, was man bekommt, kann man nie wissen!«

Ich brauchte ihn in dieser Zeit für mein seelisches und körperliches, aber auch für mein hormonelles Gleichgewicht öfter als sonst. So mußte er neben seinen offiziellen Außerhausschlafzeiten ein paar zusätzliche Abwesenheitstermine einführen. Seine Frau zu belügen, fiel ihm allerdings erheblich schwerer, als sie zu hintergehen.

Ich hatte auf einmal den Verdacht, daß seine Ehefrau von unserem Verhältnis wußte und ihn zur Verantwortung ziehen würde. Aber nichts geschah, entweder bemerkte sie wirklich nichts oder sie wollte es nicht merken. Alles blieb, wie es war. Auch im Bett behielt er immer noch seine weißen Socken an, um mir nicht ganz ausgeliefert zu sein.

Finanziell wollte und konnte er mir trotz seines hohen Einkommens auch nicht helfen, da seine Gattin der Finanzminister der Familie und somit Herrin über die Konten war.

Als mein Geld ganz knapp wurde, griff ich zu einem anderen Versuch. Ich bestellte kurzerhand den Vertreter eines großen Auktionshauses in meine Wohnung und ließ ihn alles mitnehmen, wovon er glaubte, daß es bei einer Auktion Geld bringen könnte. Es klappte, er fand einige Sachen. An ihnen hing ich zwar, aber es mußte einfach sein. Von dem Erlös konnten wir schließlich eine Weile leben.

Das Umdenken in finanziellen Dingen war mir offenbar schon ein wenig gelungen. Ich atmete auf, wieder etwas dazugelernt zu haben.

Nach meiner Genesung ließ ich mich vom Arbeitsamt in eine Westberliner Beschäftigungsgesellschaft versetzen. Dort wußten sie mit mir und meiner Ausbildung etwas anzufangen und würdigten meine Kenntnisse. Sie ließen mich zu vielen Themen trainieren, und ich lief zu meiner alten Form auf. Ich bekam sogar eine befristete Anstellung als Bildungsmanagerin und konnte erfolgreich für eine große Bildungsfirma in Unternehmen, Behörden und Firmen trainieren.

Mir machte das sehr viel Spaß, und ich erhielt auch ein gutes Feedback von den Teilnehmern. Ich war zwar oft unterwegs, aber das gefiel mir. Ich hätte mich daran gewöhnen können.

Dann kam der August 1994 und somit der Zeitpunkt, an dem ich laut meinem Vertrag zurück in die Schule sollte. Also meldete ich mich erwartungsvoll beim Schulamt zurück. Dort mußte ich erfahren, daß der Vertrag seine Gültigkeit verloren hatte.

Sie konnten mich nicht wieder einstellen. Dem wollte ich mich nicht beugen, und so ging ich vor das Arbeitsgericht und klagte auf Wiedereinstellung, wie es in meinem Vertrag stand. Ich verlor den Prozeß, weil der Einigungsvertrag zwischen der DDR und der BRD dafür keine Regelung vorsah.

Ich war somit durch das schwarz-rot-goldene Rost gefallen und konnte keinen Einspruch erheben. Das war bitter.

Und es hieß zurück zum Arbeitsamt. Sie konnten mir dort nicht weiterhelfen, da ich bereits zwei ABM-Stellen hatte. Ich sollte ein halbes Jahr warten, dann bekäme ich eine neue.

Ich suchte mir nun selbst Honoraraufträge bei Bildungsfirmen und wurde durch Empfehlungen weiter vermittelt.

Allerdings dauerte es seine Zeit, bis ich genügend Aufträge hatte, und ich wußte mitunter wieder einmal nicht, woher ich das nötige Geld nehmen sollte, zumal auch nicht mehr so viele Sprachschüler kamen.

Meine Söhne stellten jedoch keine großen Ansprüche. Sie meinten, daß es ihnen an nichts fehle. Beide hatten nach wie vor ihren Ausgleich im Kindermusical und wurden immer professioneller. Es war eine Freude, ihnen auf der Bühne zuzusehen.

Für ihre Auftritte erhielten sie, weil die Ausbildung kostenlos war, nur 8 DM pro Vorstellung. Auch für Hauptrollen gab es keine Zuschläge, damit die Kinder nicht zu Stars gezüchtet wurden, so die Begründung.

Über lange Zeit hatte ich kaum mehr Geld, als wir zum

Überleben brauchten. Ich verlor aber nie die Hoffnung, doch wieder eine feste Anstellung zu bekommen.

Meine Mutter war realistischer – sie machte sich keine Hoffnung mehr. Kerngesund, wie sie war, überfiel sie trotzdem die Angst, ich könnte ihr noch nicht mal eine ordentliche Beerdigung finanzieren. Deshalb gab sie dem beständigen Werben einer Bestattungsfirma nach, die sich regelmäßig im Seniorenclub vorstellte. Dieser Firma überwies sie einen großen Betrag, dafür sollten dann sämtliche Modalitäten der Beerdigung geregelt werden, einschließlich meiner Benachrichtigung vom Ableben meiner Mutter.

Selbst den Friedhof suchte sie sich aus. Er lag eine Dreiviertelstunde Autofahrt von meiner Wohnung entfernt. So konnte sie ziemlich sicher sein, daß ich mich kaum um die Grabpflege würde kümmern können.

Nachdem die Bestattungsfirma alle Rechte an ihrem Tod erworben hatte, billigte sie meiner Mutter auch das Recht zu, ihr Lebenshilfe zukommen zu lassen. Meiner Mutter wurden stets neue Angebote unterbreitet, wie Testamente zu verfassen seien, alle Informationen über das Erbrecht, was im Hinblick auf unliebsame Verwandte und mißratene Töchter wichtig war.

So fand sie eine Mischung aus Sterbe- und Lebenshilfe für sich und brauchte mich nicht um Rat zu fragen.

Ihr Guthaben bei dieser Firma wuchs mit den Jahren. Mich erfüllte diese Art der Betreuung mit Wehmut. Ich paßte offensichtlich nicht nur nicht zu ihrem Leben, auch bei ihrem Ableben wollte sich mich ausgeschlossen wissen.

Ich rotierte unermüdlich weiter. Nebenher bildete ich mich zusammen mit Teilnehmern meiner Ausbildung fort. Dadurch vergrößerte ich mein Spektrum an Trainingsthemen, und ich konnte meine kleine Familie allmählich immer besser über Wasser halten.

Michael legte 1995 sein Abitur mit einem Durchschnitt von

1.6 ab. Ich war sehr stolz auf ihn und schickte ihn mit diesem Zeugnis zu seinem Vater in der Hoffnung, daß er ihn dafür belohnen würde. Was auch geschah.

Von da an besuchten sie nun wieder regelmäßig die Familie ihres Vaters. Sie waren glücklich, ihn zu sehen, und er auch. Ich war ebenfalls erleichtert. Angst, meine Söhne zu verlieren, hatte ich nun nicht mehr. Ich hatte ihnen, als sie klein waren, tiefe Wurzeln gegeben, nun, als sie größer wurden, verlieh ich ihnen Flügel, so wie es ein neuer Spruch an meiner Pinnwand vorsah.

Frankie, der nun nur noch Frank jr. genannt werden wollte, war inzwischen in der neunten Klasse des Gymnasiums und ebenfalls ein sehr guter Schüler.

Ich hatte mir nun, da es uns besser ging, in den Kopf gesetzt, ihm das High-School-Jahr in Amerika zu ermöglichen. Ich sparte heimlich dafür. Zumindest er sollte mal amerikanische Luft schnuppern.

Aus Amerika hatten wir nichts mehr gehört. Auch nicht mehr viel von Linda, die mit ihrem Anwalt und Dauerliebhaber im Frühling 1995 zurück nach New York gegangen war. Sie schickte gelegentlich schöne kitschige Sprüche und glitzernde Weihnachtskarten, die ich sammelte. Ich hatte mir wieder eine Schatulle für solche Schätze angelegt.

Im stillen hegte ich auch immer noch den Traum einer gemeinsamen Reise mit meinen Söhnen in die USA, nach New York, um mit ihnen das Grab meines Vaters und das Tanzstudio seines Bruders zu besuchen. An diesem Wunsch hielt ich fest.

Deshalb nahm ich weiterhin, wenn sich die Gelegenheit bot, Sprachschüler in meine Wohnung auf. Denn die Miete hatte sich im Verhältnis zu 1989 inzwischen verachtfacht.

Ich arbeitete viel als Trainerin und spezialisierte mich langsam auf Teambildung und Kommunikation zwischen Ost und West. Das war aufregend, denn viele Begriffe waren im Sprachgebrauch so unterschiedlich besetzt, daß ich dolmetschen mußte. Ich verband auf meine Weise die eine mit der anderen Seite, erstellte ein deutsch-deutsches Wörterbuch und war im innerdeutschen Integrationsmanagement, sowohl in Firmen als auch in Bildungsgesellschaften, gefragt. Selbst in den alten Bundesländern gab ich zunehmend mehr Seminare.

Das Jahr 1997 begann verheißungsvoll. Ich erhielt den Zuschlag für die Schulungen in einem großen Unternehmen und somit endlich wieder kontinuierliche monatliche Einnahmen.

Das ermöglichte auch den Umzug in eine schicke neue Drei-Zimmer-Wohnung mit allem Komfort. Meine Söhne hatten sie ausgesucht, um in ihrer gewohnten Umgebung und in der Nähe ihres Vaters zu bleiben. Sie waren mittlerweile bald erwachsen und sehr selbständig. Ich konnte aufatmen, und so begann für mich ein neuer Lebensabschnitt als Mitglied einer WG, in der jeder sein Zimmer und seine Pflichten hatte.

Mein ältester Sohn wechselte in ein Autohaus. Das Verkaufen deutscher Markenautos schien das Richtige für ihn zu sein, denn schon als Kind hatte er am liebsten mit Autos gespielt.

Er und seine Familie standen in gutem Kontakt zu uns. Mein Enkel ähnelte in allen Dingen seinen Onkeln, am meisten Frankie. Wir verbrachten viel Zeit zusammen, bis sie sich plötzlich trennten.

Seine Frau wollte dennoch weiter zu uns gehören. Sie wollte meine Schwiegertochter bleiben, auch ohne meinen Sohn. Ihr neuer Freund gewöhnte sich an den Gedanken, die neue Freundin meines Sohnes leider nicht. Ich konnte mich weder gegen die eine noch für die andere entscheiden. Das überließ ich der Zeit und dem Leben.

Michael beendete seinen Zivildienst und begann sein Studium. Nicht wie erwartet die Schauspielerei, sondern aufgrund seiner Erfahrungen im Rettungsdienst der Berliner Feuerwehr entschied er sich für ein Studium der Medizin.

Das verblüffte mich, obwohl mir einfiel, daß er seiner Kinderärztin schon angedroht hatte, später, wenn er groß sei, Arzt werden zu wollen und dann würde er ihr alle Spritzen zurückgeben.

Frank hatte als Kind immer »Chef« gespielt. Ob er das dann später auch werden würde? Zunächst einmal spielte er das letzte Jahr in der Kinderrevue, denn mit 17 Jahren endete das Engagement im Kinderensemble. Für ihn und seine Freundin gab es dort einen richtig schönen Abschluß. Ein berühmter Opernregisseur aus Berlin hatte die Märchenoper »Hänsel und Gretel« als Weihnachtsmusical für Kinder inszeniert. Frank durfte »Hänsel« und sie »Gretel« spielen.

Vor ihm lag die 11. Klasse, das Schuljahr, in dem viele seiner Mitschüler in die USA oder ein anderes Land gehen würden. Er wollte das auch sehr gern, sein Vater fand ebenso, daß es gut für seine Entwicklung wäre. Gemeinsam regelten wir die Finanzen, und Frank jr. konnte im August nach Amerika. Meine Mutter erklärte mich für verrückt, dafür soviel Geld auszugeben.

Nach einer großen Abschiedsfeier mit allen Freunden aus der Schule und dem Friedrichstadtpalast brach er auf nach Amiland, in das Land seines nie gekannten Großvaters. Er ging stellvertretend für uns alle. Für mich war es ein Zeichen, ein Sieg.

Er kam allerdings nicht nach New York, sondern in eine winzige Stadt im Mittleren Westen, nach Bruce, Wisconsin, zur Familie des Musiklehrers der dortigen High School.

Zum Glück waren schon Computer und das Internet erfunden, so daß er uns über alles informieren konnte. Er lebte sich gut ein und bekam auch nur gute Zensuren. Alles, was die Lehrer ihm hier als störend vorgeworfen hatten, wie ungeduldig, wortführend und zu diskussionsfreudig zu sein, wurde ihm nun als Vorzug honoriert. Er führte dort Lerngruppen und Führerscheine fürs Internetsurfen ein und wurde in die Marching Band der Schule aufgenommen und deren Drum Major.

Er fühlte sich schnell sehr wohl, auch deshalb, weil er einen

Gastvater hatte, der viel mit ihm unternahm. So lernte er Skifahren und Snowboarden.

Er hatte kaum Heimweh, und meine Gedanken kreisten ständig um meine Reise zu ihm. Mit Michael wollte ich im nächsten Jahr zur Graduationsfeier fliegen, vielleicht auch noch nach New York.

Ich hielt es deshalb für absolut wichtig, Englisch zu lernen. Mein Schulrussisch würde mir dort kaum weiterhelfen.

Aus diesem Grund schaute ich von nun an häufig amerikanische Fernsehsendungen, um mich an die Sprachmelodie zu gewöhnen, englische Audiokassetten und zwei Superlearning-Kurse gehörten ebenfalls zu meinem Programm, bis ich glaubte, schon viel zu verstehen – zu sprechen traute ich mich nicht.

Michael fuhr in seinen nächsten Semesterferien zu seinem kleinen Bruder und kam völlig begeistert mit einer Videokassette für mich zurück. Die sollte ich mir mehrmals anschauen, damit ich mich an den Ort und die Menschen dort und an meinen veränderten Sohn gewöhnen könnte.

Was ich sah, war für einen Großstadtmenschen wie mich allerdings gewöhnungsbedürftig. Offensichtlich gab es dort, wo Frank lebte, nichts weiter als Gegend und eine High School. Aber mein Jüngster war in bester Verfassung und Hahn im Korb. Ich konnte es nun auch kaum erwarten, in das ferne Wisconsin aufzubrechen.

Beim Buchen der Reise erwies es sich als zu kompliziert, einen Zwischenstop in New York einzuplanen, zumal Franks Flugroute bereits festgelegt war. Es gab jedoch ein Spezialangebot für New York im Oktober, das buchte ich dann gleich mit.

Meine erste große Reise nach Amerika, auf die andere Seite, lag nun vor mir. Ich war wahnsinnig aufgeregt.

*

Mutterseelenallein flog ich am 24. Mai 1998 nach Minneapolis und von dort weiter in einer Art selbstgebasteltem Flugzeug nach Eau Clair in Wisconsin. Dort holte mich Franks Betreuerin mit ihrem Wagen ab und fuhr mich in einen kleinen Ort bis zu einem großen Holzhaus.

Ich war ganz durcheinander, konnte kaum begreifen, daß ich kleine Ostmaus tatsächlich in Amerika war. Mein Sohn empfing mich freudig, der Gastvater, ein riesiger Kerl, ebenfalls. Das Holzhaus war urgemütlich eingerichtet, überall standen Porzellanhäuschen herum, die zum kultigen Department 21 gehörten. Es gab noch diverse andere Sammlungen: Uhren, Beany Babies, Vasen, Bierkrüge, Flaggen und Mützen. Wenn Sammeln amerikanisch ist, dann habe ich das wohl geerbt, dachte ich.

Mein Sohn telefonierte unentwegt mit Klassenkameraden, und ich staunte nicht schlecht, wie gut er mittlerweile englisch sprach.

Mühselig stammelte ich meine angelernten Artigkeiten in Richtung Gastvater. Er verstand mich aber nicht. Hatte ich alles umsonst gelernt?

Am nächsten Tag begleitete ich meinen Sohn zur Schule, er hatte einen kurzen Schulweg, seine Mitschüler hingegen wurden aus allen Richtungen in großen gelben Schulbussen gebracht, sie wohnten weit verstreut im Umland.

Der Weg führte uns über einen großen Friedhof. Alles war festlich geschmückt. Da am nächsten Tag »Memory day« war, hatte man die Gräber mit buntem Plastikdekor versehen.

Das Schulgebäude war das größte des Ortes, ich erkannte es schon von weitem – aus dem Video. Vor dem Tor warteten drei aufgeregte Mädchen auf Frank Jonathan, wie sie ihn getauft hatten. Sie wollten mir »Hallo« sagen. Das war lustig, sie kicherten und sprachen betont langsam. Offensichtlich erzählten sie mir etwas über Frank, denn er sagte nur immer, ich sollte das nicht glauben. Aber ich verstand ohnehin kein Wort.

Auf dem Heimweg ging ich wieder über den Friedhof. Vier

alte Männer waren damit beschäftigt, kleine amerikanische Flaggen auf Gräber zu stecken, deren Lage sie einer Skizze entnahmen. Als ich mich ihnen interessiert näherte, sprachen sie mich an, sie fragten, woher ich sei und wo ich wohnen würde. Ihr Englisch verstand ich zum Glück. Ich gab ihnen meine Erklärungen und wollte im Gegenzug wissen, was es mit diesen Fähnchen auf sich hatte.

Sie sagten mir, daß sie von der Veteranenkommission seien und mit diesen Flaggen ihre gefallenen Kriegskameraden ehren würden.

Nun war ich nicht mehr zu bremsen und erzählte ihnen, ohne Rücksicht auf Grammatik und Satzbau, mit Hilfe meines Wörterbuches meine Geschichte in Kurzform.

Sie hörten mir geduldig zu, und so unbeholfen es auch klang, sie hatten mich wider Erwarten verstanden. Sie freuten sich, daß der Kalte Krieg vorüber und der Eiserne Vorhang gefallen war und ich nun die weite Reise gemacht hatte und mein Sohn ihre Schulen besuchte. Sie mußten sich dabei oft wiederholen und warten, bis ich das entsprechende Wort in meinem Wörterbuch gefunden hatte.

Ich half ihnen dafür beim Einstecken der Fähnchen und war so aufgeregt, als ob ich mich am Grab meines eigenen Vaters betätigen würde.

Zum Abschied wünschten sie mir noch viel Freude in ihrer Heimat und Glück für meine Familie. Ich war sehr gerührt, aber auch wieder voller Hoffnung.

Alle Leute, denen ich begegnete, grüßten und fragten, woher ich käme und bei wem ich zu Gast wäre. Darauf konnte ich bald ohne Wörterbuch antworten.

Es war ein strahlend schöner Tag, als wir uns zur Feier ankleideten. Der Hausherr trug seinen schwarzen Anzug, deshalb zog auch ich das kleine Schwarze an. Mein Sohn erschien feierlich in einem tiefroten Umhang, auf dem Kopf die viereckige Zeremonienkappe, und wollte bestaunt werden.

Ich konnte kaum glauben, was gerade passierte, daß eines meiner Kinder sich auf dem Weg zur amerikanischen Abiturfeier befand.

Als wir in der festlich geschmückten Turnhalle ankamen, fiel ich richtig auf. Fast alle Eltern trugen Turnschuhe, Jeans und T-Shirts. Etwas aber registrierte ich hocherfreut: Ich war die schlankste unter den Frauen, das kannte ich schon lange nicht mehr.

Viele Eltern begrüßten mich freundlich und wußten offenbar sofort, wessen Mutter ich war. Frank war nicht nur der Liebling der Mädchen, sondern auch der Mütter, wie es schien. Jede erklärte mir, was sie schon alles für ihn gemacht, gekocht oder gebacken hatte. Ich verstand zwar immer nur wenig, bedankte mich aber trotzdem bei ihnen. Es war schön zu hören, wie nett sie meinen Jüngsten fanden. Ich war auch sehr stolz, als mich seine Lehrer begrüßten und von seinem Lerneifer berichteten.

Fast jeder brachte auch die beiden Sätze an: »Isch pin aoin Berlüner!« und »Herr Obär, swei bier, bitte snell!«

Dann begann die Zeremonie, und die Schüler zogen zu Klängen der Schulband, die der Gastvater dirigierte, paarweise in die Halle ein. Die Jungs in roten und die Mädchen in weißen Talaren. Frank führte seine Freundin Diana am Arm, sie strahlte wie eine Braut, und er schritt neben ihr wie ein junger Prinz, würdevoll und kerzengerade, wie er es auf der Bühne gelernt hatte. Sie nahmen in den vorderen Reihen Platz, um anschließend auf der Bühne ihre Zeugnisse ausgehändigt zu bekommen.

Vor Tränen sah ich nur verschwommen, wie mein Kind seine Dokumente und mehrfache Auszeichnungen erhielt.

Nachdem alle geehrt waren und ihre Kordel an der Mütze auf die andere Seite legen durften, wurden sie ins Leben entlassen. Feierlich marschierten sie wieder aus der Turnhalle. Hunderte weißer und roter Luftballons wurden losgelassen.

Die Eltern und Verwandten fotografierten und die Familienkameras surrten.

Gemeinsam mit seinem Gastvater feierten wir später in der Familie von Franks Freundin, es gab Barbecue und Obstsäfte, keinen Tropfen Alkohol und keiner rauchte, das verblüffte mich. Meine aus Deutschland eingeschmuggelte Flasche Sekt ließ ich brav in der Tasche.

Zwei Tage später fuhr die Marching Band der Schule, insgesamt ungefähr 150 Kinder, in drei Bussen nach Florida, zu Disneyworld. Sie hatten sich qualifiziert, musizierend durch den riesigen Vergnügungspark marschieren zu dürfen. Das sei eine hohe Auszeichnung, meinte der Gastvater.

Ich durfte mitfahren. Es war ein Erlebnis, quer durch die Staaten bis Orlando, Florida, zu reisen. Drei Tage und drei Nächte dauerte die Fahrt, sie war lustig und für mich ein Crashkurs in Amerikanisch. In Orlando bezogen wir ein sehr schönes Hotel, und am nächsten Tag ging es dann ins Kinderparadies.

Vor dem großen Märchenschloß startete die Marschmusikparade der Schüler aus Wisconsin mit ihrem stolzen Musiklehrer.

Der Weg begann auf der Mainstreet, viele Zuschauer säumten die Straße und jubelten der Schulband und den flaggenschwingenden Mädchen zu. Diese schritten im exakt vorgeschriebenen Tempo die Straßen entlang. Allen voran ihr Drum major, der Berliner Einviertel-Amerikaner Frank, Enkelsohn eines ehemaligen Tangokönigs von New York.

Vier Tage blieben wir in Orlando, und jeden Tag marschierten die jungen Musikanten durch einen anderen Teil von Disneyworld.

Am vierten Tag hatte Frank seinen 18. Geburtstag. Im »Planet Hollywood« erlebten wir dann, wie in Amerika dieser Ehrentag gefeiert wird.

Franks Freundin hatte dem Kellner gesagt, daß sich in der

Gruppe ein Geburtstagskind befinde. Kurze Zeit später erschienen zwei Kellnerinnen mit einem großen Kuchenteller. Darauf war eine kleine Torte und Eiskrem sowie eine sprühende Wunderkerze in der Mitte. Sie riefen laut, daß Frank aus Germany heute 18 Jahre alt geworden ist. Und wie auf Kommando sangen alle Restaurantgäste »Happy birthday ...«! Eine tolle Geste.

Frank war vor Freude blaß geworden und brachte kein Wort heraus, das war neu. Alle lachten.

Weiter ging es am nächsten Tag nach Palm Beach, in ein Hotel am Strand. Dort konnten sich alle drei Tage lang austoben.

Einige der Schüler waren zum ersten Mal am Meer, sie hatten mächtig Angst vor den Wellen. Die Betreuer bemühten sich, sie wenigstens einmal ins Wasser zu locken.

Erholt und voller neuer Eindrücke fuhren wir dann in unseren großen Bussen den langen Weg zurück.

Unterwegs malten wir uns die bevorstehende Reise im Herbst nach New York aus. Ein für uns persönlich sehr wichtiges Ereignis. Wir überlegten uns ein richtiges Szenario.

Gemeinsam wollten wir in das Tanzstudio des Bruders meines Vaters gehen. Die Adresse hatten wir ja. Dort sollten Michael und Frank so tun, als ob sie sich vorstellen wollten, und sie sollten vortanzen. Wahrscheinlich würde ein jüngerer Tänzer sich die beiden anschauen und der alte Ballettmeister nur auf einem Stuhl dabeisitzen und beobachten. Den Fotos von meinem Vater nach zu urteilen, sah Frank ihm am ähnlichsten. Das wäre dann der Schlüssel.

Der alte Mann würde sich wundern, warum ihn Frank an seinen Bruder erinnerte. Er würde ihn nach seinem Namen fragen. Der wollte sich dann einfach wie mein Vater nennen und als Junior ausgeben, um die Verblüffung komplett zu machen. Der Alte wäre gerührt und froh, daß es doch noch Nachkommen aus dieser Tänzerdynastie gab, er würde die Jungen zur Ausbildung behalten und sich mit mir unterhalten. Dann würden wir mit ihm zum Grab meines Vaters fahren, und ich hätte endlich alles erreicht. Der Plan gefiel mir. So müßte es werden.

Durch unsere Träumereien erschien mir die Heimreise kürzer und weniger anstrengend. Bald saßen wir wieder im Wohnzimmer des Gastvaters. Ich bedankte mich bei ihm herzlich dafür, daß ich überall hatte dabei sein dürfen.

Schließlich konnte ich mit über 50 Jahren durch diese Reise ein Kindheitserlebnis nachholen, das bei mir nun doppelte Wirkung hinterließ.

Nach zwei Tagen flog ich allein nach Hause, mein Sohn blieb noch drei Wochen bei seinen amerikanischen Freunden und der Gastfamilie.

Nun hatte ich die USA kennengelernt, und es gefiel mir dort, genau wie meinem Sohn, wirklich gut. Ich freute mich riesig auf die nächste Reise nach New York, und weihte Michael in unsere verrückten Pläne ein.

Frank kam im Juli zurück, er konnte sich nur schwer wieder eingewöhnen und wollte schnell sein deutsches Abitur machen und gleich nach Amerika zurück, um dort zu studieren. Einen Aufnahmetest für das College hatte er bereits bestanden. Das zählte bloß nicht allzu viel, weil für ausländische Studenten andere Regeln galten. Als Amerikaner hätte er damit gute Aussichten auf ein Stipendium gehabt.

Die bevorstehende Reise war Motivation genug für mich, um noch besser zu trainieren und um weiterhin gut zu verdienen.

Ich entschloß mich kurzerhand, meine NLP-Ausbildung mit dem höchsten Ausbildungsgrad, dem Trainer, zu vollenden. Diesen Abschluß benötigte ich, um Lehrtrainer zu werden und um selbst NLP-Ausbildungen durchzuführen, meinem nächsten Ziel.

Beim Metaforum für Kommunikation buchte ich ein dreiwöchiges Kompaktseminar, das in Baden bei Wien, in einem alten, zum Hotel umfunktionierten Schloß stattfinden sollte und für das berühmte Trainer aus der Szene angekündigt waren.

Wieder ging ich auf Reisen, nachdem ich jahrelang Berlin nicht verlassen hatte.

In der ersten Ausbildungswoche erwartete uns einer der berühmten NLP-Trainer und Autor mehrerer Fachbücher, Robert McDonald, aus Kalifornien, ein Mann mit indianischen Vorfahren und von geheimnisvoller Ausstrahlung.

Wir waren eine große Gruppe, und viele der Teilnehmerinnen, vor allem die blonden, waren nur wegen ihm gekommen, was ich wohl verstand.

Er war wirklich sehr gutaussehend, elegant, scheinbar alterslos, mit großen geheimnisvollen Augen, schwarzem Haar und einer Vorliebe für junge, schlanke Blondinen.

Da ich erstens nicht blond, zweitens nicht jung und drittens nicht schlank war, brauchte ich keine Hoffnungen zu hegen, sondern konnte mich ihm entspannt nähern und in ihm ganz den Lehrmeister sehen.

Es wurde simultan übersetzt, so daß ich alles mitbekam. Denn sein amerikanisches Englisch klang völlig anders als das, was ich im mittleren Westen gehört hatte, und so hatte ich Mühe, ihn zu verstehen.

Am zweiten Tag übte Robert mit uns zum Abschluß des Tages ein Format aus seinem neuesten Buch »... und dann geschieht ein Wunder!« Es diente dem inneren Ausgleich und der inneren Heilung.

Dabei sollten wir in Gedanken uns dem liebevoll mütterlichen und dem liebevoll väterlichen Aspekt widmen. Diese Anteile sollten wir aus unserer Erinnerung beziehen und getrennt zu einem Symbol formen.

Ich fand weder den einen noch den anderen Teil, wie sehr ich auch in meiner Erinnerung suchte.

Ich öffnete die Augen und schüttelte den Kopf, als mich Robert fragend ansah. Ich flüsterte ihm zu, daß es bei mir nicht funktionierte. Er bedeutete mir zu schweigen und zu warten, bis die Übung beendet sei.

Nach Seminarende kam er auf mich zu, den Übersetzer brachte er gleich mit.

Robert wollte wissen, warum ich keine Erinnerung fand. Ich begann zu weinen und erzählte von meiner strengen Mutter und meinem amerikanischen Vater, den ich nicht kannte, und von den Dingen, die ich erst nach Fall der Mauer erfahren hatte. Er war sehr bewegt. Dann fragte er mich, ob er mit mir in einer Tieftrance arbeiten dürfte. Ich hatte etwas Angst, aber Trance ist nicht Hypnose, sondern die Stunde zwischen Tag und Traum oder der Alphazustand, wie es beim Superlearning heißt. Ich war einverstanden.

Er schickte den Übersetzer weg, ihn würden wir jetzt nicht benötigen. Robert sprach, nachdem ich ganz entspannt war, auf mich ein. Es klang mal beruhigend, mal auffordernd, mal zärtlich und mal bestimmt. Er hielt dabei meine Hand und ließ mich kurze Sätze auf englisch wiederholen, deren Sinn ich nicht verstand und einfach nachplapperte. Dann sang er eine Art Kinderlied. Als ich die Augen wieder öffnete, war mir wohlig warm, und es ging mir gut.

Alle, die zugehört hatten, waren ganz still, manche weinten sogar. Sie hatten seine Worte verstanden.

Robert rief den Übersetzer wieder zu sich und bat ihn, mir zu beschreiben, was in der Trance passiert war. Er hatte meinem Unterbewußtsein Botschaften suggeriert. Botschaften, die ein amerikanischer Vater seiner Tochter in ihrer Kindheit und Jugend mit auf den Weg gegeben hätte. Diese hatte er nun mir mit auf meinen weiteren Weg gegeben.

Die Sätze, die ich wiederholte, waren Bestätigungen und Wünsche meinerseits an meinen Vater gewesen, deren Inhalt er nicht übersetzen ließ.

»Warte, was passiert!« sagte er zum Schluß und bedankte sich für meine Mitarbeit.

Ich hatte in der NLP-Szene schon einiges erlebt, aber das überstieg alles. Ich wußte nicht, worum es ging. Da ich mich wohlfühlte, konnte es nur etwas Gutes gewesen sein.

Alle aus der Gruppe kamen auf mich zu und erklärten, daß bald ein Wunder geschehen würde, gemäß dem neuen Buch von Robert. Die Frauen, die ihn bereits aus Kalifornien und von seiner dortigen Arbeit kannten, waren sich einig, daß er für mich einen Prozeß in Gang gesetzt hätte. Nun, wenn sie meinten, überzeugt war ich nicht davon.

Einige erklärten sogar, daß Robert übersinnliche Fähigkeiten besäße und sicher mich, die ich ja auch etwas indianisch aussähe, aus einem früheren Leben kennen würde und noch andere unglaublichen Dinge. Das ging mir jedoch zu weit.

Ich nahm an, daß ihn meine Geschichte faszinierte, weil mein Vater, wie er, Amerikaner war.

Robert fragte mich nun täglich, wie es mir ginge. Ich fühlte mich unverändert gut.

Am letzten Tag seiner Trainingswoche machte er mit uns allen eine abschließende Trance, sie diente dem Blick in unsere Zukunft. Wir sollten schauen, wie wir in ca. 20 Jahren aussehen würden, wo wir uns befänden, mit wem wir zusammen wären und was wir dann tun.

Während der Trance sollten wir, begleitend zu den aufkommenden Bildern, zwei Fragen an unser Unterbewußtsein stellen.

Ich sah mich in einem strahlend blauen Kleid, mit langen schwarzen Haaren, durchzogen von Silbersträhnen, auf einer bunten Decke auf einer Wiese sitzen und eine bis zur Erde reichende Pfeife rauchen. Aus der Ferne kamen Leute auf mich zu, die sich von mir Rat holen wollten. Ich war sehr glücklich, und neben mir stand, ganz aufrecht, mein Mann, ein Indianer.

Meine Fragen an mein Unterbewußtsein lauteten: Wo und wann ich den Indianer treffen würde und was ich tun müßte, um ihm zu begegnen. Ich erhielt die Antwort, daß er schon auf mich warten würde, ich müßte nur meinen Platz verlassen.

Das Bild und die Antworten stimmten mich fröhlich. So kam ich auch aus der Trance zurück, im Unterschied zu anderen aus der Gruppe. Manche weinten, andere waren wütend oder aufgeregt. Ich war die einzige, die lächelte. Deshalb fragte Robert zuerst mich nach meinem Erlebnis.

Er hörte konzentriert zu, lächelte vielsagend und sah überaus freundlich und glücklich aus.

Alle in der Gruppe lachten mit mir. Das war ja wohl eine gänzlich unwahrscheinliche Zukunft für mich. Nicht, daß ich etwas gegen einen strammen romantischen Indianer als Ehemann gehabt hätte, aber wo, bitte schön, sollte ich ihn herbekommen? Meinen Platz verlassen? Welchen denn und wohin?

Trotzdem sprach ich noch oft darüber und machte so meine Scherze über mich als weise Frau im Indianerlager.

Nach Ende der Ausbildung fuhr ich zurück nach Hause und alles war wie immer, die normalen Wunder des Lebens eben.

*

Der Zeitpunkt unserer Abreise nach New York rückte näher, und ich hatte schon Reisefieber. Wir spielten in Gedanken noch öfter unser Drehbuch für den Besuch bei meinem Onkel durch, borgten uns eine Videokamera, um alles filmen zu können, und kauften jede Menge Filme für die Fotokamera.

Gerne hätten wir auch Linda besucht, aber wir hatten keine Adresse von ihr. Wer weiß, wie kompliziert sie wieder untergebracht war. Wir wollten vor Ort im Telefonbuch nach ihr suchen.

Einen Reiseführer mit Stadtplan hatten wir bereits gekauft, und wir legten fest, welche Sehenswürdigkeiten wir in welcher Reihenfolge besichtigen wollten.

Zwei Wochen vor unserem Abflug erreichte uns plötzlich mitten in der Nacht ein Anruf aus Amerika. Die nette Frauenstimme am anderen Ende verstand ich nicht, sie sprach zu schnell für mich. Ich weckte rasch Frank in der Annahme, daß der Anruf ohnehin für ihn sei.

Schlaftrunken griff er nach dem Hörer und stellte nach einem erstaunten Ausruf das Telefon blitzartig auf Mithören.

Es war keine seiner ehemaligen Schulfreundinnen, sondern Linda, die aus ihrem Office in New York anrief und völlig aufgeregt klang.

Sie arbeitete immer noch bei ihrem Geliebten in der Anwaltskanzlei und teilte uns mit, daß sich mein Halbbruder bei ihnen gemeldet hätte, weil er mich seit zwei Monaten suchen würde. Die Adresse aus meinen früheren Briefen würde nicht mehr stimmen, und nun bat er sie und ihren Anwalt um Hilfe.

Linda hatte unsere neue Telefonnummer und die Email-Adresse im Internet gefunden. Frank hatte sich, um mit seinen amerikanischen Freunden in Kontakt zu bleiben, in verschiedenen Suchmaschinen eingetragen. Welch ein Glück für uns.

Ich war wie gelähmt. Währenddessen unterhielt sich Frank mit Linda, berichtete über sein Jahr in Amerika und darüber, daß wir in zwei Wochen für 12 Tage nach New York kämen und vorhätten, den Onkel aufzusuchen.

Linda jauchzte in den Hörer, als sie hörte, daß wir bereits eine Reise nach New York gebucht hatten. Der Anwalt kam auch an den Apparat und sagte, das alles sei ein wahres Wunder, nach den vielen Jahren der Aussichtslosigkeit.

Ich konnte es nicht glauben und nur noch laut schluchzen. Michael, der durch unseren Lärm wach geworden war, heulte gleich mit.

Frank blieb jedoch cool und besprach mit Linda nun die Details.

Sie wollte als erstes unsere Hotelzimmer stornieren, und wir sollten unbedingt in ihrem Appartement in Manhattan wohnen, damit die Begegnung zwischen mir und meinem Bruder sich in ihrem Wohnzimmer ereignen konnte.

Denn sie wollte dabei sein. Im Restaurant einander zu begegnen, fand sie zu förmlich. Außerdem rechnete sie mit dramatischen Gefühlsausbrüchen aller Anwesenden.

Frank und sie vertagten die Fortsetzung des Gesprächs auf die nächste Nacht. In der Zwischenzeit wollte sich Linda mit meinem Halbbruder besprechen und die Termine festlegen.

Es dauerte Stunden, bis wir uns beruhigt hatten. Immer wieder wiederholte ich, was Robert McDonald und die anderen zu mir in Österreich gesagt hatten: »Warte, es wird ein Wunder geschehen.«

Gleich am nächsten Tag telefonierte ich mit meinem ältesten Sohn, um ihm das Unglaubliche mitzuteilen. Er meinte nur: »Na, an deinem Psychozeug scheint ja doch was dran zu sein.«

Susann, seiner Ex-Frau, sprach ich die Neuigkeit auf den Anrufbeantworter, und am Nachmittag erschien sie daraufhin mit dem kleinen Philipp bei uns.

In der nächsten Nacht mußten wir nicht lange auf Lindas Anruf warten. Sie war zufrieden mit dem, was sie bisher hatte erreichen können.

Mit meinem Halbbruder könnte sie zwar erst am nächsten Tag telefonieren, da er geschäftlich in Texas unterwegs war. Seiner Sekretärin hatte sie jedoch mitgeteilt, daß es gute Neuigkeiten für ihn gäbe.

Ihr Freund hatte ihr drei Tage Sonderurlaub gewährt, damit sie sich ganz um uns kümmern konnte.

Sie hatte sogar in ihrem Apartmenthaus einen Mieter gefunden, der ihr seine Wohnung für die Dauer unseres Besuchs überlassen würde. Ihre Wohnung wäre einfach zu klein für uns alle.

Ein bißchen übertrieben fand ich, daß sie gleich noch einen Fernsehsender dazu einladen wollte, es gab wohl irgendeine rührende, nachmittägliche Sendung, für die unsere Begegnung genau das Richtige wäre.

Das wollte ich auf keinen Fall. Noch wußte ich nichts über meinen Bruder, ob er seiner Familie überhaupt von seinem Entschluß erzählt hatte.

Gegen Ende dieses Gesprächs war ich das erste Mal in der Lage, ihr zu danken.

Am übernächsten Abend rief sie erneut an. Mein Halbbruder sei glücklich, daß ich ihn, fünf Jahre, nachdem er meine Post erhalten hatte, immer noch sehen wollte.

Er wäre sehr erleichtert, denn er konnte sich jetzt, nachdem er selbst Vater sei, nicht verzeihen, mir nicht auf meine Fragen nach unserem Vater geantwortet zu haben.

Die Zeit bis zum Abflug verging viel zu langsam, obwohl ich viel arbeitete und ständig beschäftigt war. Ich hatte das gesamte »Beweismaterial« meiner Herkunft neu geordnet und bereits verstaut.

Den inszenierten Besuch des Onkels wollten wir erst mal vertagen. Der Halbbruder war nun spannend genug.

Wie würde er aussehen, wie wäre sein Wesen, würde er mir ähneln, würde er uns mögen und wir ihn?

Das waren Fragen, die mir pausenlos durch den Kopf gingen. Meine gesamten Freunde und alle Bekannten fieberten mit.

Meine Mutter allerdings nicht. »Was versprichst du dir davon?« blieb ihre einzige Reaktion.

Drei Tage vor Abflug erfuhr Michael, daß eine entscheidende Prüfung für sein Medizinstudium vorverlegt worden war. Die durfte er keinesfalls versäumen. Wir waren alle ganz traurig, daß er nun nicht mitkonnte.

Wir stellten einen Antrag, für seinen gebuchten Flug eine Ersatzperson mitnehmen zu können. Sonst hätten wir hohe Stornogebühren zahlen müssen. Susann wollte statt seiner mitkommen. Und es klappte glücklicherweise.

*

Am 16. Oktober 1998 starteten Frank, Susann und ich nach Newark. Auf diesem Flughafen würden wir in Amerika landen. Beim Landeanflug sahen wir die Skyline von New York. Wir waren alle drei fasziniert.

Am stramm organisierten Taxistand stiegen wir in ein gelbes Taxi, um zu Linda zu gelangen. Den Fahrpreis hatten die Einweiser schon für uns festgelegt.

Der Fahrer sprach so schlecht englisch wie Susann und ich. Deshalb verstanden wir beide ihn, Frank hatte eher Mühe.

Es war eine lange Fahrt durch das trist wirkende New Jersey, bevor wir in den Lincoln-Tunnel und somit nach Manhattan einfuhren.

Dann glitzerte es nur noch. Der Abend brach an, und die Straßen waren in ein grell buntes Lichtermeer getaucht. Ich hielt Susanns Hand und die Tränen rannen mir mal wieder ohne Unterlaß.

Ich war in meiner Traumstadt angekommen. In der Stadt, nach der ich mich so lange gesehnt hatte.

Als das Taxi vor dem riesigen Wohnhaus hielt, kamen gleich zwei Türmänner angerannt. Linda hatte ihnen ein Foto von mir und Frank gegeben, sie begrüßten uns freundlich mit Namen und bekamen beim Anblick von Susann Stielaugen.

In der Eingangshalle spendierten sie uns erst mal eine Cola. Linda sollte gleich zurück sein, sie war nur einkaufen.

Kurze Zeit später erschienen zwei überdimensionale braune Einkaufstüten, dahinter war die zierliche Linda versteckt. Sie hatte sich überhaupt nicht verändert und war immer noch so hübsch, wie wir sie in Erinnerung hatten.

Wir umarmten uns, und sie weinte nun auch, als wir mit dem Aufzug zu ihrem Apartment hochfuhren. Sie erklärte uns, warum ihr die Tränen liefen: Heute früh war sie in der Kirche gewesen und hatte dem Prediger berichtet, daß sie diese Woche eine außergewöhnliche Begegnung begleiten würde. Er hatte sie gelobt für ihre Menschlichkeit und ihr gesagt, daß Gott sie dafür belohnen würde. Meine Güte! So hatte ich Linda in Berlin nie erlebt. Ich war ganz gerührt.

Linda zeigte uns das liebevoll für uns hergerichtete Apartment. Es bestand aus zwei gemütlichen, nicht allzu großen Zimmern, einer Küche und einem kleinen Badezimmer. Die Tapeten waren rosarot, und überall standen Vasen mit getrockneten Rosen. Das breite Bett quoll über vor Spitzenkissen. Auf einer kleinen Anrichte standen neben ihren Familienfotos auch welche aus ihrer Zeit mit uns in Berlin.

Sie hatte viele Spitzendeckchen und auf den Stühlen schwere rosarote Seidenkissen. An den Wänden hingen Heiligenbilder und Kunstwerke erotischer Art. Neben dem Bett befand sich eine Sammlung kleiner Bronzeplastiken, die aus dem ›Kamasutra‹ stammten, und Marienbilder in Porzellanrahmen, umgeben von einzelnen Rosen aus Seide, Papier und Plastik.

Susann und ich hatten offenbar den gleichen Gedanken, wir erinnerten uns an »ihren« Anwalt, den diese Umgebung wohl anzutörnen schien …

Linda bestätigte uns dies und lachte nun auch wieder.

Vor den Fenstern waren schwere Eisengitter angebracht. Das war ein ungewöhnlicher Anblick für uns, aber für Manhattan wohl normal.

Nach einem kurzen Imbiß unternahmen wir einen ersten Spaziergang, um uns einen Eindruck zu verschaffen. Wir schlenderten die Columbus Avenue entlang und standen plötzlich auf dem Broadway.

Wir lobten gleich wieder den Mauerfall und die deutsche Wiedervereinigung. »Man hätte uns ja auch mit Rußland vereinigen können, dann würden wir durch Moskau schlendern müssen«, sagte ich scherzhaft.

Auf dem Rückweg eröffnete uns Linda, daß wir am kommenden Freitag, also erst in einer Woche, meinen Halbbruder treffen würden. Vorher sei er geschäftlich in North Carolina unterwegs. Ich hatte mich noch gar nicht getraut, sie danach zu fragen.

Weiter meinte sie, daß er eine sehr schöne und kraftvolle Stimme habe und sehr freundlich mit ihr gesprochen hätte. Das klang vielversprechend.

Zu Hause angekommen, legte sie den Plan für den nächsten Tag fest. Wir waren hundemüde und deshalb mit allem einverstanden. In Deutschland war es mittlerweile 5 Uhr morgens.

Als ich am nächsten Tag gegen 9 Uhr aufstand, fand ich einen Zettel auf dem Küchentisch. Linda war um 7 Uhr ins Fitneßstudio aufgebrochen und wollte gegen 10 Uhr zurück sein.

Langsam wachten auch die beiden anderen auf, und wir frühstückten. Dann erschien Linda frisch wie der Morgen. Sie nahm einen Happen vom Sandwich und einen Berg Vitamin- und Mineraltabletten zu sich. Anschließend machten wir uns zum Stadtbummel auf.

Die Sonne strahlte an diesem wunderschönen Sonnabend im Herbst, und es waren viele Menschen unterwegs. Die meisten kamen aus oder gingen in eine der Kirchen, die es überall gab. Die meisten Namen der Kirchgemeinden hatte ich noch nie gehört.

Einen Häuserblock weiter standen ganze Familien auf der Straße und stellten auf Wohnzimmertischen Nippes aus, nützliche, unmoderne oder neue, in jedem Fall überflüssige Dinge ihres Haushaltes.

Schade, daß es so etwas bei uns nicht gab, dann könnte ich auch endlich mal meinen Keller leerbekommen.

Die Straße führte direkt auf den Central Park. Schon von weitem sahen wir die vielen Jogger. Manche rannten sogar mit Kinderwagen. Jung und alt drehte dort seine Runden, ob mit oder ohne Rollerblades. So, wie ich es bislang aus dem Fernsehen kannte.

Wir schlenderten die endlos scheinende Columbus Avenue entlang und ließen kaum einen Laden aus, um zu schauen, was es dort zu kaufen gab. Linda amüsierte das.

Sie wies uns immer wieder auf wichtige Gebäude hin und

meinte: »Touristen in New York erkennt man daran, daß sie ständig nach oben schauen.«

Der Weg führte uns schließlich zu einem Kunstmarkt. Es gab viele Stände mit Künstlern und dazwischen auch wieder Krimskrams. Linda erwarb verschiedene Dinge, wir nichts. Wir wollten erst mal nur schauen.

Zweifellos waren wir als Touristen zu erkennen, denn viele Leute sprachen uns an und fragten, woher wir kämen.

Linda erzählte einigen gleich, warum wir hier wären, und diese völlig fremden Leute beglückwünschten mich und freuten sich mit mir über meine Aussicht, meinen Halbbruder zu treffen. Anfangs war mir das peinlich, aber langsam gewöhnte ich mich daran. Andere sprachen uns an, weil sie uns Deutsch reden hörten. Sie erklärten, auch deutsche Vorfahren zu haben, und fügten gleich ihre Geschichte an.

Wir verbrachten viel Zeit auf diesem Markt und wurden langsam hungrig. Susann wollte unbedingt zu McDonald. Die Auswahl dort war so groß, daß ich mich gar nicht entscheiden konnte. Fröhlich wie kleine Kinder verschlangen wir dann riesige Portionen.

Danach schlug Linda vor, mit uns nach China-Town zu fahren. Wir mußten die U-Bahn benutzen und stiegen die abenteuerlichen Treppen zu den Bahnsteigen hinab. Auch der Ticketverkäuferin erklärte Linda, wer wir seien. Die Frau hörte geduldig zu und verkaufte uns günstige Wochenkarten, die erst einen Monat zuvor eingeführt worden waren.

Als wir dann auf einem Bahnsteig der New Yorker U-Bahn standen, kamen wir uns doch sehr mutig vor. Linda gab Hinweise, wie wir uns in den Zügen verhalten sollten, und das bedeutete, bloß niemandem in die Augen zu schauen.

Auf der langen Fahrt stiegen immer wieder Polizisten dazu, um zu überprüfen, ob alles in Ordnung sei. Das empfand ich sehr beruhigend.

In China-Town zückten wir bereits im zweiten Laden unsere Geldbörsen, um Geschenke für zu Hause einzukaufen. Susann hatte eine Liste an Wünschen ihrer Freundinnen abzuarbeiten, und ich kaufte mir als erstes eine Handtasche. Außerdem erstanden wir noch viele nette kleine Sachen und eine unechte Rolex, die sich mein ältester Sohn gewünscht hatte.

Auf diesen schrill bunten Straßen herrschte ein riesiges Gedränge, und in den übervollen Läden gab es all das zu kaufen, was gerade in Mode war, allerdings weniger wertvoll und somit billiger.

Völlig verblüfft hat mich das Angebot an Nahrungsmitteln. Lauter skurrile Dinge, die ich nie essen würde. Mich reizten weder die vielen Fischsorten noch die fremdartigen Gemüsesorten, und noch nicht einmal die süßen Sachen.

Linda wußte jedoch ein gutes Restaurant. Dort wählte sie für uns ein wirklich wohlschmeckendes Menü aus. Sie kannte auch den Inhaber und stellte uns vor. Als sie ihm meine Geschichte in Kurzfassung präsentierte, spendierte er uns einen riesigen Fruchteisbecher. Begleitet von seinen guten Wünschen für mein bevorstehendes Ereignis.

Ich war überwältigt, wie all die fremden Menschen auf meine Story reagierten. Es machte mir aber auch Mut, daß ich am kommenden Freitag nicht enttäuscht werden würde.

Inzwischen war es draußen dunkel geworden und das Nachtleben in China-Town begann sich zu entfalten. Fluoreszierende Drachen reichten von einer Straßenseite zur anderen, Leuchtreklamen lockten, und überall glitzerten bunte Blumen und Fahnen. Jedes Geschäft war illuminiert und noch geöffnet.

Ich bedauerte, daß meine beiden anderen Söhne dies nicht miterleben konnten. Sie müßten das später noch unbedingt nachholen.

Wir schlenderten weiter nach Little-Italy. Hier schien mir vieles vertraut, eben europäisch. Auch hier gingen wir in alle Geschäfte und kauften das eine oder andere Erinnerungsstück.

Linda dekorierte Frank in einem der Shops mit einer Plakette: »Not only am I perfect. I am Italian too!«

Der Spruch gefiel ihm. Linda hatte ihn durchschaut, keine Frage.

In einem Straßencafé nahmen wir zum Abschluß des Tages noch einen Cappuccino.

Am nächsten Morgen brachte Linda vom Rückweg aus ihrem Fitneßstudio Bagels und einen ziemlich alten Nachbarn mit. Er wohnte ebenfalls in diesem Haus, war mit seinen Eltern vor den Nazis aus Berlin, sogar aus unserer Wohngegend, geflüchtet und arbeitete als Flötist bei der »State Opera«.

Ihm hatte Linda unseren Besuch schon angekündigt, und er freute sich, uns kennenzulernen.

Er sprach fließend deutsch und berlinerte zunehmend, nachdem er sich eine Weile mit uns unterhalten hatte. Als er erfuhr, daß Susann Musiklehrerin ist, war er nicht mehr zu bremsen in der Aufzählung, welche Inszenierungen wir uns hier ansehen sollten.

Ich deutete ihm unser Budget an, und so konnten wir dann die Auswahl begrenzen.

Eigentlich wollten wir nur sein Opernhaus besuchen. Für den Nachmittag war dort »Hänsel und Gretel« angesetzt, und das konnte sich Frank natürlich nicht entgehen lassen. Stolz berichtete er dem Nachbarn von seinem Mitwirken als »Hänsel« in der Berliner Inszenierung für Kinder. Der war erstaunt, daß Kinder eine derart schwere Oper spielten.

Wir verabredeten uns mit ihm vor dem Bühneneingang. Dort erhielt Frank aufgrund seines Künstlerausweises aus dem Berliner Friedrichstadtpalast eine Freikarte und wir bekamen vergünstigte Ehrenkarten.

Bis zum Einlaß hatten wir noch viel Zeit und besichtigten deshalb die »Metropolitan Opera«. Niemandem fiel es auf, als wir uns einer Gruppe anschlossen, die eine Führung gebucht hatte. Selbst Linda wollte uns kaum glauben, sie war noch nie in der »Met« gewesen.

Beim Einlaß standen wir schließlich in einer langen Reihe zwischen Großeltern und deren Enkeln und Urenkeln. Als die Älteren bemerkten, daß wir deutsch sprachen, wußten wir binnen kürzester Zeit von den meisten um uns herum, wann sie aus Deutschland emigriert waren und woher sie stammten. Das war lebendiger Geschichtsunterricht.

Die Aufführung an sich war genial gelöst. Damit die erwachsenen Sänger wie Kinder wirkten, waren die Möbel und andere Requisiten riesig. Die bekanntesten Lieder wurden halb deutsch, halb englisch gesungen. Das klang putzig.

Nach der Vorstellung trafen wir uns mit dem Nachbarn. Er begleitete uns und Linda nach East Village, was als nächstes auf Lindas Besichtigungsprogramm stand.

Wieder fuhren wir U-Bahn. Als wir diesmal ankamen, waren wir von der Gegend überrascht. Für mich sah alles russisch aus. Die Farbe der Wände, die heruntergelassenen Holzjalousien und die dunklen, spärlichen Gardinen, aber auch die Leute erinnerten mich an meine Reise durch die Sowjetunion vor vielen Jahren.

Und richtig, auf irgendwelchen spätrevolutionären Plakaten an Häuserfronten und in den Auspreisungen der Geschäfte waren bald kyrillische Buchstaben zu erkennen. Stolz las ich vor, was dort geschrieben stand, und übersetzte es.

Linda und ihr Nachbar staunten auch nicht schlecht, denn sie kannten diese Gegend ebensowenig.

Wir seien einfach zu früh ausgestiegen, erklärten uns zwei Polizisten. Hier war tatsächlich das russische Viertel, und erst zwei Stationen weiter begann das East Village.

Das war auch ein verrücktes Viertel und wieder ganz anders. Manches erinnerte uns an Berlin, Prenzlauer Berg.

Wieder gingen wir die Straßen auf und ab und in jeden Laden. Der alte Mann hielt tapfer durch, während ich von der Lauferei allmählich ziemlich fertig war.

Keuchend nahm ich mir vor, auch ein Fitneßstudio besuchen

zu wollen. Linda war sofort bereit, mich in ihres mitzunehmen. Jeden Morgen und jeden Abend wäre sie dort, außer an den Wochenenden, da ginge sie nur morgens – so sportlich wollte ich allerdings doch nicht werden.

Um seiner und meiner Erschöpfung entgegenzuwirken, winkte unser Begleiter ein Taxi herbei, erleichtert stieg ich ein. Wieder fuhren wir quer durch die Stadt.

Irgendwann ließ er dann das Taxi anhalten, um uns noch Soho zu zeigen.

Dort traf Linda dann verschiedene Bekannte, die alle von Susanns Schönheit fasziniert waren und wissen wollten, ob sie Model sei.

»Ja, in Deutschland«, log Linda dann und erzählte immer und immer wieder den Grund unseres Aufenthaltes. Alle waren begeistert und gratulierten mir.

Als wir endlich in unserem Appartement angekommen waren, fielen wir sofort in die Betten. »Ab morgen ein langsameres Touristenpensum«, bat ich mir aus.

Daran hielten wir uns auch in den nächsten Tagen. Linda ging früh arbeiten, wir schliefen aus, und nach und nach lernten wir so viele der spektakulären Gebäude Manhattans kennen.

Frank, der seit kurzem Schüler am Berliner John-Lennon-Gymnasium war, freute sich, als wir endlich das Dakota Building, ein Luxusapartmenthaus, gefunden hatten, vor dem 1980 der Ex-Beatle erschossen wurde. Frank fotografierte alle entscheidenden Stellen für die Chronik seiner Schule.

Überhaupt fotografierten wir unentwegt. Sicher brauchte ich diese Fotos später als Beweis dafür, wirklich in New York gewesen zu sein.

Die Abende verbrachten wir zusammen mit Linda. Statt freier Tage machte sie nun früher Feierabend. Sie führte uns in verschiedene Szenekneipen, ins Herz des New Yorker Nachtlebens.

Am besten gefiel uns eine große Tango-Bar. Wie hier die

Leute tanzten, war faszinierend. Alle Altersklassen waren vertreten und drehten sich auf einer rotbeleuchteten Fläche wie im Film. Es war eine traditionsreiche Tango Bar, denn an den Wänden hingen zum Teil vergilbte Fotos von tanzenden Paaren und deren Urkunden für gewonnene Wettbewerbe.

Die Atmosphäre im Lokal war aufgeladen. Linda kannte einige Tänzer und lieferte mit ihnen ein eigenes Showprogramm.

Susann, und sogar ich, wurde mehrmals aufgefordert, aber wir wollten uns hier nicht blamieren.

Zwei Tage vor meiner Begegnung mit meinem Bruder gingen wir ins berühmte Kaufhaus »Bloomingdale's«.

Schon im Eingangsbereich war viel los. Bekannte französische und uns weniger bekannte amerikanische Kosmetikfirmen boten ihre Produkte feil. Visagisten verschönerten die Besucher. Auf Susann kamen gleich drei zu. Frank, der sich inzwischen fast wie ihr Manager benahm, wählte einen hübschen farbigen Visagisten aus, der für »Chanel« schminkte.

Er war hocherfreut über Franks Zuschlag und verzauberte Susann durch ein einfach exzellentes Make up. Die Zuschauer applaudierten, als er fertig war. Sie sah wunderschön aus.

Ich hatte mir ein paar Tische weiter auch einen professionellen Anstrich verpassen lassen.

Am Ende war ich verblüfft, was mit einem perfekten Make up noch alles aus mir zu machen war. Vorsichtshalber kaufte ich gleich die wichtigsten Produkte und ließ mir mehrmals erklären, wie ich mich in Zukunft selbst so schminken könnte.

Danach fuhren wir zum Central Park. Wir liefen einmal quer durch, von der Ost- auf die Westseite. So, wie wir es seit der deutschen Einheit auch in unserem Alltag tun konnten.

Im Park sahen wir bei Filmaufnahmen zu, trafen auf Leute, die in bunt geschmückten Pferdekutschen fuhren, und auf unentwegt fotografierende Hochzeitsgesellschaften verschiedener Nationalitäten in rauschenden Roben.

Ich konnte mir ebenfalls vorstellen, hier nach der Hochzeit

spazieren zu gehen. Wer weiß, vielleicht sind aller guten Dinge auch auf diesem Gebiet drei?

Erst mal strebten wir nun dem Parkausgang zu, denn wir wollten noch ein paar Geschenke und Jeans kaufen.

Am Ausgang des Parks befand sich ein Denkmal von Alexander von Humboldt. Das mußten wir für Michael, der an der Berliner Humboldt-Universität studierte, fotografieren.

Während Susann den steinernen Herrn Humboldt umarmte, sprach ich zwei junge Männer an, die an einer Ampel warteten. Ich wollte sie nach dem Weg fragen. Sie drehten sich um, der eine blickte wie vom Blitz getroffen auf Susann, sie zu ihm, und damit war es geschehen.

Natürlich erklärten sie uns den Weg. Aber sie, besonders der von Amors Pfeil Getroffene, wollten uns unbedingt begleiten, obwohl sie eigentlich zu einer Babybesichtigung bei Freunden verabredet waren.

Der eine war blond und kam aus Kalifornien, der andere hatte braunes Haar, sah meinem ältesten Sohn zum Verwechseln ähnlich und kam aus Long Island.

Ab jetzt ging es also zu viert weiter. Wir kauften Geschenke, probierten Jeans und besuchten ein kleines Café. Frank unterhielt sich mit dem Kalifornier und Susann mittels ihres Wörterbuchs mit Kevin.

Auch das noch: Da flog die ungebundene Susann nach New York, um ihrem Ex, meinem Sohn, in einer amerikanischen Ausgabe wiederzubegegnen. Zufälle gibt es! Nein, es gibt keine Zufälle. Zufall ist das, was dir zufällt. So hatte ich es gelernt.

Irgendwann mußten wir zurück zu Linda. Kevin wollte Susann am nächsten Tag für einen Bummel durch Manhattans Fifth Avenue abholen. Wir, ich als ihre ›Mutter‹, und Frank als ihr ›Bruder‹, sollten auch dabei sein.

Am nächsten Morgen erschien er pünktlich vor unserem Haus, lud uns in einen roten Van und fuhr mit uns kreuz und quer durch Manhattan. Dabei zeigte und erklärte er sehr viel.

Anschließend wollte er uns noch Long Island zeigen. Seinen Vater hatte er über unseren Besuch bereits informiert.

Warum nicht? Auf einem Friedhof auf Long Island lag immerhin mein Vater begraben. Kevin kannte den Künstlerfriedhof, aber er lag in entgegengesetzter Richtung zu seinem Heimatort Huntington. Zeitlich hätten wir das nicht geschafft. Außerdem wollte ich auch lieber mit meinem Halbbruder dorthin.

Nun lernten wir noch Long Island, die Wohngegend der Schönen und Reichen kennen. Kevin entpuppte sich als stolzer Inselführer, und er kannte sich gut aus.

Das für mich faszinierendste Anwesen gehörte einer Liliputanerfamilie, sie waren alle Filmschauspieler. Sie hatten sich ein kleines Märchenschloß mit winzigen Türen, kleinen Fenstern und einem hohen Turm gebaut, umgeben von einer hohen Mauer.

Wir sahen uns noch die Villa von Teddy Roosevelt und das Vanderbilt-Museum von außen an.

Dann empfing uns sein Vater, ein Italiener, der im Alter nun Rhododendron züchtete. Er führte uns durch sein Haus, in dem Kevin zusammen mit vier Geschwistern aufgewachsen war und in dem noch eine seiner Schwestern lebte. Den Mittelpunkt bildete ein Fernseher, so groß wie eine halbe Kinoleinwand. Der Vater legte uns ausführlich seinen Werdegang dar, der uns aber gar nicht interessierte. Dabei musterte er die neue Bekanntschaft seines Sohnes aus den Augenwinkeln. Offenbar gefiel ihm Susann, denn er lud uns noch zum Essen in einen italienischen Schnellimbiß ein. Kevin kannte seinen geizigen Vater und wußte, das dies eine Ehre war.

Nach dem Essen verabschiedete sich der Vater, und wir spazierten durch einen riesigen, wundervollen Park. Susann und Kevin gingen hinter uns, und Frank mußte nicht mehr übersetzen.

Später brachte uns Kevin zurück nach Manhattan und bat

mich, mit Susann noch auf den Broadway gehen zu dürfen. Er gab uns seine Handynummer, seine Visitenkarte und seine Social Number, damit wir beruhigt waren und sie mit ihm allein lassen würden. Susann amüsierte sich prächtig. In meiner übergroßen mütterlichen Güte willigte ich nach leichtem Zögern ein, unter der Bedingung, daß er sie bis in die Eingangshalle unseres Hauses zurückbringen sollte.

Linda erklärte uns zwar für verrückt, aber wir kamen schließlich aus einer Weltstadt, und da »durfte« Susann auch schon abends alleine ausgehen.

Mit Linda, die für den nächsten Tag von ihrem Chef freibekommen hatte, besprachen wir dann, wie das »Ereignis« vonstatten gehen sollte. Ich war sehr nervös und bekam die ganze Nacht kein Auge zu.

*

Der 24. Oktober 1998 sollte mein großer Tag werden. Kevin holte Susann gleich am Morgen wieder ab. Sie fiel wegen akuter Verliebtheit heute für uns aus.

Frank, Linda und ich blieben im Apartment. Gegen 12 Uhr hatte sich mein Halbbruder angekündigt. Schon morgens früh riefen ständig Freunde, Bekannte, ihr Chef, jemand aus der Kirche und Nachbarn an. Sie alle wünschten ihr und mir einen guten Verlauf des Treffens.

Diese Anteilnahme völlig Unbekannter an meinem Schicksal blieb unfaßbar für mich.

Kurz vor 12 Uhr rief der Doorman an. Ich sollte zu ihm ins Foyer hinunterkommen. Natürlich liefen wir alle drei los.

Unten standen alle vier Türsteher in ihren schmucken Uniformen, auch die, die dienstfrei hatten. Auf ihrem Tresen hatten sie Blumen aufgestellt. Sie wollten bei der Begrüßung dabei sein, ebenso einige andere Bewohner, die mich aufmunternd anlächelten.

Ich blieb wie angewurzelt stehen, mir liefen die Tränen, und mein Sohn nahm mich beruhigend in den Arm.

Linda rannte geschäftig umher und sprach mit allen Anwesenden. Frank hielt das Handy, als es plötzlich klingelte. Er meldete sich, und ich hörte eine Männerstimme. »Hi, Neffe, hier ist dein Onkel. Ich bin gleich bei euch, seid ihr bereit?«

Frank wurde rot und konnte bloß »Ja« stammeln. Jetzt war auch er aufgeregt.

Kurz darauf öffneten sich die Flügeltüren und ein großer bärtiger Mann kam mit ausgestreckten Armen direkt auf mich zu, umfaßte meine Schultern und sagte: »Welcome, Agnesa, I am your baby brother!«

Ich blickte zu ihm auf. Und ich sah zum ersten Mal in Augen wie in einen Spiegel.

Er umarmte mich, und als er mich wieder losließ, hatte auch er feuchte Augen und hüstelte.

Dann umarmte er Frank und sagte: »Oh guy, you look like my father as a young man!«

Alle um uns herum klatschten, einige hatten ebenfalls Tränen in den Augen.

Dann fuhren wir gemeinsam hoch in Lindas Apartment und setzten uns an den großen runden Tisch, den wir vorher hübsch gedeckt hatten.

Mein »Baby-Bruder« nahm mir gegenüber Platz, und wir sahen uns eine Weile an. Sprechen konnten wir erst mal beide nicht.

Linda brachte schnell den Kuchen und verschwand wieder in der Küche, um Kaffee zu kochen.

»So, nun kannst du mich all das fragen, was du wissen willst«, sagte er lächelnd zu mir.

»Gar nichts mehr«, sagte ich zum übersetzenden Frank, »in deinen Augen finde ich alle Antworten, die ich brauchte. In deinen Augen habe ich mich endlich selbst gefunden.«

Er stand auf, kam zu mir und umarmte mich noch einmal lange.

Dann entschuldigte er sich dafür, daß er erst jetzt mit mir Kontakt aufgenommen hatte.

Es ging für ihn nicht früher.

Damals, 1993, war er persönlich in einer solchen Umbruchsituation, daß er dafür keinen Nerv hatte. Aber jetzt, wo er seinen eigenen Sohn aufwachsen sah, bekam auch er eine andere Einstellung dazu, wie wichtig ein Vater im Leben eines Kindes ist.

Während er sprach, sah ich ihn immer nur an. Er kam mir so bekannt vor.

Er erinnerte mich an meinen Ex-Mann. An Bud Spencer, dessen Filme ich gern sah. An Demis Roussos, den Edelschnulzensänger. Und, wenn er verschmitzt aufblickte, an mich selbst.

Durch das NLP-Training wußte ich zwar, daß ich nach Ähnlichkeiten sortiere, wenn ich etwas Neues wahrnehme. Aber daß ich den Typ Mann, den mein Bruder verkörpert, in gleich drei anderen Varianten gut fand und finde, gab mir doch zu denken.

Er bemerkte, daß ich über einiges nachdachte, und fragte mich danach. Meine Antwort verblüffte ihn, aber sie freute ihn auch.

Dann erzählte er, daß er sich gegen den Willen seiner Mutter mit mir traf. Nur seine Frau, die ihn immer wieder ermuntert hatte, mir zu schreiben, wußte Bescheid. Sie hatte ihn letztlich davon überzeugt, daß es uns beiden helfen würde, einander kennenzulernen. Schließlich hatten wir beide nicht viel von unserem Vater, wie er mir nun leider sagen mußte.

Er packte seine Tasche aus, holte meine Briefe von 1993, unsere Fotos, Fotoalben von ihm und ein Kuvert mit Bildern von meiner Mutter und von mir hervor.

»Du wußtest von mir?« fragte ich ungläubig, als ich meine Kinderfotos sah.

»Ja, so lange ich denken kann. Mein Vater hat mir und meiner Schwester immer vorgeschwärmt, wie toll seine Tochter in Deutschland ist, was sie alles kann, wie klug und was für eine begabte Tänzerin sie ist. Deshalb will meine Schwester dich auch nicht sehen. Sie war ebenfalls dagegen, daß ich dich treffe.«

Er machte eine Pause.

»Du warst meine große Schwester, und als solche für mich eine Art Schutzengel. Du solltest mir helfen, auch so zu werden, damit sich mein Vater über mich freute wie über dich. Ich habe dich oft gefragt, wie ich manche Dinge lernen kann oder was ich tun soll. Und wenn ich traurig war, habe ich mich von dir trösten lassen.«

Ich traute meinen Ohren nicht, als Frank übersetzte.

»Meiner Mutter hat Vater auch vorgeschwärmt, wie intelligent und toll seine deutsche Frau sei. Wie gut sie rechnen konnte, und wie sie alles organisiert hat. Wie selbständig sie war.«

Ich war von dieser Schilderung sehr ergriffen, empfand Freude und Wut gleichzeitig.

Das war doch verrückt, wie mein Vater alle miteinander verknüpft hatte. Meine Mutter hatte das anders geregelt.

»Die Fotos habe ich seit meinem 12. Lebensjahr«, sagte Philip. »Meine Mutter gab sie mir, als unser Vater unsere Familie zum ersten Mal verließ.«

In dem Moment brachte Linda den Kaffee. Der Kuchen war zwar sehr lecker, aber ich bekam kaum einen Bissen runter.

Wir tauschten weiter Kindheitserlebnisse aus. Ich erzählte ihm von meinem Schutzengel und wieviel Arbeit er mit mir hatte. Auch von meiner Mutter, die mich bis heute einfach nicht akzeptieren kann, und wie ich aufgewachsen bin. Für mich der Grund, warum ich nach meinem Vater und seiner Familie gesucht hatte. Ich hoffte, von ihnen angenommen zu werden, so, wie ich aussah, und so, wie ich bin. Ich vertraute darauf, daß sie mit meinem Temperament etwas anfangen könnten.

»Unser Vater hätte sich bestimmt über dich gefreut«, meinte Philip, »er wünschte sich immer, daß wir wild, temperamentvoll, an allem interessiert und unkonventionell sein sollten. Nicht so ruhig und ausgeglichen, wie meine Schwester und ich eben waren.« Philip wirkte nicht gerade glücklich, als er das sagte.

Ich antwortete ihm, daß gerade diese Eigenschaften meine Mutter an mir überhaupt nicht leiden konnte, und mir deshalb das Leben schwer machte.

Das war auch verrückt, die amerikanischen Kinder meines Vaters sollten so sein, wie sein deutsches Kind es war. Während meine Mutter es gern andersherum gehabt hätte.

So unterschiedlich wuchsen wir also auf. Wer hätte das gedacht.

Wir betrachteten unsere Babyfotos und stellten fest, daß wir uns sehr ähnlich sahen. Ähnlicher noch, als seine Schwester und ich, fanden alle.

Eines hatten wir jedoch alle drei gemeinsam: die große Nase. Ich hatte sie sogar an meine Söhne weitergereicht. Wir lachten.

Auch die Ähnlichkeit meines ältesten und besonders meines jüngsten Sohns mit unserem Vater war erstaunlich.

Allerdings sahen sich auch unsere Mütter sehr ähnlich. Unser Vater war offensichtlich seinem Typ Frau treu geblieben, zumindest was das Äußere betraf.

Das sei auch bei seinen vielen Seitensprüngen so gewesen, erfuhr ich. Er hatte eine Vorliebe für schicke, moderne Europäerinnen dieses Typs. Eheliche Treue war also nicht seine Stärke.

Plötzlich klingelte Philips mobiles Telefon. Seine Sekretärin erinnerte ihn an ein Meeting, das er heute noch hätte. Er lachte und erklärte ihr, daß er die Notfallvariante nicht bräuchte. Wir seien okay, und er bliebe gern bei uns.

Frank und Linda, die dem Wortlaut des Gespräches gefolgt waren, schauten verdutzt.

Lachend erklärte er uns daraufhin, daß er sich einen Notausgang offen gehalten hätte, falls wir ihm nicht gefallen sollten und er schnell wieder gehen wollte. Er hätte mir dann jedes Jahr eine Weihnachtskarte geschrieben, und damit seine »Pflicht« erfüllt.

Er war schon clever, aber wenigstens ehrlich. Schließlich hätte er uns das nicht erzählen müssen. Ich dankte ihm für sein Vertrauen.

Irgendwie herrschte danach eine entspanntere Atmosphäre. Ich wagte auch schon mal, ein paar englische Wörter zu benutzen, worüber er sich sehr freute. Viel Spaß hatte auch Frank beim Übersetzen. Manchmal lachte er laut, weil wir die gleiche Antwort oder auch denselben Kommentar zu irgendeiner Sache abgaben. Mein Bruder entpuppte sich als sehr witzig und wortgewandt. Wir ähnelten uns sogar körpersprachlich, hatten die gleichen Gesten oder Bewegungen, oder griffen synchron nach irgend etwas. Ich fühlte mich in seiner Gegenwart sehr wohl.

Beruflich gab es zwischen uns drei Geschwistern ebenfalls Parallelen: Er war als Vizepräsident einer Firma für die Trainings seiner Mitarbeiter zuständig und trainierte seine Leute selbst in Verkauf, Rhetorik und Präsentation.

Über die Schwester erfuhr ich, daß sie in Miami in einer Schule als Bibliothekarin arbeitet und in dieser Funktion mitunter Vorträge hielt.

Wir hatten also alle drei etwas mit Öffentlichkeit und Kommunikation zu tun. Genau wie unser Vater. Er arbeitete, nachdem er mit Tanzen aufgehört hatte, für das Feuilleton einer großen New Yorker Tageszeitung. Da er vier Sprachen beherrschte, war seine Auswahl an Gesprächs- und Interviewpartnern und besonders -partnerinnen, wie ich hörte, entsprechend breit gefächert.

Tanzen war Franks Stichwort. Darüber wollte er mehr erfahren. Philip allerdings haßte das Thema. Zu viele negative Erinnerungen waren für ihn, der keinen Zugang zur Tanzerei fand, damit verbunden.

Trotzdem erzählte er: Unser Vater hatte sich nach dem Krieg, als es schwierig war, ein Engagement zu bekommen, auf Tango spezialisiert. Er suchte sich die dazu passende Ehefrau aus. Sie mußte eine sehr gute Tangotänzerin sein, denn zusammen mit ihr wollte er finanziell sich lohnende Wettbewerbe gewinnen, was auch geschah.

Selbst Philip und Keely, seine Kinder, mußten früh damit beginnen, diesen Tanz zu erlernen. Bei Showtanzvorführungen wurden sie dann von den Eltern auf die Bühne geholt, um zu beweisen, wie kinderleicht es sei, Tango zu tanzen.

Meinem Bruder bereitete das keine Freude, er wollte lieber Football spielen, was er aber nicht durfte. Auch war er nicht so beweglich, ein Ärgernis für unseren Vater.

Jedenfalls fand unser Vater stets neue Partnerinnen für seine Wettbewerbe und wurde so zu einem der Tangokönige, die das New Yorker Nachtleben damals krönte.

Als Linda nachfragte, ob er auch in ihrer Lieblingsbar, in der wir neulich mit ihr waren, getanzt habe, bejahte Philip dies.

Es gab noch soviel zu erzählen. Ich wollte gern Angewohnheiten und bestimmte Eigenschaften unseres Vaters erfahren.

Die Antworten waren wieder verblüffend. Er gab sein ganzes Geld für schicke Klamotten und italienische Schuhe aus, denn er war immer nach der neuesten Mode gekleidet und trug natürlich nur Maßanzüge. Dafür mußte immer Geld da sein.

Ich war davon peinlich berührt, während sich Frank den Bauch vor Lachen hielt. Das käme ihm von seiner Mutter bekannt vor, erklärte er dem Onkel. Er übersetzte ihm auch eine meiner Lebensmaximen, die bei mir zu Hause an der Pinnwand hängt: »Ein Lebenskünstler ist ein Mensch, der auf etwas Notwendiges verzichten kann, um sich etwas Überflüssiges leisten zu können.«

Daran hatte ich mich auch hier gehalten, und Frank zeigte seinen von mir gerade erstandenen ersten italienischen Maßanzug. Dazu ein passendes Hemd und eine schöne Krawatte. Diese Aussteuer hatte ich ihm bewußt in New York gekauft. Wir mußten alle lachen.

Die Krawatte allerdings war noch nicht gebunden, weil es keiner von uns konnte. Darin sah nun mein Bruder seine Aufgabe. Er lehrte seinen neuerworbenen Neffen einen richtigen und modernen Schlipsknoten zu binden.

Es war zum Brüllen. An seinem Hals konnte er es, wollte er es Frank zeigen, ging es nicht. Schließlich stellte er sich hinter ihn vor einen Spiegel. Und siehe da, es klappte. Aber nur da. Ein neuerlicher Trockenversuch ohne Spiegel scheiterte. Ich filmte diese endlose Zeremonie unter Männern mit unserer Videokamera für zu Hause.

Das war ein Dokument wahrer männlicher Erziehung, das verewigt werden mußte.

Zwischendurch grüßte mein Bruder seine beiden anderen Neffen noch durch die Kamera und lud sie ebenfalls nach Amerika ein.

Nach dieser Anstrengung waren alle hungrig. So gingen wir in ein nahegelegenes italienisches Restaurant und bestellten sizilianische Gerichte. Das waren wir unseren Vorfahren schuldig. Auch, daß wir eine Flasche Rotwein bestellten, denn, wie ich erfuhr, trank unser Vater sehr gern Rotwein.

Wir spazierten wieder zurück in Lindas Wohnung. Es war schon ziemlich spät geworden und Philip hatte noch über zwei Stunden Heimfahrt vor sich. Er wohnte in Connecticut.

Wir schlugen ihm vor, doch in Manhattan zu übernachten.

Dann hätten wir noch ein paar Stunden zum Reden. Ich wollte gern weitere Details über unseren Vater erfahren, auch über Philip und seine Familie. Am nächsten Tag mußten wir ohnehin zurück nach Berlin.

Philip mußte verständlicherweise erst zu Hause anrufen und sich mit seiner Frau absprechen. Sie freute sich, daß wir uns so gut verstanden und mein Bruder noch etwas Zeit mit uns verbringen wollte. Sie schickte uns herzliche Grüße.

Wir stellten große Flaschen Coca Cola auf den Tisch und redeten weiter. Zunächst über das Leben unseres gemeinsamen Vaters.

Er hatte ständig andere Frauen, die ihn alle sehr liebten. Obwohl er immer mal wieder zu seiner Familie zurückkehrte.

Das erinnerte mich an meinen Ehemann. Sollte es doch stimmen, daß Mädchen erst einmal ihren Vater heiraten?

Den Höhepunkt seiner Frauengeschichten bildete sein Aufenthalt im Krankenhaus, kurz vor seinem Tod, nachdem er einen Herzinfarkt erlitten hatte.

Als mein Bruder, seine Mutter und seine Schwester am Krankenbett erschienen, saßen dort bereits vier andere Frauen, die nichts voneinander wußten.

Jede von ihnen war seit Jahren mit ihm liiert. Alle kamen ursprünglich aus Europa. Sie wußten auch von mir, seiner Tochter, und meiner Mutter im fernen Deutschland und hatten ihm geholfen, Geschenke für mich zu kaufen, sie zu verpacken und nach Bayern zu schicken. Kinder hatte er aber mit keiner von ihnen.

Meine Mutter hätte sicher nicht in diese Galerie gepaßt. Vielleicht hatte sie das geahnt?

Seine Beerdigung glich wohl eher einem Volksfest. Da er sehr beliebt war, kamen viele, vor allem weibliche Trauergäste, und brachten riesige Sträuße roter und weißer Tulpen. Diese Blumen hatte er geliebt und oft verschenkt.

Wir betrachteten uns die Fotos von seinem Grab mit diesem

Blumenmeer. Es war die Beerdigung eines italo-amerikanischen Bel Ami.

»So kann man es sagen, er liebte das Leben und die Frauen«, meinte mein Bruder.

»Ich liebe das Leben und die Männer«, gestand ich ihm daraufhin.

»Aber wieso hast du dann keinen Mann, sondern lebst allein?« wunderte er sich.

»Mir reicht es, daß ich seit ewigen Zeiten einen verheirateten Liebhaber habe«, sagte ich lachend.

»Das liegt wohl im Blut, da kann man nichts machen«, meinte mein Bruder daraufhin.

Alles in allem war mein Vater also ein lebensfroher Mensch, mit wenig Sinn für Konventionen.

Ich hätte ihn dennoch geliebt, denn er war das glatte Gegenteil meiner Mutter.

Dann sprachen wir noch über die Familie meines Bruders, über seinen 7-jährigen Sohn, auf den er ganz stolz war, und über seine Frau, eine ehemalige Tänzerin. Auch über meine Familie, meine strenge Mutter, aber vor allem über meine Kinder und meine mißglückten Ehen mit deren Vätern. Seine Mutter war, was mich betraf, sehr streng. Sie wollte keinen Kontakt zu mir. Ich konnte das verstehen. Auch, daß mein Bruder ihren Wunsch offiziell respektierte.

Um so froher war ich über unsere heutige Begegnung. Mir war, als hätte ich in meinem »Baby-Bruder« einen lang vermißten Teil von mir selbst gefunden. Ich war ihm sehr dankbar dafür.

Er war seinerseits froh, daß wir uns so gut verstanden und uns so ähnlich waren. Er bedauerte es nun, daß wir schon morgen abreisten. Gern hätte er uns seiner kleinen Familie vorgestellt.

Wir waren uns einig, daß es nicht bei dieser Begegnung bleiben würde. Wir wollten ständigen Kontakt halten, was die neuen elektronischen Medien ja mühelos ermöglichten.

Wir waren beide sehr froh, uns nach so langer Zeit gefunden zu haben. Wenn wir auch nicht zusammen aufgewachsen waren, so verband uns doch unserer gemeinsamer Vater miteinander.

Vielleicht würde ich später auch die Halbschwester kennenlernen. Alles braucht seine Zeit. Ich war überglücklich an diesem Tag.

Am nächsten Morgen bereiteten Linda und ich das Frühstück zu, eine Mischung aus amerikanischen und deutschen Speisen.

Wir machten noch einige Fotos, dann mußte mein Bruder los. Er versprach mir, uns mit seiner Frau in Berlin zu besuchen. Deutschland kannte er noch nicht, von Europa hatte er bislang nur Österreich gesehen.

Er bedankte sich auch bei Linda für ihr Engagement und ihre Gastfreundschaft.

Es wurde ein langer und herzlicher Abschied. Natürlich mußte ich wieder weinen.

»Heule nicht, große Schwester, alles ist gut. Neffe, sag deiner Mutter, sie soll lachen, nicht weinen. Wir sehen uns wieder! Das verspreche ich dir.«

Mit diesen Worten stieg er in seinen Wagen und fuhr davon. Wir winkten ihm lange nach.

Linda ging dann in ihr Fitneßstudio, und wir warteten auf Susann, die noch nicht zurück war. Sicher fiel auch ihr der Abschied schwer. Frank und ich sprachen noch einmal über die Begegnung mit meinem kleinen Bruder und waren beide glücklich über deren Verlauf. Irgendwann erschien Susann mit einem riesigen Rosenstrauß im Arm. Kevin mußte nun ebenfalls zur Arbeit. Er ließ sie mit dem Versprechen, daß er sie bald in Berlin besuchen würde, nach Hause fliegen. Sie war happy, und wir mit ihr.

Dann spazierten wir ein letztes Mal durch die Geschäfte. Um die vielen Geschenke, die wir gekauft hatten, transportieren zu können, fehlte uns noch eine Reisetasche.

Wir kauften auch für Linda einen riesigen Rosenstrauß und holten sie von ihrem Sportstudio ab. Ihr Trainer gratulierte mir und Frank zu unserem neuen Familienmitglied. Er fand es toll, wie mein Bruder sich verhalten hatte. Eben so, wie man es von einem guten Amerikaner erwartet.

Linda freute sich über die Rosen. Sie sollten einen Ehrenplatz in ihrer Wohnung erhalten, wie ihre anderen Rosen auch.

Dann packten wir unsere Koffer. Bevor wir ins Taxi stiegen, rief mein Bruder an, um sich nochmals von uns zu verabschieden.

Unter dem großen Baldachin am Eingang ihres Hauses umarmten wir Linda. Wir konnten ihr gar nicht genug danken. Gemeinsam mit dem Doorman winkte sie uns nach.

Auf der Fahrt verabschiedeten wir uns von Manhattan und versprachen wiederzukommen. Alle drei hatten wir gute Gründe dafür.

Der Heimflug war sehr kurzweilig, denn wir hatten so viel zu erzählen. Susann von ihrer neuen Liebe, ich von meinem neuen Bruder und Frank von seinem neuen Onkel.

Als die beiden eingeschlafen waren, kuschelte ich mich in meine Decke und dachte noch einmal über die Begegnung mit meinem kleinen Bruder nach.

Unvergeßlich der erste Blick in seine Augen, für mich war er die Ankunft nach einer langen, langen Reise. In seinen Augen fand ich mich selbst.

Ich fühlte mich ihm so verbunden in den wenigen gemeinsamen Stunden. Ich fühlte mich in seiner Nähe so geborgen, so geschützt.

Die Begegnung mit ihm zählte zu den schönsten und glücklichsten Momenten meines Lebens.

Durch die Erfüllung meines sehnlichsten Wunsches, etwas über meine Wurzeln zu erfahren, konnte ich wieder an Wunder glauben.

Mein Babybrother, wie er von mir genannt werden wollte,

hatte mir unglaublich viel Kraft gegeben. Er hat mich wieder stark gemacht, mein Leben zu meistern.

Mit seinen Erzählungen über unseren gemeinsamen Vater schloß er eine Lücke in mir, die kein anderer hätte ausfüllen können. Zum ersten Mal in meinem Leben fühlte ich mich komplett.

Endlich wußte ich etwas mehr über den Menschen, dem ich mein aufregendes Leben verdanke. Über den Menschen, dem ich mehr gleiche als jedem anderen. Ich war glücklich.

Ich wußte jetzt mehr über den Mann, der mein Vater war. Wenn auch manches nicht mit dem, was ich mir in meiner Phantasie ausgemalt hatte, übereinstimmte, so war ich nun dennoch froh. Er war kein abstraktes Wesen mehr für mich, sondern ein Mensch mit Stärken und vor allen Dingen auch mit vielen Schwächen – genau wie ich.

Anders als meine Mutter, deren Ansprüchen ich nie hatte gerecht werden können, gestattete er sich, alle seine Leidenschaften auszuleben. Es beruhigte mich, daß er nicht so perfekt war, wie sie.

Egal, wie es nun mit mir und meinem »kleinen« Bruder weitergehen würde. Ich hatte erst mal mein Ziel erreicht. Ich habe meine Wurzeln gefunden, der Kreis ist geschlossen.

Es kommen Menschen in unser Leben
Und gehen schnell wieder.
Andere bleiben für eine Weile
Und hinterlassen Spuren in unseren Herzen.
Und wir sind nie wieder die Gleichen.

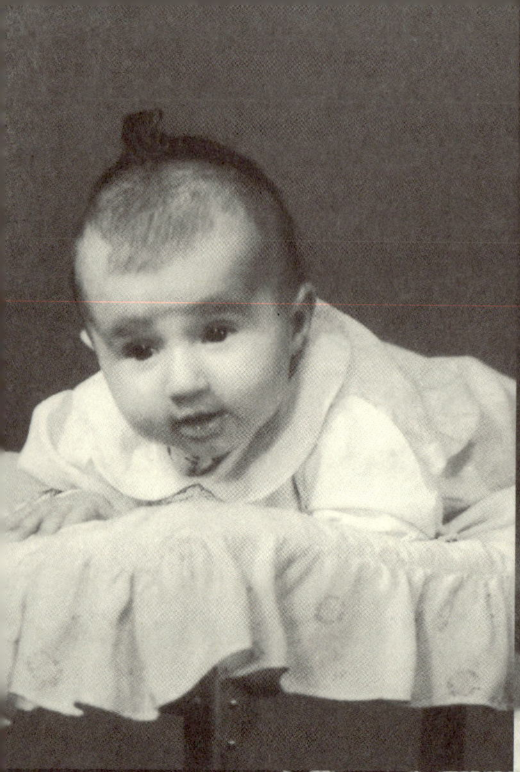
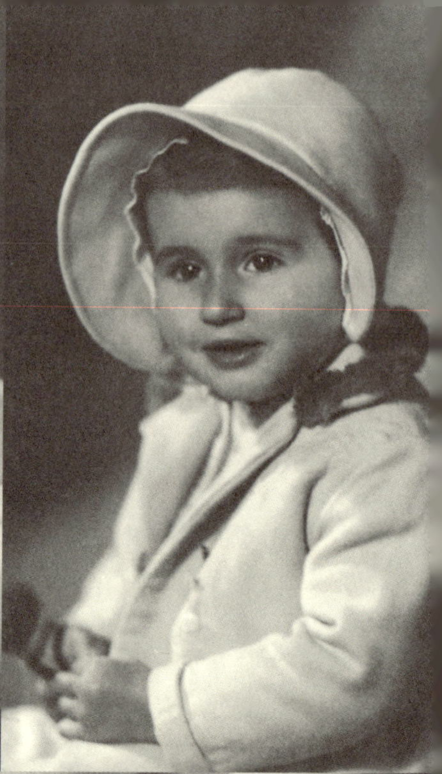